U0143065

Essential Elements of
Platform Economy

平台经济
通识

黄益平　黄卓◎主编

北京大学平台经济创新与治理课题组◎著

北京大学出版社
PEKING UNIVERSITY PRESS

图书在版编目（CIP）数据

平台经济通识 / 黄益平，黄卓主编. —北京：北京大学出版社，2023.8
ISBN 978-7-301-34330-2

Ⅰ.①平… Ⅱ.①黄… ②黄… Ⅲ.①网络经济—研究—中国 Ⅳ.①F492.3

中国国家版本馆 CIP 数据核字（2023）第 152944 号

书　　　名	平台经济通识
	PINGTAI JINGJI TONGSHI
著作责任者	黄益平　黄　卓　主编
策 划 编 辑	徐　冰
责 任 编 辑	闫静雅
标 准 书 号	ISBN 978-7-301-34330-2
出 版 发 行	北京大学出版社
地　　　址	北京市海淀区成府路 205 号　100871
网　　　址	http://www.pup.cn
微信公众号	北京大学经管书苑（pupembook）
电 子 信 箱	编辑部 em@pup.cn　　总编室 zpup@pup.cn
电　　　话	邮购部 010-62752015　发行部 010-62750672　编辑部 010-62752926
印 刷 者	北京宏伟双华印刷有限公司
经 销 者	新华书店
	720 毫米×1020 毫米　16 开本　20 印张　276 千字
	2023 年 8 月第 1 版　2023 年 8 月第 1 次印刷
定　　　价	68.00 元

编委会（按拼音排序）

作者简介

邓　峰

北京大学法学院教授，博士生导师。中国人民大学法学博士。主要研究领域为经济法总论、企业与公司法、法律经济学。

胡佳胤

北京大学国家发展研究院助理教授，北京大学数字金融研究中心研究员。美国哥伦比亚大学经济学博士。主要研究领域为银行、公司金融和金融科技。

黄益平

北京大学国家发展研究院金光金融学与经济学讲席教授、副院长和北京大学数字金融研究中心主任。2015 年至 2018 年担任中国人民银行货币政策委员会委员。目前还兼任中国金融学会副秘书长、中国互联网金融协会金融科技发展与研究专业委员会主任委员，中国金融四十人论坛学术委员会主席，中国经济 50 人论坛成员。澳大利亚国立大学经济学博士。主要研究领域为宏观经济与金融政策。

黄　卓

北京大学国家发展研究院助理院长、长聘副教授。目前还担任北京大学数字金融研究中心常务副主任，北京大学长沙计算与数字经济研究院副院长。斯坦福大学经济学博士学位。主要研究领域为数字经济与数字金融、金融计量与金融衍生品。

李惠璇

北京工商大学经济学院讲师。主要研究领域为资产定价、股票市场和债券市场。

李力行

北京大学国家发展研究院经济学教授、北京大学博雅青年学者、北京大学中国公共财政研究中心主任。现任 *China Economic Quarterly International* 杂志执行主编。美国马里兰大学经济学博士。主要研究领域为公共经济学、发展经济学、劳动经济学、数字经济等。

李舒豪

北京大学法学院 2021 级经济法学硕士研究生。

沈　艳

北京大学汇丰商学院教授、北京大学国家发展研究院教授，北大数字金融研究中心副主任，教育部北京大学人力资本与国家政策研究中心副主任，中国数量经济学会副会长。美国南加利福尼亚大学经济学博士。主要研究领域为金融科技、金融大数据、计量经济学、社会经济状况。

汪　浩

北京大学国家发展研究院经济学教授，《经济学（季刊）》副主编。美国俄亥俄州立大学经济系经济学博士。主要研究领域为产业组织理论、企业战略、反垄断与政府规制。

巫和懋

中欧国际工商学院经济学教授。曾任北京大学国家发展研究院常务副院长，讲座教授，北京大学光华管理学院特聘教授，中国经济学年会秘书长，台湾大学特聘教授，台湾中华经济研究院副院长，美国杜兰大学长聘教授，担任 *China Economic Journal* 主编。美国斯坦福大学博士。主要研究领域为微观经济理论、宏观与财务金融理论与政策、博弈论与产业竞争策略。

刘　航

中央财经大学中国互联网经济研究院副研究员、研究员（正高级岗）、副院长。北京大学国家发展研究院中国经济研究中心经济学博士，清华大学社会科学学院经济研究所理论经济学博士后。主要研究领域为数字经济学、平台经济学、产业经济学、金融经济学。

王慧群

北京大学法学院 2021 级博士研究生。

席天扬

北京大学国家发展研究院政治经济学长聘副教授。美国纽约大学政治学博士。主要研究领域为政治经济学、比较政治学和经济史。

徐　远

北京大学国家发展研究院金融学长聘副教授。杜克大学经济学博士。主要研究领域为宏观经济，金融市场，城市化，对宏观形势、金融投资、人民币汇率、数字货币、城市化、房地产问题有系统研究。

许宪春

北京大学国家发展研究院特约研究员。北京大学经济学博士。主要研究领域为国民经济核算、政府统计、宏观经济分析。

杨　明

北京大学法学院长聘副教授，博士生导师。中国人民大学法学博士。主要研究领域为知识产权法、竞争法、网络法。

余昌华

北京大学国家发展研究院长聘副教授、博士生导师，金光学者。英属哥伦比亚大学经济学博士。主要研究领域为国际金融、货币政策、金融市场与宏观经济。

查道炯

北京大学国际关系学院和南南合作与发展学院教授、博士生导师。美国夏威夷大学马诺阿分校政治学博士。主要研究领域包括国际政治经济学、非传统安全（能源、粮食、海洋、公共健康、跨境水资源管理等）、中资企业跨国投资与经营的政治风险管理、中国与亚太地区国家的政治与经济关系。

张俊妮

北京大学国家发展研究院长聘副教授。美国哈佛大学统计学博士。主要研究领域为贝叶斯人口统计学、因果推断、数据与文本挖掘。

周广肃

中国人民大学劳动人事学院副教授。北京大学国家发展研究院西方经济学博士。主要研究领域为数字经济与劳动力市场、收入分配与共同富裕、机会不均等与社会流动性、家庭经济决策与福利、社会政策效果评估。

朱　丽

北京大学国家发展研究院助理研究员。中国人民大学商学院管理学博士、中国科学院大学经济管理学院博士后、北京大学国家发展研究院博士后。主要研究领域为数字化转型与管理创新、组织行为与人力资源、社会网络与企业创新。

数字经济的发展与治理[*]

黄益平

　　数字经济是第四次工业革命的产物，也是我国离国际经济技术前沿最近的经济部门，我国一些头部数字经济企业排在全球前列。作为一个发展中国家，我国的这个成就十分了不起。同时，数字经济对于我国经济实现高质量发展，也具有举足轻重的意义。但在过去一段时期，数字经济领域也出现了一些不规范行为，如损害消费者利益和不正当竞争等。如何构建有效的数字经济治理体系，促进数字经济健康发展，是中国式现代化的一个重要课题。

一、数字经济发展是市场化改革的重要成果

　　数字经济是继农业经济、工业经济之后的主要经济形态，是以数据资

---

　　* 本文为作者于 2022 年 12 月 30 日在第十三届全国人民代表大会常务委员会所做第三十一次专题讲座。

源为关键要素，以现代信息网络为主要载体，以信息通信技术融合应用、全要素数字化转型为重要推动力，促进公平与效率更加统一的新经济形态。[1]《"十四五"数字经济发展规划》提出，"以数据为关键要素，以数字技术与实体经济深度融合为主线，加强数字基础设施建设，完善数字经济治理体系，协同推进数字产业化和产业数字化，赋能传统产业转型升级，培育新产业新业态新模式，不断做强做优做大我国数字经济。"

数字经济包括五大类产业：数字产品制造业、数字产品服务业、数字技术应用业、数字要素驱动业和数字化效率提升业。前四类为"数字产业化"部分，指为产业数字化发展提供数字技术、产品、服务、基础设施和解决方案，以及完全依赖于数字技术、数据要素的各类经济活动，这是数字经济的核心产业。第五类则为"产业数字化"部分，指应用数据资源与数字技术对传统产业进行升级、转型和再造的过程。[2] 据北京大学课题组测算，2012—2018 年，数字经济部门对 GDP（国内生产总值）增长的贡献达到了 74.4%。[3] 另外，据中国信息通信研究院估计，2021 年，我国数字产业化规模为 8.35 万亿元，占 GDP 比重为 7.3%；产业数字化规模达到 37.18 万亿元，占 GDP 比重为 32.5%。[4] 同年，美国数字经济规模蝉联世界第一，达到 15.3 万亿美元；中国位居第二，7.1 万亿美元。[5]

平台经济是数字经济的一种特殊形态，它是指依托于云、网、端等网络基础设施并利用人工智能、大数据分析、区块链等数字技术工具撮合交易、

---

[1] 国务院：《"十四五"数字经济发展规划》，国发〔2021〕29 号，2021 年 12 月 12 日。

[2] 国家统计局：《数字经济及其核心产业统计分类》，国家统计局令第 33 号，2021 年 5 月 27 日。

[3] 北京大学平台经济创新与治理课题组：《平台经济：创新、治理与繁荣》，中信出版社，2022 年。课题组所计算的"数字经济部门"主要包括信息与通信技术（ICT）制造以及密集使用 ICT 的制造业和服务业，这个范围与国家统计局和中国信息通信研究院的定义可能有差异。

[4] 中国信息通信研究院：《中国数字经济发展报告（2022 年）》，2022 年 7 月 11 日，http://www.caict.ac.cn/kxyj/qwfb/bps/202207/P020220729609949023295.pdf，访问日期：2023 年 7 月 24 日。

[5] 中国信息通信研究院：《全球数字经济白皮书（2022 年）》，2022 年 7 月 29 日，http://www.caict.ac.cn/kxyj/qwfb/bps/202212/P020221207397428021671.pdf，访问日期：2023 年 7 月 24 日。

传输内容、管理流程的新经济模式。常见的数字平台包括电子商务、网络约车、文娱、社交媒体、搜索、数字金融等。我国在 1994 年接入互联网之后的近三十年间，涌现了数量巨大的互联网公司，其中一些已经成长为全国甚至全球的头部平台。根据美国调查公司 CB Insights 的统计，截至 2022 年 9 月底，全球总共有 1 199 家"独角兽"企业（估值超过 10 亿美元的初创企业），其中：美国公司占比 54.1%，位居全球第一；中国公司占比 14.4%，位居第二。

一般认为，我国数字经济具有"大而不强"的特点。[1]"大"主要体现在覆盖的用户、市场的规模和企业的数量；"不强"主要是指质量不高，技术优势不突出，关键领域的创新能力也不足。2021 年，我国数字经济占 GDP 之比为 39.8%，显著低于德国、英国和美国。对比中美最大的 10 家创新企业，我国有 7 家的业务模式是由商业模式驱动，另外 3 家则是技术创新驱动；美国则有 7 家是由技术创新驱动，只有 3 家是商业模式驱动。另外，我国几乎所有的头部平台都是以消费互联网为主，只有少数兼营产业互联网；在美国，专注消费互联网与产业互联网的头部平台的数量几乎相同。如果说美国数字经济的比较优势在技术，我国数字经济的比较优势则在市场。

考虑到我国还是一个发展中国家，数字经济"大而不强"的特征也在情理之中。无论看数字经济的规模，还是看头部平台的数量，我国稳居全球第二，这是一个非常了不起的成就。在过去的五六年间，我国前沿数字技术的创新能力突飞猛进。根据英国学者的统计，如果把美国、欧洲、日本和中国的专利数放在一起，我国的区块链技术专利占比 80%，计算机视觉技术专利占比 60% 以上，自动驾驶技术专利占比约 40%，我国在这些领域的专利数都超过了美国。[2] 自十八世纪中叶以来，全球已经发生过四次工业革命。在第

[1] 何立峰：《国务院关于数字经济发展情况的报告》，第十三届全国人民代表大会常务委员会第三十七次会议，2022 年 10 月 28 日。

[2] Antonin Bergeaud、Cyril Verluise：《中国技术实力的崛起：前沿技术的视角》，伦敦政治经济学院 POID 工作论文，2022 年 10 月 14 日，POIDWP039。

003

四次工业革命期间，我国第一次紧随着数字技术进步的步伐，运用大数据、云计算、互联网、区块链和人工智能等新技术创新驱动经济发展，这是一个历史性的进步。

我国的数字经济发展能够取得巨大的成就，贡献因素很多，最为重要的是"有为政府"和"有效市场"的结合。有为政府不仅改善营商环境、克服市场失灵，还适当超前地建设了大量的数字基础设施；有效市场则将大量的资源特别是资金配置到新兴的数字经济产业。一方面，数字经济是我国市场化改革最为耀眼的经济成就之一，同时也创造了许多中国梦的典型案例。几乎每一家头部企业，最初都是由一位或数位年轻人形成创业的想法，然后利用市场动员起规模庞大的技术、人才、资金，让新的数字经济产品或模式迅速落地并不断地迭代、改进。另一方面，数字经济发展也得益于我国相对发达的数字基础设施。无论看移动电信的覆盖面，还是看互联网的普及率，中国都显著领先于绝大多数发展中国家，这得益于多年来政府在数字基础设施领域所做的"适度超前"的布局与投资。目前，我国已建成全球规模最大、技术领先的网络基础设施。截至 2021 年年底，我国建成 142.5 万个 5G 基站，总量占全球 60% 以上，5G 用户数达到 3.55 亿户，行政村通宽带率达 100%。

另外一些因素在特定阶段也发挥了推动数字经济发展的重要作用，包括超大规模的人口、较弱的个人权益保护以及与国际市场的相对分隔，但其中有些因素已经发生改变或者很快就会改变。首先，超过 14 亿的人口数量有利于创新、试验新产品和新的业务模式，这对于发挥数字经济的规模效应尤其重要，我国一些头部平台拥有数亿甚至十亿用户。其次，过去我国对个人权益特别是个人隐私保护存在不足，这在实际上为数字经济创新提供了很大的空间，但也导致许多业务侵犯了个人权利、野蛮生长，这正是数字经济专项整治试图重点解决的问题之一。最后，迄今为止，国内数字经济行业与国际市场是分隔的，这为国内企业的成长赢得了时间和空间，但可以预期的是，国内外市场分隔的局面不可能长期持续。

随着我国经济开启新时代新征程，数字经济发展也在步入新的阶段。一方面，高质量发展是全面建设社会主义现代化国家的首要任务，数字经济理应承担起助力高质量发展的使命。数字经济已经形成了较大的规模，一些技术领域也在快速地赶上来，但技术优势还需要进一步培育。在商业模式创新的基础上，我们应该更加重视关键领域的创新能力，提升数字经济发展的质量。业务重点也要进一步扩展，更加贴近实体经济，从消费互联网扩大到产业互联网，从"新零售"到"新制造"。另一方面，现在数字经济治理从专项整治走向常态化监管，一些比较突出的问题已经得到了纠正，数字经济发展也开始步入一个新的更为规范的、健康的阶段。但监管与治理是一个长期的任务，正如习近平总书记所指出的，推动数字经济健康发展，要坚持促进发展和监管规范两手抓、两手都要硬，在发展中规范、在规范中发展。

二、数字经济的收益与挑战同样突出

数字技术带来的经济改变是革命性的，《"十四五"数字经济发展规划》就提出，"数字经济发展速度之快、辐射范围之广、影响程度之深前所未有，正推动生产方式、生活方式和治理方式深刻变革，成为重组全球要素资源、重塑全球经济结构、改变全球竞争格局的关键力量。"加快数字经济的高质量发展，对于我国在 2035 年达到中等发达国家水平、在 2049 年建成社会主义现代化强国，都具有十分重要的意义。

数字技术对经济运营机制的改变可以用"三升三降"来概括，即扩大规模、提升效率、改善用户体验、降低成本、控制风险和减少直接接触。这些改变主要是基于数字技术所具有的一些全新的经济特性而产生的，比如规模经济、范围经济、网络外部性、双边或多边市场等。规模经济意味着企业的规模越大，平均成本越低，经营效率越高，这可能是得益于数字技术的长尾效应，即在完成固定成本投入之后，进一步扩大经营规模的边际成本很低。范围经济是指同时生产多种产品的总成本低于分别生产各种产品的成本之和，这可能是数字经济领域跨界竞争现象十分普遍的主要原因。网络外部性是指一个网络的使用者越多，其人均的使用价值也就越高，网络本身的市场价值也就越大。而双边市场是指相互提供网络收益的独立用户群体的经济网络，其中一组参与者加入平台的收益取决于加入该网络的另一组参与者的数量，因此，数字平台对一方的定价往往会考虑对另一方的外部影响。正是基于这些特性，许多数字平台都是动辄拥有数亿的用户，而且同时提供多种线上服务，甚至还对用户提供免费甚至补贴的服务。

数字经济给我国的生产方式、生活方式与社会治理方式带来了翻天覆地的改变：一是提升了人民群众的生活质量。购物、点餐、约车、订酒店等日常生活所需要的服务几乎全部可以在线上安排，既节省时间与开支，又能享受更为丰富的消费品类。在新冠疫情期间，线上交易这种消费形式发挥了重要的经济稳定器的作用。二是改善了经济活动的普惠性。利用规模经济和长尾效应，数字经济服务已经覆盖超过十亿的个人和将近一亿的个体经营者，同时还降低了创新与创业的门槛，在活跃了经济微观"细胞"的同时，还创造了两亿左右的灵活就业机会。三是加速创新并孵化了许多新的数字经济业态。几乎所有的数字经济企业都是创新型组织，不仅依靠新技术孵化新的制造与服务业态，而且大多数头部平台还都是知识产权的"大户"。四是利用数字技术改造传统产业，达成了提质增效的目的。产业数字化从聚焦个别经营环节到覆盖整个产业链生态系统，形成了越来越强的经济动能。

我国的数字金融创新向世界提供了一个有代表性的案例，它既是扎根中国大地的金融革命，又是国际前沿的金融创新。两家头部移动支付机构的活跃用户规模领先全球，支付效率与安全也表现出色。而几家新型互联网银行一方面利用数字平台快速、海量、低成本地获客并积累数字足迹，另一方面利用大数据与机器学习方法进行信用风险评估，这个被称为"大科技信贷"的创新业务模式，可以服务大量既无财务数据、又缺乏抵押资产的"信用白户"。在新冠疫情期间，一些传统金融机构暂停了服务，但数字金融机构却在持续地提供支付、投资及信贷等服务。国际货币基金组织（IMF）总裁格奥尔基耶娃因此亲自出面邀请国内学术机构，于2020年6月联合组织了关于大科技信贷的闭门研讨会。"北京大学数字普惠金融指数"显示，在2011—2021年，数字普惠金融发展水平的地区差异大幅缩小，数字金融服务已经跨越"胡焕庸线"，触达广阔的西部地区。[1]

但数字经济领域也出现了不少值得深入思考并解决的问题。

第一，数字经济的规模效应是否必然导致垄断？做大企业规模、形成市场势力是每一个企业家追求的经营目标，而规模效应也意味着规模越大、效率越高，但这样就可能造成"一家独大""赢者通吃"的局面。在现实中，许多头部数字经济企业确实都是"巨无霸"，在国内市场占据很大的份额。数字大平台冲击线下小厂小店的现象并不少见，平台的使用者更无法判定平台资源配置与定价的公平性。前些年诸如"二选一"的排他性协议也很常见。因此，市场参与者常常会担心大企业利用市场支配地位实施垄断行为。

第二，如何在大数据分析效率与个人隐私保护之间取得平衡？数据是"新的石油"、新的生产要素，通过大数据分析撮合供需双方、管理信用风险等大量新兴业务模式已经成功落地并取得了不错的经济效益。但过去信息保护不到位，不合规、不合法地搜集、加工并使用数据的现象十分普遍，个人隐私与商业机密泄露的事件时有发生。效率与权益之间的平衡点应该划在哪里，这是一个重要的政策难题。如果数据保护不到位，就会损害个人与机构的权益，甚至引发社会与经济风险；而如果保护过度，大数据分析可能就无

---

[1] 黄益平，杜大伟：《数字金融革命：中国经验及启示》，北京大学出版社，2022。

从做起。

第三，数字平台究竟会促进还是遏制经济创新？数字经济企业确实都具有很强的创新基因，如果没有创新能力，它们也不可能快速发展，成长为有一定规模的企业。但数字平台企业在成为"巨无霸"之后，是否还会保持创新动力与能力，是一个值得观察的问题。所谓的"猎杀式并购"，就是一些头部数字平台利用充足的现金流，大量收购相近业务领域的初创企业，然后将其束之高阁，目的就是消灭潜在的竞争对手。另外，一些头部平台还会通过"烧钱"做大市场，这类商业模式的创新也许会挤占过多的创投基金，从而影响硬科技创新。

第四，数字经济如何才能更好地助力我国实现共同富裕的愿景？从其普惠性看，数字经济应该是有利于改善收入分配的，约两亿个门槛低、工作时间灵活的"零工"就业机会是一个很好的例子。但可能还有硬币的另一面：一是数字经济企业的快速成长往往伴随着一大批传统企业的倒闭，这样就会有很多员工需要再就业；二是"零工"就业的工作条件并不好，许多外卖员"被困在算法里"，而且他们所享有的社会保障通常也不是很完善；三是数字经济领域的财富集中度非常高，行业参与者并不一定都能获得与其贡献对等的收入与财富。

第五，怎样完善数字平台的治理功能？数字平台的治理功能既包括平台本身的治理，也包括社会治理。在传统经济中，企业、市场与政府分别发挥经营、交易与调控的功能。但平台企业打破了上述三者之间的分工边界，它既是经营主体，又是交易场所，同时还发挥一定的调控作用。平台兼具经营、交易和调控功能可能导致的一个问题是平台既做"裁判员"、又当"运动员"，这样就有可能破坏市场秩序，造成不公平竞争，损害消费者利益。同时，平台也可以发挥辅助政府治理的积极作用，包括参与电子政务、数字政府、城市大脑的建设。但平台巨大的影响力如果折射到社会、政治或意识形态领域，就变成一个非常敏感的话题。

三、治理体系的构建需要从理念创新入手

数字经济的优势很突出，挑战也很严峻。2020 年年底的中央经济工作会议提出"反垄断"与"防止资本无序扩张"，由此开启了数字经济领域的专项整治政策。在之后的近两年间，决策部门制定了相关的法律，也采取了不少监管举措。2022 年年底的中央经济工作会议则明确提出，"要大力发展数字经济，提升常态化监管水平，支持平台企业在引领发展、创造就业、国际竞争中大显身手。"从专项整治走向常态化监管，治理体系会变得更加明确，从而提供一个比较稳定的政策环境，这将有利于数字经济实现高质量发展。

数字经济具有许多全新的特性，因此不应简单地套用传统经济的治理方法，也不宜照搬欧美的一些政策实践。在欧美有一种观点，认为数字经济治理只要集中关注几家头部平台就可以了[1]，这个思路对中国不太适用。欧美的常态化监管相对比较成熟，因此，加强数字经济治理的重点就在于规范头部平台的行为，特别是反垄断。而我国的治理框架刚刚开始搭建，需要关注的不仅仅是头部平台的垄断行为，所有数字经济企业的经营行为都需要规范。

数字经济治理中经常碰到的垄断问题与数据问题提供了两个很好的实例，印证了为什么不能简单地套用传统经济的治理方法。而这就要求我们只有在严谨分析的基础上，做政策理念的创新，然后才能构建适应数字经济特性的治理体系。

反垄断是平台经济专项治理政策的主要内容之一。我国的《反垄断法》明确了四类垄断行为，即经营者达成垄断协议，滥用市场支配地位，经营者集中，以及滥用行政权力排除、限制竞争。2021 年 2 月 7 日，国务院反垄断

---

[1] Digital Competition Expert Panel, "Unlocking Digital Competition: Report of the Digital Competition Expert Panel," accessed July 18,2023, https://assets.publishing.service.gov.uk/government/uploads/system/uploads/attachment_data/file/785547/unlocking_digital_competition_furman_review_web.pdf.

委员会印发《国务院反垄断委员会关于平台经济领域的反垄断指南》，这是第一份关于平台经济反垄断政策的完整框架。[1] 4 月 10 日，国家市场监管总局对阿里巴巴就其"二选一"垄断行为做出行政处罚，这是平台经济领域第一张反垄断的罚单。11 月 18 日，国家反垄断局正式挂牌，标志着我国反垄断政策特别是平台经济领域反垄断政策走入全新的阶段。

自 1890 年颁布《谢尔曼法》以来，美国反垄断政策的思想大致可以划分为两个阶段：二十世纪八十年代之前的"结构主义"和之后的"行为主义"。结构主义主要基于这样一个观察，即市场集中度和企业绩效呈正相关。因此，如果政府可以直接调整市场结构，就可以起到釜底抽薪的反垄断效果。形成于二十世纪初的布兰代斯主义不仅仅反对垄断，而且直接反对庞大。行为主义对结构主义的主要批评是，如果单纯地惩罚大企业，就是在惩罚竞争优胜者，这对行业发展、经济增长都是不利的。是否存在垄断，不能只看市场结构，而应该看市场行为。如果企业在做大经营规模的同时增进了消费者福利，那就不应该受到惩罚。而反映消费者福利的一个指标就是价格，如果企业利用市场支配地位，提高价格从而获取超额利润，那就是垄断行为。

不过消费者福利或价格这个简单易行的标准在数字经济的垄断行为面前往往显得无能为力，因为许多平台经常压低消费者价格甚至提供免费服务。但多边市场与网络效应等特性表明，不收费并不一定意味着"免费"，也并不一定表明这些企业不拥有垄断地位。通过补贴一边的用户以扩大市场规模，恰恰是平台企业经常采用的提高营业收入甚至形成市场支配地位的重要策略。虽然"免费"的服务在短期内对消费者有利，但如果这个商业策略的目的是做大市场规模甚至改变市场结构，最终获取垄断地位，那么从长期看对消费者是不利的。消费者福利标准不适应平台经济领域的垄断，直接推动了布兰

---

[1] 国务院反垄断委员会：《国务院反垄断委员会关于平台经济领域的反垄断指南》，国反垄发〔2021〕1 号，2021 年 2 月 7 日。

代斯主义在美国的重生。[1]

但这样又回到了行为主义对结构主义的批评，"大就是问题"的视角更不适合数字经济领域，因为它与数字技术的特性是背道而驰的。传统经济学理论认为，市场支配地位越强，价格就越高，"无谓损失"或福利损失就越大。但数字经济最重要的特性就是长尾效应、规模经济。如果以规模判定垄断，就会出现一个无法化解的矛盾：数字经济企业要么做不起来，要么一旦做大，就很可能被反垄断、被分拆。如果那样，数字经济也就永远无法发展。

数字经济的范围经济特性有可能让充分竞争与规模经济实现共存。警惕大的企业规模或者高的市场份额，主要还是担心造成"赢者通吃"的局面，但这是传统经济的理念，比如在石油或者钢铁行业。范围经济意味着一旦平台在一个行业做大，就很容易展开跨行业竞争，比如短视频平台做外卖、社交平台做搜索。即便能够做大，也并不一定能够独霸市场。在2013—2020年，电商市场份额格局发生非常大的改变，原先"一家独大"的电商平台失去了超过一半的市场份额，这说明它之前并不拥有市场支配地位。

判断数字经济领域是否存在垄断，不应该简单地看消费者福利，更不应该只关注企业规模，而应该重视"可竞争性"条件，即潜在竞争者进入或退出市场的便利度。[2] 如果便利度高，潜在竞争者就可以对在位企业形成较大的竞争压力。在这种情况下，即便一个行业只有一家或少数几家企业，在位企业就无法自由地实施垄断行为、榨取高额利润。需要指出的是，"可竞争性"条件的决定因素是潜在竞争者进入的沉没成本，这里所说的沉没成本不只包括营业牌照，也包括用户和数据等条件。另外，较强的"可竞争性"也不必然导致较高的竞争程度，但仍然可以阻止在位企业实施垄断行为。

---

[1] 吴修铭：《巨头的诅咒：新镀金时代的反垄断》，哥伦比亚全球报告，2018。

[2] Baumol, William J., "Contestable Markets: An Uprising in the Theory of Industrial Structure," *American Economic Review*, 72(1), 1982, pp.1-15.

因此，"可竞争性"条件是一个可以指导平台经济领域经济监管与反垄断执法的重要概念。用"可竞争性"的分析框架来讨论我国当前面临的问题，起码有两个方面的重要启示：一是与美国相比，我国平台经济领域的竞争程度似乎要高一些。在美国，四家头部平台长期主导一些行业，或许更应该担心垄断问题。为什么美国平台企业跨行业经营的现象相对少一些？这可能有多种原因，比如更为严厉的监管限制、数据与人工智能的应用导致了更高的进入门槛，以及"心照不宣的合谋"等。但无论如何，目前我国平台经济跨行业竞争的现象十分普遍，竞争程度较高。相比较而言，我国平台经济领域反垄断的紧迫性没有美国那么强烈。

二是平台经济的监管政策也应该关注"可竞争性"条件。如果保持很高的"可竞争性"，形成垄断的可能性就会下降。即便发现垄断行为的证据，也尽量不要采取分拆的做法，而应该尽力减少潜在竞争者进入的沉没成本，降低进入与退出市场的门槛。如果用户人数是重要的进入门槛，可以考虑在不同平台之间实现联通。以电信网络为例，只要有手机、能联网，就可以联系到所有人，并不取决于用户加入的电信系统的大小。如果数据是主要成本，也许可以考虑允许用户携带数据或者在不同平台之间实现某种形式的共享。当然，这些监管措施不可能彻底消除那些大平台的相对优势，也不应该无视头部平台在做了大量投资以后获取一定回报的正当要求。采取政策措施保障一定程度"可竞争性"条件的目的是防范出现垄断行为，而不是盲目地追求平台之间的绝对平等。

数据要素的治理思路也同样需要创新。2020 年 4 月，《中共中央 国务院关于构建更加完善的要素市场化配置体制机制的意见》首次将数据与土地、劳动力、资本、技术等传统要素并列，并强调要加快培育数据要素市场。数据成为生产要素，将改写生产函数，放大其他生产要素的贡献度并提高总要素生产率。这其实是为发展中国家提供了一条赶超领先经济的新途径。

根据《数字中国发展报告（2021 年）》的数据，2017 年至 2021 年，我国数据产量从 2.3ZB 增长至 6.6ZB，2021 年的数据产量在全球的占比为 9.9%，位居世界第二。[1] 但据国家工业信息安全发展研究中心的测算，2020 年我国数据要素市场的规模约为 545 亿元，约为美国的 3.1%、日本的 17.5%。我国数据的产量巨大，但使用效率还有待提高。因此，如何培育数据要素市场，提升数据要素的供给能力，构建数据治理体系，充分发挥海量数据和丰富应用场景优势，确保数字经济高质量发展，是中国式现代化建设中的一个重大课题。

数据要素治理体系是指统筹数据要素生产、流通、使用、收益分配过程的一系列政策与制度安排。传统要素的治理体系有两个重要的原则：一是明确所有权，二是保障公平交易。这两个原则同样适用于数据要素的治理，但在具体做法上需要创新，因为与传统生产要素相比，数据要素具有一些鲜明的特征。数据要素形成过程中参与方比较多，并且在使用过程中各方的重要性也有很大差异，这意味着数据很难像土地、劳动和资本那样清晰地确定所有权。同时，数据不仅包含部分有关个人隐私和商业机密的信息，还呈现出非排他性、非竞争性和非耗竭性的特性，再加上比较难形成标准化的产品，信息不对称的矛盾十分突出，因此也无法像土地、劳动和资本那样在市场上流通。

2022 年 12 月，中共中央、国务院发布了《中共中央 国务院关于构建数据基础制度更好发挥数据要素作用的意见》（以下简称《数据二十条》），提出了一系列创新性的数据治理思路与制度。其中最值得关注的设计可能是数据产权结构性分置制度，即数据资源持有权、数据加工使用权、数据产品经营权"三权分置"。对公共数据、企业数据和个人数据，实行分类分级确权授

---

[1] 国家互联网信息办公室：《数字中国发展报告（2021 年）》，2022 年 7 月 23 日，http：// cagd. cn/data/uploads//ueditor/php/upload/file/2022/08/1659493698894565. pdf，访问日期：2023 年 7 月 24 日。

权。对于公共数据，主要是加强统筹授权使用和管理，打破"数据孤岛"。对于企业数据，市场主体享有持有、使用、获取收益的权益。而对于个人信息，则推动数据处理者按照个人授权采集、持有、托管和使用数据。所有这些都是基于一个重要前提，即不损害个人隐私、商业机密和公共利益。与数据产权结构性分置制度相配合，还要建立数据要素各参与方合法权益保护制度，充分保护数据来源者和数据处理者的权益。

影响数据要素使用效率的另一个重要环节是流通。近年来，我国已经成立了近四十家数据交易所，但业务开展很不理想，也说明数据交易比其他生产要素或商品交易更为困难。《数据二十条》明确支持数据处理者在场内和场外采取开放、共享、交换、交易等方式流通数据，并且提出要设计数据交易市场体系，统筹优化布局，严控交易场所数量，突出国家级数据交易所的基础服务功能和公共属性，同时鼓励数据商进场交易。审慎对待原始数据的流转交易行为，对于公共数据尤其要按照"原始数据不出域，数据可用不可见"的要求，以模型、核验等产品和服务等形式向社会提供。不过，无论是场内还是场外交易，除了权益保障，还有一个很重要的条件是克服数据交易中的信息不对称，这可能是当前交易所业务不活跃的主要原因。相对而言，直接交易的点对点模式和间接交易的数据商模式，增加了一道供需匹配的环节。因此，短期内也许应该把重点放在支持这类场外交易的规范发展，等条件成熟了，再鼓励他们进场交易。

数据要素治理还有一个其他生产要素治理不存在的问题，即算法治理。《数据二十条》提到了算法审查，但并没有具体说明怎么做。北京大学课题组曾经提出了一个算法审计的设想。[1] 算法是大数据分析生产率的一个重要支柱，对于数字经济中经营效率的提升和信用风险的管控做出了重大贡献。与

---

[1] 沈艳，张俊妮：《平台经济中的数据治理》，载于北京大学平台经济创新与治理课题组：《平台经济：创新、治理与繁荣》，中信出版社，2022。

此同时，算法黑箱、算法歧视等问题也时有耳闻，关键是数字经济企业的大部分合作者和消费者完全无法判断算法的公平性，监管部门在现行政策框架下也很难真正做到穿透式监管。算法治理的核心可以包括三个层面：一是企业自身实行合规管理并制定科技伦理准则，坚持科技向善的导向；二是建立算法备案机制，起码可以对监管部门做到规则透明；三是监管部门或受委托的第三方定期或不定期，又或者在收到其他市场参与者投诉的时候，启动算法审计。

四、构建中国特色的数字经济治理框架

构建适应数字经济特性的治理体系，促进数字经济的健康发展，对于我国实现经济高质量发展、全面建设社会主义现代化国家，具有十分重要的意义。在构建数字经济治理框架的过程中，可以考虑如下几个方面的思路。

一是明确数字经济治理体系的宗旨是创造良好的政策环境，形成稳定的政策预期，同时应准确界定"资本无序扩张"的含义，通过"在规范中发展、在发展中规范"，实现数字经济做强做优做好的目标。

好的数字经济治理体系的核心应该是良好的政策环境和稳定的政策预期。我国的数字经济发展已经位于全球前列，但也出现了一些不规范甚至不合法的行为。规范行为最有效的方法是确立并落实清晰的治理规则，而不是运动式的整治，因为规范的目的是发展。对于"资本无序扩张"含义，最好能做出更为清晰的界定，比如干预政治、影响意识形态等，这有利于在政策执行过程中避免出现扩大化的解读。划定"红绿灯"的做法具有清晰的政策指向，也比较容易理解并执行。不过，如果能用"负面清单"的概念替代"红绿灯"的提法，应该会更加有利于与国际规则的接轨。

二是搭建数字经济治理体系的顶层结构，设立高规格的数字经济治理机

构，统筹政策制定并协调政策执行。同时完善数字经济的法律体系，尽快制定《数字经济法》，统领数字经济的治理政策。

数字经济领域既有行业监管部门，比如交通运输部、中国人民银行、工业和信息化部，又有一般性的监管机构如国家市场监督管理总局和国家互联网信息办公室。大部分数字经济企业技术领先、业务综合性强，建议在国务院层面设立一个高规格的机构或者授权一家现有的综合性机构。这个机构主要是代表国务院承担两个方面的责任：一是统筹数字经济治理政策的制定，包括与全国人民代表大会的联络；二是协调治理政策的执行，特别是要消除监管空白、防止重复施政，同时也要把握不同机构推出新政的节奏。

我国已经颁布了不少与数字经济治理有关的法律法规，包括《消费者权益保护法》《电子商务法》《反不正当竞争法》《反垄断法》《网络安全法》《数据安全法》和《个人信息保护法》等，其中的一部分并非专为数字经济制定，不同法律之间还存在衔接不顺的问题。建议全国人民代表大会尽快推动制定一部能够覆盖所有数字经济领域的纲领性的《数字经济法》，将来作为数字经济领域的基本法，统领全国平台经济的治理实践。

三是建立三个层次的数字经济治理构架：第一层是反垄断执法，纠正市场失灵，恢复市场效率；第二层是经济监管，维持市场有效运行；第三层是企业合规管理，确保经营活动与法律、规则和准则保持一致。

这三层构架受同一套治理规则指导，追求共同的合规经营目标，但三者的功能应适当分离，在运营中则可以既有分工又有合作。

反垄断执法的目的是尽快地恢复市场秩序，特别是增强行业的"可竞争性"。目前这个职责主要由国家反垄断局以及国务院反垄断委员会行使。在执行的过程中，建议重点关注"可竞争性"条件，市场份额不一定能准确地反映垄断行为。如果关注消费者福利，需对数字经济中消费者的各种显性、隐性的成本和收益做综合、细致的计算。《国务院反垄断委员会关于平台经济领域的反垄断指南》明确表示，对于"二选一""差异化定价"等行为，需要认真分析其经济合理性。不过通常情况下应慎用反垄断执法这类刚性手段。

经济监管的职责主要是维护市场的有效运行，包括保障公平竞争、维护消费者权益。数字经济企业的监管职能同样应该适当集中，改变"九龙治水"的现象。与反垄断执法相比，经济监管更加柔性、常态化。考虑到数字经济监管本身具有很强的创新性，建议采取响应型的监管方式，监管与企业之间保持日常性的沟通，及时发现问题、化解问题，同时给予被监管对象申诉的机会。也可以采用在数字金融领域常见的"监管沙盒"的做法，数字经济企业提出创新计划，然后在监管的全程监测下试运营新业务。

合规管理是现代企业制度的重要部分，其目的是确保经营活动符合法律、规则和准则的要求。合规管理在数字经济领域尤其重要，因为大部分企业的业务都涉及海量的数据、丰富的场景以及复杂的算法，完全依靠外部资源实施监管，难度非常大。通过合规管理，企业主动与监管部门合作，克服技术障碍，落实治理政策。企业可以主动向监管部门备案算法，并为监管部门或第三方独立机构实行算法审计提供技术条件。企业还应该制定科技伦理准则，为"科技向善"提出更高的标准。

四是将数字经济纳入国家财税体系之中，先一步在国内试行已经达成国际共识的数字税"双支柱"方案，改善数字经济收入在不同要素之间的分配规则，规范收入分配秩序和财富积累机制，促进共同富裕。

数字经济的一些业务尚未纳入正规的统计体系，征税的难度也很大，但财税政策覆盖数字经济既有利于实现公平税负，也有助于资源在全社会的有效配置。近期，税务部门已经加大了对平台企业、网络直播等偷漏税行为的处罚力度。建议以落实"双支柱"方案为切入点，让财税政策体系完整地覆盖数字经济，根据各地平台经济活动的水平分配超大平台的税收收入，同时确定最低实际税率水平，避免各地对平台企业总部展开恶性争夺。这些建议既能促进地区经济平衡发展，也可以为未来与国际税收体系接轨铺路。另外，建议根据数字经济的特点完善财税政策，包括充分利用数字技术，完善数字经济收入在不同要素之间的分配规则，规范收入分配秩序和财富积累秩序。

五是积极参与国际数字经济与数字贸易规则的制定，推动我国数字经济实现高水平、制度性的开放，大力促进数字贸易的发展，同时也为我国的数字经济企业到国际市场大显身手创造条件。

数字经济领域开放是我国高水平开放政策的重要部分。无论是企业走出去或者引进来，还是参与数字贸易，都要基于国内国际规则的衔接。目前，美国与欧盟已分别提出了对数字贸易规则的诉求。作为数字经济大国，我国应尽快提出关于跨境数据流动、知识产权、消费者隐私、属地限制、垄断和数字税等方面的主张，积极加入《全面与进步跨太平洋伙伴关系协定》（CPTPP）、《数字经济伙伴关系协定》（DEPA）等多边协定，尽可能与数字技术较发达的欧美国家接轨，避免被排除在新规则制定过程之外。大力推进与"一带一路"国家之间的数字投资与数字贸易，边实践边完善规则，助力我国数字经济的平稳开放。

目　录

关键词八：公共管理

宏观经济

平台跨界竞争给我们带来了什么？

胡佳胤

跨界竞争模糊了市场边界，也激发了市场活力。大科技平台间的跨界竞争可以对彼此形成制衡，而这正是防止任何一家公司占据垄断地位的有力武器。

不知不觉间，我们的日常生活已经离不开数字经济，而在数字经济中最为活跃的，则是头部的大科技平台。你可能习惯在微信或今日头条上打开新闻推送，又或者是在百度搜索上发现了某篇感兴趣的文章。宅在家时你可能会在淘宝、京东或拼多多上下单购物，在美团或饿了么上买菜或点外卖，在 B 站（哔哩哔哩）、爱奇艺、优酷、腾讯视频、抖音、快手上找下饭视频。出门时你会用高德地图或百度地图导航，用高德或滴滴打车，又或者骑一辆共享单车到最近的地铁站，然后用支付宝或微信扫码购票。微信和支付宝的健康码、行程码、核酸结果查询功能曾是新冠疫情期间的出行标配。远程居家办公则离不开微信、钉钉、飞书、腾讯会议、腾讯文档和百度网盘等在线办公协作和文件传输软件。在这些便利的背后，腾讯、阿里巴巴、美团、百度、京东、字节跳动等几家大科技公司在多个领域展开着激烈的跨界竞争。

跨界竞争模糊了市场边界，人们脑海中各个平台的"主营业务"已不足以概括大科技平台业务所触达的范围。比如，以搜索引擎起家并牢牢占据国内该市场主导地位的百度，在 2021 年香港联合交易所二次上市招股说明书[1]中展现的公司定位是"拥有强大互联网基础的领先 AI（人工智能）公司"。以 QQ、微信等占领社交软件市场的腾讯则定位为"世界领先的互联网科技公司"[2]，其产品和服务不仅涵盖通信、社交、出行、支付、娱乐生活、电子游戏、数字内容等多方领域，还提供云计算、广告、金融科技等企业服务。以电商闻名的阿里巴巴集团拥有"中国商业、国际商业、本地生活服务、菜鸟、云业务、数字媒体及娱乐以及创新"[3]等一系列产品和服务。美团从餐饮外卖起步，现在已经扩张为一家集"吃、喝、行、游、购、娱一站式的平台"[4]。字节跳动（现已更名为抖音集团）旗下拥有今日头条（通用信息平台）、抖音（短视频平台）等产品[5]，并通过直播开拓了电商业务。

大科技平台间的跨界竞争可以对彼此形成制衡，而这正是防止任何一家公司占据垄断地位的有力武器。经济学里的可竞争市场（contestable markets）理论指出，当市场的进入和退出是完全自由和零成本时，来自潜在竞争对手的挑战压力，会约束市场中既有企业的定价行为。在数字时代的今天，"自由和零成本地进入和退出市场"的理论前提条件变得不是那么遥远：在轻资产模式盛行的互联网时代，用户和数据是最主要的资

---

[1] Baidu Inc. Global Offering, March 12,2021, accessed January 11,2023,https://www1.hkex-news.hk/listedco/listconews/sehk/2021/0312/2021031200022_c.pdf.
[2] 见腾讯官方网站。
[3] 见阿里巴巴集团官方网站。
[4] 见美团官方网站。
[5] 见字节跳动官方网站。

源，而与数据收集、存储、调用、分析和应用相关的投入在各行各业都可以普遍、广泛地转化使用。在数字时代，平台的力量变得空前强大，原因在于数字技术和大数据的积累带来了巨大的规模效应；双边市场的网络效应也让平台经济具备了自然垄断特征。因此，在一个成熟的市场上打败领先者变得难上加难。即便强大如阿里巴巴，也无法再造一个微信。然而，数字时代的另一个特征是，数据和流量的跨产品、跨场景、跨市场流动变得更加简单，对用户、消费者、注意力、流量的洞察成为竞争的关键。竞争对手无法再造一个微信，但并不意味着微信就可以高枕无忧，因为竞争对手有多种方式可以吸引用户的注意力和流量，引流后达到的平台生态体系才是真正的竞技场。搜索、通信、社交、电商、本地生活、出行、短视频、资讯、硬件设备等行业的佼佼者，都有可能在某一个领域短兵相接。因此，数字时代的赢者可能拥有比以往更大的市场势力，同时也可能面临着比以往更强的竞争压力。

数字时代的进入壁垒很可能是由数字时代的跨界竞争者来打破。也许正是预见到这一点，头部大科技平台才通过投资并购等方式来扩张业务范围、收购潜在竞争对手、争夺人才团队、购买专利形成"护城河"。这不仅可以帮助平台企业在已有业务上扩大市场份额、增强市场势力，也有助于开发业务新领域，提前锁定下一个增长点，避免潜在竞争对手兴起。大平台跨界竞争的普遍性让一些初创企业不是接受 A 平台的投资，就是接受 B 平台的投资。这可能是数字时代创业者迅速变现和打开局面的一个好机会，但某种程度上也让初创企业丧失了成长为独立力量、抗衡现存平台企业的可能性。人们熟知的产品和品牌的背后可能都是"阿里系""腾讯系""字节系"等大科技平台的投资派系，各行各业的竞争最终都成为两三家大平台的竞争。这对于中小初创企业的发展以及对于整个经济体的创新活力是好是坏，还需要更细致的研究才能给出答案。但毫无疑问的是，平台企业通过跨界在不同行业领域形成合力，将潜在的竞争对手纳入麾下，有助于进一步扩大和加强自身的市场势力。防止平台以合谋或强制"二选一"等手段排除竞争是维护市场机制的应有之义；防止平台滥用市场势力，保留市场的竞争活力，是监管政策需要关注的重点。

回顾大科技平台的兴起，最先打响的是互联网公司与传统公司之间的跨界竞争。一个流传已久的段子是：打败移动、联通的不是其他移动运营商，而是微信；打败实体店的不是店面而是淘宝；打败出租车的不是出租车公司而是滴滴。互联网、移动通信和大数据时代，大科技平台用数字技术的优势为用户提供了低价、便捷、优质、省心的产品和服务，从而颠覆了传统的通信、商城、本地服务、出行、资讯等传统行业。以 2011 年诞生的微信为例，2013 年就有报道[1]指出，"运营商逐渐沦为微信的通道，短信和语音业务都被微信抢走"；中国移动管理层也惊叹，"再不改革就会被微信革命"。而受到用户热捧的微信，"因为分流移动运营商的利润而遭到运营商反击"。大科技平台创造的价值让广大消费者"用脚投票"，倒逼传统行业进行产品和服务的转型升级。从这个角度上来说，我们每个消费者也都是这一跨界竞争的受益者。

创新驱动下的跨界竞争也有助于为国家层面的战略实施打开新局面，因为既得利益者往往会成为改革的阻碍者，必须要引入新力量来破局。例如，存款端利率市场化作为中国利率市场化改革的"最后一公里"，非常不容易走完。传统银行作为利率管制下存贷款利差的既得利益方，往往缺乏推进存款端利率市场化的动力。而在 2013 年 6 月，支付宝联合天弘基金推出了集支付功能和货币基金收益于一体的余额宝，为"草根"用户提供了低门槛和灵活提现的理财选择。余额宝在不到一年的时间内规模突

---

[1] 王超：《微信求和还是迎战》，《中国青年报》，2013 年 4 月 1 日，http://zqb.cyol.com/html/2013-04/01/nw.D110000zgqnb_20130401_3-05.htm，访问日期：2023 年 1 月 11 日。

破5 000亿元，用户数超过1亿，给零售理财市场带来了"鲶鱼效应"。监管层对金融创新激发市场活力的肯定和包容[1]，让余额宝等互联网金融产品得以在银行的"围剿"[2]中生存下来。笔者和美国哥伦比亚大学魏尚进教授、斯坦福大学Greg Buchak的合作研究发现，余额宝这一"金融科技+货币基金"的跨界竞争，为家庭提供了兼顾流动性和收益率的理财选择，对银行形成了一定的竞争压力，促使银行在零售端提供市场利率的产品。[3]以余额宝为代表的金融科技创新产品助力了存款端利率市场化的改革。

在更为宏观的层面，平台之间的竞争或许是国与国之间数字经济竞争的热身赛。平台企业是发展数字经济和推动科技创新的积极市场力量。美国大科技公司之间的竞争似乎更侧重在操作系统、硬件设备、云计算等基础数字技术上，而在消费领域的跨界相对较少。根据联合国发布的《数字经济报告2021》[4]，2016年到2021年，人工智能初创企业收购数量排在前列的企业是苹果、谷歌、微软、脸书、亚马逊这些美国的大科技企业。中国的百度和腾讯在人工智能方面的布局虽然处于我国前列，但未能处于世界前列。从云基础设施服务的收入来看，2020年第四季度，亚马逊的AWS占据32%的市场份额，微软的Azure占20%，谷歌占9%；阿里巴巴和腾讯则分别占6%和2%，与IBM、甲骨文等企业持平，但与头部企业仍有较大差距。

---

[1]《两会热议余额宝 周小川表态"不取缔"》，财经网，2014年3月4日，http://topics.caixin.com/2014-03-04/100646345.html，访问时间：2023年1月11日。

[2]《银行围剿余额宝》，新浪网，2014年3月7日，https://finance.sina.com.cn/money/bank/bankvsyuebao/，访问时间：2023年1月11日。

[3] Greg Buchak, Jiayin Hu, Shang-Jin Wei. "FinTech as a Financial Liberator." National Bureau of Economic Research Working Paper Series, accessed January 11, 2023, https://www.nber.org/papers/w29448.

[4] UNCTAD, "Digital Economy Report 2021", accessed January 11, 2023, https://unctad.org/system/files/official-document/der2021_en.pdf.

各国发展阶段不同，有差距也可以理解，更重要的是通过借鉴学习来实现反超。我国的平台企业应在科技硬实力方面进行更多研发投入和创新，成为国际市场中的头部企业，而不能仅仅依靠数据或者用户流量的优势进行粗放式的竞争，更不能依赖夺民众和小微企业之利的垄断租金为生。如何充分发挥大科技平台在技术、人才、数据、资金、管理运营和市场应用场景等方面的优势，在数字经济发展的前沿领域进行布局，在科技创新上代表国家进行高水平的国际竞争，是摆在平台企业和监管者面前的一道重要命题。监管政策在规范平台行为的同时，应该朝着支持平台企业和平台经济做大做强的目标前进。

十多年前，我国的互联网企业还是新生力量，在宽松的监管政策下以跨界挑战者的姿态颠覆了传统行业。现在，大科技平台之间的跨界竞争成为普遍趋势，而监管政策的重新定位带来了攻守之势的转换。数字经济的新时代之下，跨界和跨国的竞争风起云涌，十年前、二十年前的巨头们已经稍逊一筹，未来十年、二十年，赢者是谁？

平台经济发展给就业带来了哪些转变？

李力行

平台经济促使就业发生了从线下到线上、从固定到灵活、从单一到多元等转变，就业转变反映了数字技术进步下生产组织形式的变革，也给劳动者与用工单位之间的劳资关系带来了冲击。

随着平台经济的发展，近年来我国出现了许多新的就业形态和新的职业，这些新就业形态和新职业为两亿灵活就业者中的相当一部分人提供了工作机会。可以说，平台经济发展已经在全球范围内引发了劳动力市场的结构性变革。

平台经济下就业的转变主要表现在以下几个方面：

第一，平台经济的发展使得许多工作发生了由线下到线上的转变。"零工经济"早已有之，互联网技术的发展和平台的崛起，便利了劳动力要素供求双方的信息搜寻和匹配，使得近年来的零工就业呈现出两种主要形式，即"在线劳动力市场"和"基于应用程序的按需工作"。前者主要是通过互联网平台在全球范围内匹配组织与个人，进而提供远程服务，其更多地适用于知识密集型的产业，如众包程序员、带货主播、在线咨询人员等。这类工作的各个环节，包括实际的工作任务，一般都在线上展开。而后者主要是通过即时匹配本地范围内的供给与需求而产生的，其创造的就业多属于劳动密集型服务业，常见的包括网约车司机、外卖骑手、代驾司机等。这类用工的实际工作任务在线下完成，但劳动的供需匹配、工资结付、评价监管等环节在线上完成。

第二，平台经济的发展使得许多劳动者从固定工作转向灵活择业。在全球范围内，越来越多的工人正在摆脱企业里的全职工作，将目光投向零工经济。近年来，关于年轻人离开大工厂投入零工的报道层出不穷。[1]互联网平台利用大数据和算法优势，在劳动供需匹配和工作任务分配方面体现出极高的效率，无疑是促进这种转变的重要原因之一。以网约车司机和外卖骑手为例，其工作任务基于平台订单而产生，每一个订单的完成都类似于一条虚拟的生产线，这使得劳动者能够脱离传统僵化的生产线工作，转而以比较灵活的方式获得收入。工作时间和工作长度方面的灵活性，满足了相当一部分劳动者尤其是年轻人的择业需求，这是基于平台的零工就业迅猛发展的重要原因。

第三，平台经济的发展使得劳动者从单一职业向多元就业转变。零工从业者可以自主决定在哪个平台工作，也可以更为具体地决定在哪个时间段为哪个平台工作多长时间，这使得一人从事多种职业、为多个平台工作成为一种新趋势。多元就业大致分为如下几种形式：一是向多个平台提供同一种工作内容的多元就业，例如某外卖骑手可以在多个平台上提供送餐服务。二是向单个或多个平台提供不同工作内容的多元就业，例如某网约车司机可能同时为电商平台销售货物。三是在传统行业拥有一份工作，然

---

[1] 王佳薇：《超级工厂里的流动工人》，《南方人物周刊》，2021 年 11 月 16 日，https://www.nfpeople.com/article/11013，访问日期：2023 年 1 月 11 日；《2 亿人打零工，要自由还是要权益？》，《财经》，2022 年 4 月 24 日，https://news.sina.com.cn/s/2022-04-24/doc-imcwiwst3761941.shtml，访问日期：2023 年 1 月 11 日。

后利用工作外的时间为平台工作，例如在某公司上班的白领在上下班途中开顺风车获取额外收入。这种情况下，我们往往难以区分多元就业中的哪种职业是劳动者的主要职业；要想划分主要工作与兼职工作，需要参考主要收入来源、工作时长分布以及劳动关系等多方面的特征。

第四，平台经济的发展也改变了创业决策。基于平台的零工就业，其性质介于传统的雇员工作和自雇创业之间，平台经济在改变传统雇员工作的同时，也对另一端的自雇创业决策产生了影响。一方面，零工就业能够给从业者带来更高的灵活性和自主权，有利于他们主动寻求包括创业在内的其他发展机会；同时，零工就业能够提供收入安全网，可以平滑创业带来的收入波动风险，也有助于创业。另一方面，零工就业可以成为吸纳以低学历、低技能为主要特征的新生代工人就业的蓄水池，为失业人群提供就业机会，这可能减少"生存驱动型"或自我雇佣型的低质量创业活动。由于打零工在某种意义上也可以被看作"平台依赖型"创业者，这就使得以往的创业定义不再适用。总之，就业和创业的图谱大大拓展，劳动者的选择变得多元化。

就业发生转变的同时，也意味着劳资关系发生了重要的变化。在基于平台的零工就业中，劳动者与平台之间的关系，与传统的"雇员—雇主"关系很不一样。有的劳动者仅为一家平台工作，有的则同时在多家平台注册；有的劳动者提供长期稳定的网约服务，有的则只是提供临时服务；有的劳动者为全职，有的则只是兼职劳动；有的劳动者只提供一种网约服务，有的则同时提供多种服务。与传统的"雇员—雇主"模式相比，零工就业者与平台之间的从属性大大降低，但又还没达到自雇创业者所具有的独立性。

要理解平台经济下劳资关系发生的变化，需要从生产组织形式的变化谈起。其原因在于，劳动力和资本都是生产要素，劳资关系实际上是生产要素的组织形式的外在表现。自经济学家科斯于二十世纪三十年代提出公司理论以来，一种被广为接受的看法认为，相对于从市场上采购而言，由企业组织生产可以节约交易费用，而企业的边界取决于企业内的组织成本与市场上交易费用之间的权衡。尽管大企业一般而言层级复杂、组织成本高昂，但通过在企业内部完成各种生产环节，可以避免从市场采购原材料以及将生产步骤外包所面临的众多不确定性，从而能够提高生产效率。

正因为在节约交易费用方面的优势，大企业一度成为工业时代前沿科技产品的主要生产方式。这期间，涌现了以福特、波音、国际商业机器公司（IBM）等为代表的大型企业，不少行业都出现了上下游之间纵向一体化的趋势。而随着数字时代的来临，信息技术的发展使得市场里各经济主体之间的沟通协调变得更加容易，交易费用呈现下降的趋势，许多商品的生产过程被分解，服务供应过程被分包，引发了生产活动去公司化、去组织化的趋势。与此同时，政府对大企业的管制、高昂的税费负担，以及大企业复杂的科层结构所伴随的组织僵化等原因，也促使许多企业选择"瘦身"，一方面裁减非必需人员，进行扁平化改革，另一方面纷纷将非核心工序外包。大型汽车厂商的全球布局和本地化生产、IBM 从硬件企业向云计算服务公司的转型、以深圳华强北市场的兴起为标志的消费电子产品的集群生产模式，都是企业边界变化的例子。

以餐饮外卖行业为例，由于需求存在比较明显的季节和时点波动，加上配送路线随机化等原因，维持固定的配送运力对餐饮企业来说并不经济，因此外包的需求一直存在。互联网平台的出现，通过大数据和算法优势，大大提升了派单效率，深刻改造了餐饮外卖行业。如果进一步考虑广告宣传、预订等步骤，可以发现，餐饮外卖中所包含的不同工序和服务其实是由餐馆、食材供应商、商场、外卖平台、骑手等分别承担的。就其中的配送环节而言，涉及的订单采集、任务分配、实际执行、配套客服等各种任务，以及对骑手这一劳动要素的管理，也被分解和组合，并分别由外卖平台、劳务外包公司以及骑手承担。这种生产和服务中工序的分解和外包，固然有控制用工成本与转移用工风险的原因，但本质上是由数字技术的进步所驱动的，是组织结构面对技术进步做出的调整。

总之，平台经济的发展促进了工作任务的重新组合、分解和外包，平台经济成为提高效率、满足多样化新需求的必要手段，也成为经济发展的重要推动力。平台企业在这种变革中应运而生，利用数字技术推动组织形式的创新，改造了传统行业，创造了新需求，也赚取了不薄的收益。这种由技术进步导致的生产组织形式的变革，相应引发了劳资关系的变化，使得传统的"雇主—雇员"关系，在一定程度上被自雇的独立承包商以及处于传统的雇员工作和独立承包商之间的零工所取代。劳资关系的变化伴随就业转变而发生，对包括劳动保障在内的公共服务提出了新的要求。

平台经济推动了全国
统一大市场的形成吗？

余昌华

平台经济通过数字技术和数据生产要素整合了国内产品与要素市场，推动了消费品和投资品全国统一大市场的形成。全国统一大市场需要平台经济的健康发展、区域经济的可持续发展与系统性市场监管相协调。

数字技术的发展深刻地影响着我们的日常生活。从居民的衣食住行，到企业的生产与经营活动，再到市政管理，数字化与智能化发挥着越来越重要的作用。我国的数字经济已经在过去二十多年有了长足发展，数字技术和数据生产要素的广泛应用促进了以新产业、新业态、新商业模式为核心内容的新经济活动的蓬勃发展。在这个过程当中，以平台经济为代表的新型经济发展模式受到广泛关注。

平台的重要功能之一是撮合交易，它是一个交易场所，可以是物理场所，也可以是虚拟的场所。卖方在平台上提供自己的产品与服务，买方在平台上购买所需要的产品与服务。平台则保障交易双方更有效地匹配，更安全、更便捷地交易。平台经济是数字时代以数字化平台为中心的经济活动的统称。数字时代的平台经济与数字技术的发展和数据生产要素的密集使用密不可分，是数字技术在经济活动中的重要体现。

一、平台经济推动全国统一大市场形成的途径

一般而言，数字技术在降低交易双方搜寻撮合成本、信息复制成本、仓储物流成本、交易追踪成本和身份验证成本等方面起到了重要作用。平台经济的发展也依赖数字技术在这五个方面的广泛与深入的应用。

第一，数字技术在经济活动中的一个重要体现是电子商务。各种类型电子商务的兴起与蓬勃发展降低了买家寻找卖家以及卖家寻找客户的搜寻与撮合成本。身处大江南北的人们可以在同一时间、同一平台上搜寻所需的产品、服务与客户，而不仅仅限于所处之地的市场。电子商务的发展拓展了市场的边界，交易双方打破了地域限制，能够与来自不同区域的企业、甚至是境外企业进行便捷、有效地合作与交易，有利于推动国内大循环和全国统一大市场的形成。近些年来随着数据收集、存储、传输与分析技术的快速发展，数据逐步成为企业生产经营的一个重要生产要素，以大数据为基础的深度数据分析与云计算则使企业产品与服务能够精准定位，满足消费者多样化需求。

第二，在数字化时代，越来越多的信息与知识以数字形式存在，数字技术的发展降低了信息复制成本，新产品、新技术、新商业模式与新知识能够在短时间内大范围传播。身处不同地方的企业通过平台可以快速地了解全国市场行情的变化，快速熟悉新技术和新商业模式，从而更好地调整生产技术与企业经营决策，以适应快速变化的市场。从企业的角度来看，以平台为基础的数字时代信息与知识传播会加速区域间企业技术升级、管

理效率的提升以及创新协同的深化。产品和服务质量的提升以及数量的增加为消费者提供了多样化与个性化的消费选择。从消费者的角度来看，数字时代信息与知识传播会使新产品、新生活方式通过不同的数字化平台更快地进入大众视野。消费者对产品和服务质量的认知进一步提升，从而更加合理地进行消费。从生产要素提供方来看，劳动者和投资者不用受限于所处地域的信息与知识资源。融资平台则为投资者提供了多样化的投资组合选择，有利于投资者更好地配置资产。对劳动者而言，新知识的快速传播有利于劳动者更快速、更便捷地学习最新的科学文化知识和提升工作技能，从而更好地适应市场经济的变化。

第三，数字技术的发展降低了仓储与运输成本。信息与通信技术的广泛应用与升级降低了交通、仓储、批发、零售、通信、邮政等行业的运营成本，提升了这些企业的运行效率，使万物互联成为可能。随着我国劳动力成本的增加、自动化与智能化成本的相对下降，越来越多的仓储与物流企业采用自动化和智能化的方式进行技术升级，以此抵消劳动力成本上升带来的影响。从产品的生产到产品送达消费者手中，仓储与运输发挥着非常重要的作用。城市群内一日达已经是非常普遍的现象，生鲜的远距离门对门投递也越来越普遍。仓储运输成本的降低也促进了企业灵活管理生产过程与库存，促进了个性化产品定制的兴起。需要指出的是，我国大规模基础设施的完善与升级，尤其是公路、铁路交通网络的全国覆盖和机场的升级，以及新型基础设施建设的全面展开，为我国仓储与运输相关行业提供了坚实的硬件设施支持。数字经济的发展降低了仓储与运输成本，进而促进了全国统一大市场的形成。

第四，数字技术的发展使得追踪经济、社会活动留下的数字足迹成为可能。这些技术的发展促进了物流追踪、第三方支付、大数据信贷、产品精准定价和广告精准投放等。对企业而言，当追踪交易过程的成本降低时，企业面临的交易成本、交易风险下降，从而可以更好地规划生产经营活动，提升企业生产经营效率。对消费者而言，这些数字技术的发展则提升了交易安全与交易便捷程度，降低了用户使用成本，提升了用户友好体验程度。这为刺激消费提供了一定条件。另外，数字足迹的追踪促使平台经济各参与方受到更加平等地对待，区域之间营商环境的差异与一些妨碍区域经济一体化的障碍逐步缩小，从而有利于国内大循环和全国统一大市场的发展与完善。

第五，数字技术的发展也降低了交易双方的身份验证成本。身份验证成本降低使信用在交易中发挥着越来越重要的作用，比如金融科技的发展催生了数字支付的广泛使用，从而使匿名交易效率显著提升，提升了市场交易效率。平台经济，尤其是大型数字化平台，利用自身的资金优势与企业声誉，在降低交易双方身份验证成本、维护安全与便捷的交易等方面发挥了重要作用。以支付宝、微信等大型数字平台为例，线上、线下商户都可以通过支付平台便捷地实现交易支付，与此同时，这些大型数字平台根据商户的数字足迹等信息为商户，尤其是微型与小型企业，进一步提供个性化服务。

二、 平台经济对不同产品市场的作用

基于以上数字技术的潜在影响，数字技术的发展与平台经济的壮大有利于打破产品与要素跨区域流动的壁垒。在数字经济时代，产品的竞争是全国市场的竞争，生产要素也更进一步地在全国市场流动起来。国家统计局数据显示，2011—2016 年是我国平台经济高速发展时期，我国境内的快递业务量从之前的年增速 25% 飙升至近 60%，这一高速增长维持了 6 年。在 2016 年之后，尽管快递业务量增速有所放缓，但是仍然有高达

30%的年增长率。从销售额来看，电子商务销售额在过去十年期间保持着高速增长的态势，年平均增速约为20%。

这些数据说明，平台经济的快速发展推动了产品市场尤其是消费品市场的跨区域融合。当同一产品或相似产品的价格在不同区域之间存在明显差异时，企业会借助数字化平台将产品销往价格高的地方，而消费者则借助数字化平台从价格低的区域购买产品。最后的结果就是，对同一产品、甚至是相似产品而言，不同区域间售价的差异会缩小。从省际消费品价格（见图1）和36个主要城市间商品零售价格（见图2）变化来看，在2010年之后，省际和城市间消费价格的变化明显趋同，也就是说，国内消费品市场逐步形成了一个统一的大市场。从投资品的角度来看，2010年也是一个分水岭。自2011年起，不同区域投资品价格的变化也逐渐相似，也就是说，全国统一的投资品市场正在逐步形成。当然，与消费品相比，区域间投资品价格的趋同没有消费品价格趋同明显。企业投入要素价格可以

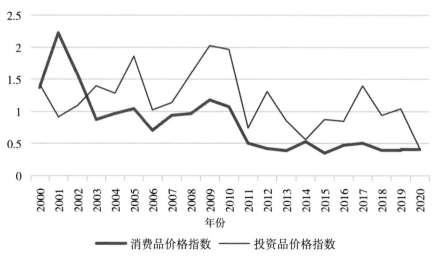

图1 省际消费品与投资品价格同步变化程度

数据来源：国家统计局。
注：数值越小表明价格变化越同步。

由工业生产者购进价格指数反映，图2显示不同区域工业企业投入品价格并没有随着我国平台经济的发展与壮大而发生显著趋同。这说明，平台经济的发展主要促进了全国统一的商品零售和消费品市场的形成，对推动全国统一的投资品大市场的形成有一定作用，但是对企业中间投入品全国统一大市场的形成的推动作用有限。

图2　36个城市间商品零售价格指数与省际生产者购进价格指数同步变化程度

数据来源：国家统计局。
注：数值越小表明价格变化越同步。

三、平台经济对建立全国统一大市场的挑战

平台经济通过数字技术和数据要素影响了国内不同区域的市场，促进了终端产品市场在全国范围内的统一，但是在发展过程中也给建立全国统一大市场提出了一些新的挑战。

首先，平台经济发展带来了"创新性毁灭"。平台经济跨区域整合了产品与要素市场，创造了新产品、新商业模式与新就业方式，但是与此同时，很多微型、小型、中型企业被淘汰出市场。从市场效率的角度来看，平台经济的发展打破了区域市场边界，促进了统一大市场的形成。但是需要指出的是，部分企业被淘汰带来的失业和税收影响主要由当地市场和当地政府来承担。如何积极利用平台经济带来的机遇、减少平台经济对地方市场的负面冲击是平台经济健康发展和区域经济可持续发展面临的重要挑战。

其次，平台经济具有规模经济和范围经济的特征，因此自然而然会追求更大的市场份额。尤其是大型数字化平台的快速扩张与超强议价能力对中小企业的生产与研发产生了一些冲击。大型平台利用资金和数据优势快速开拓市场，进而利用市场优势提升自身议价能力。在短期来看，消费者可以获得更低价的产品，但是从长期来看，中小企业议价能力的降低会减少其对新产品的研发投入，不利于这些企业提升产品质量、开发新产品。有些平台则利用自身资金、市场与数据优势，在平台上既是"仲裁员"，又是"运动员"，不利于其他市场参与者的公平竞争。因此，平台经济发展的同时，需要考虑如何更普惠地服务平台经济参与各方，推动市场公平竞争，助力共同富裕，同时也促进我国企业创新能力与国际市场竞争能力的提升。

最后，平台经济在促进国内大循环与推动全国统一大市场形成的同时，也给市场监管带来了一些挑战。数字化平台不是传统意义上简单提供产品和服务的场所，它可以全方位地服务企业与消费者，逐渐形成一个多层次、多方位的生态系统。平台经济不仅仅打破了经济地域上的限制，也打破了行业之间的障碍，从横向和纵向深入地影响我国经济。一个有效的市场监管也应与数字经济的发展相适应，变条块化监管为系统性监管，更好地发挥平台经济在我国社会主义市场经济中的重要作用。

数字经济提升了投资效率吗？

余昌华

我国经济整体资本—产出比在过去三十年不断上升，目前已显著超过美国、日本、韩国等发达经济体，我国生产一单位 GDP（国内生产总值）需要更多的资本。但是数字经济部门资本—产出比较低，具有国际竞争力。加大数字经济部门的投资与改善跨行业资本配置效率已刻不容缓。

经济增长与生活水平的提高离不开资本积累。公共服务（比如交通、环境、教育、医疗等）的完善需要大规模的投资，这形成社会资本的一部分；企业设备升级与改造也需要大量的资本投入，这形成企业资本的一部分。从宏观层面来看，过去三十年，投资增长是我国经济增长的主要驱动力量之一，贡献了 40% 左右的经济增长[1]，我国逐步从一个资本稀缺的国家转变为一个资本相对充裕的国家。图 1 显示，我国的资本存量与 GDP 之比，即资本—产出比，从 1992 年的 1.2 快速上升至 2018 年的 3.5。从经济增长核算的角度来看，资本—产出比越高，意味着生产一单

---

[1]　数据来源：中国国家统计局。

位 GDP 需要的资本投入越多。从资本回报率的角度来看，更高的资本—产出比意味着单位资本带来的回报率会更低。一般而言，资本—产出比与平均投资回报率或者投资效率呈现反向关系。本文讨论的问题是，数字经济的发展是否减缓了投资效率的下降。

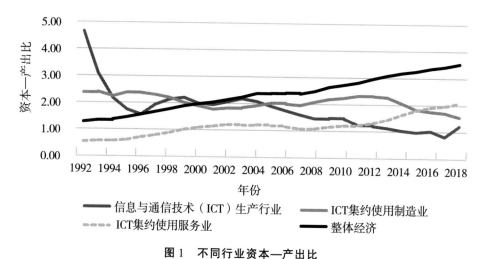

图 1　不同行业资本—产出比

数据来源：China Industry Productivity（CIP）数据库（1992—2018）。

企业通过组合人的要素、资本要素和技术要素协同完成生产经营活动。人的要素既包括劳动力的数量，也包括劳动力的质量，比如高技能、高水平的劳动者。资本要素则是指企业租赁、购买的各种软硬设备、厂房等，技术要素可以通过人、资本以及这两种要素的组合效率来实现。以通信设备手机为例，在 20 世纪 80 年代，手机非常昂贵，仅仅能满足基本的通信功能；到了 90 年代，手机相对比较普遍，但是价格却下降了很多；2000 年之后，智能手机出现并日趋普及，应用软件层出不穷，手机的相对价格进一步下降。今天的智能手机不仅仅是一部通信设备，更是全方位地联通个人、企业与政府的不可或缺的工具。

可以想象的是，如果没有技术进步，通信设备技术保持在 80 年代的水平，企业扩大规模需要不断地追加投资，因而需要购买更多部手机来满足通信需求。如果其他企业也这么做，最后的结果可能是企业需要购买更多部手机以超越竞争对手。从资本—产出比来看，其结果必然是资本—产出比增加，平均投资效率下降。但是随着技术的进步，手机的功能越来越丰富，相对价格却在不断下降，企业在通信方面的支出比例可能下降，产出增长的幅度可能会超过企业资本增长幅度，进而资本—产出比会下降，投资效率增加。也就是说，如果技术进步的增长速度足够快，在经济增长的同时，资本—产出比不会大幅度上升，甚至会出现下降。

图 1 显示了 1992—2018 年不同行业资本—产出比随时间的变化。信息与通信技术（ICT）生产行业资本—产出比在 90 年代初期处于较高水平 4.6，这可能与这些行业刚刚起步需要大规模资本投入有关，但是资本—产出比随后迅速下降，在 90 年代末期下降到 2 左右。随着我国加入WTO（世界贸易组织），ICT 生产行业的资本—产出比进一步下降，在2017 年下降至 1 以下（中美贸易摩擦之后略有上升）。从密集使用 ICT 的制造业（图 1 中 ICT 集约使用制造业）的数据来看，这一行业的资本—产出比从 90 年代初期的 2.5 稳步下降到 2018 年的 1.5。ICT 集约使用服务业的资本—产出比在不断上升，2015 年之后略超 ICT 集约使用制造业。

资本—产出比的变化也反映了不同行业可能使用不同的生产技术，即要素投入的密集程度不同。图 1 显示在 2000 年之前，我国经济整体的资本—产出比要低于 ICT 生产行业与 ICT 集约使用制造业的资本—产出比，这可能反映了我国不同行业在这个阶段采用不同的资本密集型生产技术。但是随着时间的推移，我国经济整体的资本—产出比持续上升，在过去十年，远远超过了 ICT 生产行业与 ICT 集约使用制造业的资本—产出比。这显然与传统意义上制造业是资本密集型行业、其他行业是劳动密集型行业的认识不一致。一个可能的原因在于，数字经济的发展促使更多企业租赁和购买相关的硬件与软件产品以替代传统的劳动密集型业务。服务业从最开始的劳动密集型逐步向资本密集型转变。图 1 数据显示 ICT 集约使用服务业的资本—产出比从 90 年代初期的 0.6 上升至 2018 年的 2。其他行业的资本—产出比在过去 30 年不断上升，尤其是在 2018 年全球金融危机之后，资本—产出比增速加快，因而从整体经济来看，我国的资本—产出比呈现出持续上升的态势。数字经济——包括 ICT 生产行业、ICT 集约使用制造业和服务业——的资本—产出比要显著低于其他行业的资本—产出比。通过这些行业层面的对比可以看出，数字经济是我国经济增长、技术进步的重要源泉，数字经济的发展很大程度上减缓了我国经济整体资本—产出比的上升，提升了投资效率。

纵观"亚洲四小龙"中的日本和韩国（见图 2），在经济增长的早期阶段，资本—产出比曾暂时地处于较高水平，日本在 20 世纪 60 年的资本—产出比曾高达 4.2，韩国在 70 年代初处于 3.2。但是随着时间的推移，日本和韩国的资本—产出比迅速下降，随后达到相对稳定的状态，日本约为 3，韩国约为 2.5。作为世界上最大经济体的美国，其资本—产出比在 1960—1980 年处于 3 左右，但是随后资本—产出比不断下降，在 2000 年之后保持在约为 2 的水平。从技术进步的角度来看，美国、日本、韩国等发达经济体技术不断进步，产出增长速度超过了资本积累的速度，从而出现较低的资本—产出比。图 1 中我国 ICT 生产行业的资本—产出比变化与这些国家整体经济的资本—产出比的变化趋势非常相似，ICT 生产行业的技术进步促进了这一行业资本—产出比的下降。但是与这些国家相比，我国整体经济的资本—产出比在过去三十年有非常高的增长速度。2018 年我国的资本—产出比超过了过去半个世纪日本和韩国的资本—产出比，更是显著地高于美国过去三十年的资本—产出比。

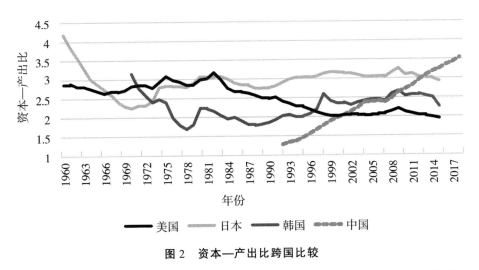

图 2　资本—产出比跨国比较

数据来源：China Industry Productivity（CIP）数据库（1992—2018），国际货币基金组织 Investment and Capital Stock Dataset 数据库（1960—2015）。

一个重要的问题是我国这种高资本—产出比的增长模式是否可持续。如果不是，有什么样的办法在保持经济增长的同时维持较低的资本—产出比和较高的投资效率？高资本—产出比意味着生产一单位的 GDP 需要更多的资本，反过来说就是一单位的资本带来更低的产出，也就是投资效率比较低。对于我国这样一个高体量、高资本—产出比的经济体而言，维持高速经济增长，需要更多的投资以克服资本折旧带来的资本下降以及增加新的投资以形成新的资本。从宏观层面来看，高投资有可能挤出其他类型的支出，比如挤出私人部门的消费，也有可能降低居民的福利。从投资收益的角度来看，高资本—产出比意味着投资收益率会比较低，降低私人部门投资的积极性。从图 2 的跨国比较来看，我国目前的资本—产出比明显高于主要发达经济体，这种高资本—产出比的生产方式短期内会促进经济增长，但是长期来看，如果没有足够的技术进步来克服资本边际产值下降，这种高资本—产出比的增长方式很难长期维持高速经济增长。

那么需要回答的第二个问题是，如何在维持较低的资本—产出比和较高的投资效率的同时保持经济增长。图 1 显示，我国数字经济部门具有较低的资本—产出比，在 2 左右，这一比例低于日韩发达经济体的资本—产出比；ICT 生产行业的资本—产出比更低，低于美国的资本—产出比。也就是说，我国的数字经济部门生产效率和投资效率较高，具有较强的国际竞争力，因此需要大力发展市场化导向的数字经济，以进一步促进高质量的经济增长。

我国各行业在过去 30 年都经历了高速的资本积累，人均资本存量年平均增长率超过了 12%（见图 3）。ICT 生产行业人均资本存量增长速度呈现出较大的波动。加入 WTO 伊始，ICT 生产行业人均资本存量增速达到 30%，但是在 2004—2008 年其增速非常低，平均约为 1%。在 2008 年之后的经济刺激政策下，ICT 生产行业人均资本存量增速与整体经济人均资本存量增长速度持平。但是在 2018 年，由于中美贸易摩擦加剧，"卡脖子"事件不断出现，我国政府与市场意识到 ICT 生产行业关系到我国经济安全，因此显著增加了对 ICT 生产行业的投资，这一行业的人均资本存量出现爆发式增长，增速高达 73%。但是对于资本—产出比较低的行业——ICT 集约使用制造业和 ICT 集约使用服务业——的投资却没有显著增加。图 3 数据显示，ICT 集约使用制造业人均资本存量在 2008 年之后有所放缓，过去十年的增速显著低于整体经济人均资本存量增长速度，ICT 集约使用服务业的增速略高于整体经济人均资本存量增长速度，这可能反映了我国发展的重点逐步转向服务业。从人均资本存量水平来看（见图 4），ICT 生产行业人均资本存量在相当长的时期要高于其他行业，包括 ICT 集约使用制造业，这说明 ICT 生产行业属于资本密集型行业。但是随着经济的增长以及其他行业加快资本积累速度，行业间人均资本存量水平的差距在缩小，整体经济人均资本存量水平略低于 ICT 生产行业与 ICT 集约使用制造业。

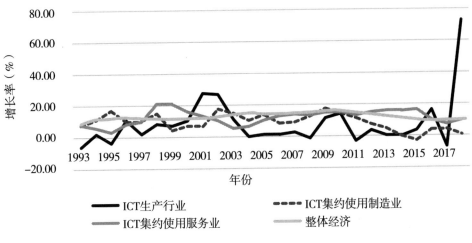

图3　不同行业人均资本存量增长率

数据来源：China Industry Productivity（CIP）数据库（1992—2018）。

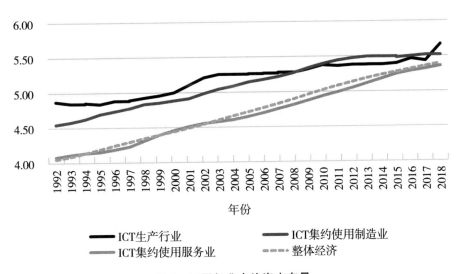

图4　不同行业人均资本存量

数据来源：China Industry Productivity（CIP）数据库（1992—2018）。

注：数值经过对数处理。

一个重要的观察是，2009 年之后，不同行业人均资本存量差距的缩小（见图 4）与资本—产出比在整体经济与 ICT 生产行业及 ICT 集约使用制造业之间的扩大（见图 1）形成了鲜明的对比。这一对比在一定程度上说明了资本在不同行业的回报率或投资效率存在很大差异，资本在行业间的配置可能存在效率损失。

基于上述分析，笔者提出下列政策建议：

（1）技术进步是缓解资本—产出比快速上升和实现经济可持续增长的最核心的力量，市场竞争是非常重要的渠道。技术进步可以通过多种方式实现，其中市场竞争是非常重要的渠道。本文的分析显示，ICT 生产行业与 ICT 集约使用行业通常面临比较激烈的市场竞争，这些企业与国际市场融合度较高。因此，我国各行业需要进一步与国际市场融合，扩大国际循环，深化国内循环，发挥市场在资源配置中的主导作用，实现我国经济的可持续增长。

（2）优化投资结构，增加对数字经济的投资，尤其是对低资本—产出比的数字经济行业的投资，提高经济整体投资效率。本文分析显示，不同行业资本—产出比的较大差异意味着单位资本投入在不同行业带来的产出有较大差异，因此需要优化投资结构，着力投资 ICT 生产行业、ICT 集约使用制造业与服务业，实现更高的投资效率。

（3）深化金融市场改革，提高资本在不同行业间的配置效率。我国行业间资本—产出比的差异以及资本—产出比随时间的变化在一定程度上说明了资本在不同行业间配置存在效率损失，因此需要深化金融市场改革，发挥市场在资本配置中的主导作用。

平台经济发展如何影响收入分配？

周广肃

平台经济发展对不同行业、不同特征的劳动力群体的就业、收入和福利等所形成的影响存在明显的差异。因此，需要全面系统地探讨平台经济对社会整体的收入分配状况究竟有何作用，以及需要采取何种措施规避其不利影响。

收入分配问题是当前全球各国共同面临的重要问题，也与平台经济的治理密切相关。平台经济的发展对相关产业的影响会传导到上游的劳动要素市场，从而对不同行业、不同特征劳动力的就业、收入和福利保障产生显著的差异性影响，最终可能会影响社会整体的收入分配格局和共同富裕目标的实现。整体而言，平台经济的崛起，既可能通过增加就业与收入机会改善社会的整体收入分配状况，又可能会通过改变劳资双方的力量对比，以及扩大行业、地区之间的差距而对收入分配状况产生负面影响。

平台经济作为一种新经济形态，对改善收入分配存在许多积极的作用，具体可以概括为以下几个方面。

第一，平台经济对收入分配的积极作用在于创造了大量的就业机会。就业是民生之本，提升就业水平对收入水平的增长和收入分配的改善，具有基础性作用。虽然平台经济的发展会对部分就业岗位形成替代，但是在中国目前的阶段，平台经济的快速发展确实在就业的创造和带动上作用更加明显。平台经济催生的大量新型就业岗位，加上零工经济就业者灵活就业的特征，使得劳动者多元就业成为可能，为许多低收入人群提供了更为广泛的获取收入的途径。国家统计局数据显示，截至2021年年底，全国灵活就业群体已达2亿人，而其中大部分从事平台经济相关的工作。

第二，平台经济对收入分配的积极作用在于为相关从业人员，尤其是中低收入群体提供了较为体面的收入。平台经济的发展催生了大量的新型就业岗位，例如网约车司机、外卖骑手、数字化运营师等，这些新型就业机会的收入相对体面。相关平台数据显示，2019年滴滴网约车司机（专职+兼职）的平均月收入为2 522元，在一线城市则超过5 000元；2020年美团骑手（专送+众包）的月均收入为4 950.8元。上述收入均高于同等或类似技能劳动力从事其他行业获得的平均收入水平，而且其中很大一部分还是劳动者的兼职收入。

第三，平台经济对收入分配的积极作用在于数字技术的应用降低了许多职业的就业门槛。数字技术的发展，极大地改变了许多行业的生产流程和运营规则，从而降低了相关职业对所需劳动力的技能要求。如"云客服"这一职业，就是通过互联网技术远程为客户提供咨询服务，打破了传统职业对于工作时间和地点的限制，从而为残疾人降低了就业的门槛，并帮助大量残疾人获得了收入。近几年兴起的直播平台，为许多农民提供了足不出户获取收入的机会，这也为农村的脱贫工作与留守儿童问题的解决提供了新的思路和方法。"村播"就是与乡村内容相关的直播形式的简称，大量农村主播帮助当地销售土特产品，不仅提高了当地农户的收入，而且为农产品供应链的升级提供了推动力。

第四，平台经济的发展还通过为消费者（尤其是中低收入消费者）提供更为便利、实惠的商品与服务，提高了消费者的福利水平，这也是收入分配层面不容忽视的积极变化。互联网平台的崛起，改造了许多传统的产品或服务业态，让其以更有效率的方式满足消费者的需求，同时还催生了许多新的产品或服务业态，极大地拓展了消费的边界。例如，传统出租车行业使用巡游接客的方式来实现供需匹配，效率比较低，"打车难"成为长期困扰城市居民的问题。网约车平台的出现极大地提高了打车服务的效率与服务水平，实实在在地提升了普通消费者的福利。又如，外卖平台的出现改变了传统的餐饮消费习惯，催生了新的外卖服务业态，可以使消费者足不出户来享受餐饮产品，极大拓展了餐饮行业的消费场景。这些产品和服务供给方式的改变，可以直接起到改善消费者福利水平的作用，尤其对于边际消费倾向更高的中低收入消费群体作用更大。

然而，平台经济的发展也可能会拉大收入差距，从而对收入分配产生一些困扰。

首先，平台经济的发展已经成为资本收入份额增高的一个重要原因。近些年来中国的劳动收入份额呈下降趋势，而已有不少理论与实证研究表明，平台经济的快速发展会在短期内降低劳动收入份额、提高资本收入份额。究其原因，除了平台经济作为一个重要的新兴产业可以获得较高的资本回报，数据作为一种重要的生产要素参与分配，并且其收益基本归属资本方，也可能是一个重要原因。

其次，由于平台经济具有明显的规模效应，大部分互联网平台所在的细分行业经过激烈的市场竞争后，会形成一两家平台占主导的市场格局，从而出现垄断。如果垄断者利用垄断地位持续获取超额回报，则会对整体社会福利造成损害。例如，为了在竞争中胜出，许多平台在早期会利用丰富的资金优势为供需双方提供高额补贴，以获取尽可能大的市场份额；在市场地位稳固后，则会逐步取消相关补贴，具体表现为网约车或外卖费用大幅上涨、司机和骑手分成下降、平台商户的营销费用提升等，这些现象在一定程度上引发了对平台经济损害社会福利的担忧。

再次，平台劳动者的权益保障尚未形成完整体系。众所周知，平台经济在催生大量新就业机会的同时，还推动了用工模式的转变，对传统的劳动关系及其界定产生了冲击。传统劳动关系的界定以从属性为核心，划分为劳动关系和劳务关系，但是平台经济的发展却催生了大量介于二者之间的非标准劳动关系，这些劳动者的劳动权益保障问题凸显，保障手段并不到位，很有可能成为收入分配恶化的诱因。更进一步，平台通常是包括算法在内的各项规则的制定者，而平台劳动者只是各项规则的遵从者，难以与平台获得平等对话的权利，因此在利益分配中处于相对弱势地位。

最后，平台经济发展或许会进一步增大行业间与地区间的发展差距。平台经济的发展具有较强的规模效应，例如，大部分互联网平台公司服务于全国市场，却明显集中于北上广深杭等少数城市，各个地区因平台经济发展而获得的收益并不相同，这很有可能会进一步拉大地区间的差距。而平台经济本身的快速发展，也已经改变了中国整体的产业构成和分布，不同行业间的差距已日益明显。国家统计局最新数据显示，信息传输、计算机服务与软件业在所有行业中平均工资最高，其工资水平已经是城镇单位就业人员平均工资的 1.78 倍之多，相关行业的快速发展在客观上会拉大行业间的收入差距。

综上所述，平台经济本身对收入分配存在正反两方面的作用，最终影响如何则取决于两种作用的相对大小。为了进一步发挥平台经济对收入分配的积极作用，规避其潜在的负面影响，笔者提出如下政策建议。

第一，在积极推动平台经济发展的同时，需要对平台经济发展加以有效引导和监管。目前对"平台经济是先进生产力的重要组成部分"这一观点，大家基本达成了共识，因此，需要促进其发展，并发挥其在经济增长、消费者福利、就业保障等方面的积极作用。但是，平台经济发展过程中也出现了垄断、损害消费者福利、劳动权益保障缺失等一系列问题，需要针对其发展过程中出现的问题积极制定对策，进而形成有效的监管体系，并最终促进平台经济健康有效地发展。

第二，调整现有的劳动法律制度，对劳动者权益保护体系和社会保障体系进行相应改革，开辟新的服务模式，在顺应技术进步带来的变革、不增加经济运行成本的同时，保护好劳动者权益。在这一过程中，也可以逐步通过建立零工工会或者行业协会的方式来整合劳动者的力量，提高其与互联网平台平等对话的能力。

第三，调整现有税收制度，积极发挥其在再分配过程中的重要作用。虽然现阶段社会热议三次分配的概念，但是三次分配主要靠道德，而初次分配还是要坚持效率优先的原则，这就使得再分配仍然是改善收入分配的最主要手段。税收制度的改革需要更加明显地体现出税收的累进制特点，适当程度地减少劳动要素的税收、增加资本要素的税收，并积极探索新型税收（如数字税、数据税等），从而积极发挥税收对收入分配的调节作用。

6

数字化平台如何增强
产业链供应链韧性？

朱　丽

数字经济引领全球产业链供应链数字化的进程正在加速推进，产业链供应链的安全稳定是构建后疫情时代新发展格局的基础。后疫情时代产业链供应链的加速重构，使得数字化平台的重要性凸显。数字化平台作为核心底座，其运营层、区域层、生态层的产业链供应链韧性的打造的重要性持续彰显。

产业链供应链安全稳定是构建后疫情时代新发展格局的基础，中央经济工作会议把增强产业链供应链自主可控能力作为 2021 年的主要工作任务之一；"十四五"规划提出要形成具有更强创新力、更高附加值、更安全可靠的产业链供应链；工业和信息化部（以下简称工信部）在 2022 年明确要不断增强产业链供应链韧性。疫情虽然给全球供应链带来了极大的压力，但也给行业发展和创新带来了机遇。后疫情时代，全球产业链、供应链、价值链"三链条"重构，全球供应链本土化趋势的深度调整已经开始，各国已经将供应链、产业链列为国家级的战略。

数字经济已成为全球重塑要素资源、重塑全球经济结构、重塑全球竞争格局的关键力量。数字经济是通过直接或者间接利用数据引导资源发挥作用，推动生产力发展的经济形态。平台经济是数字经济的重要组成部分，数字化平台开始承担数字化牵引的重要功能。在产业链供应链上的企业将数字技术融入其整个业务流程中，通过数字化转型降本增效，提升竞争力的同时，数字化平台的重要性日益凸显。产业链供应链韧性的本质是对不确定性的快速响应能力，数字经济时代的响应能力主要体现在通过数字技术的核心技术底座即数字化平台提升产业链供应链韧性。《工业互联网创新发展行动计划（2021—2023 年）》提出，打造 3~5 个具有国际影响力的综合型工业互联网平台，促进新型基础设施进一步完善。数字化是新基建的核心，数字化平台在产业链供应链韧性打造的运营层、区域层、生态层的重要性持续彰显。

数字化平台通过全产业链数字化运营，牵引、赋能企业提升管理效率，增加产业链供应链运营层韧性。彼得·德鲁克（Peter Drucker）在《管理未来》中曾明确指出，我们必须以生产率和创新这两座灯塔为指标。假如中国产业链供应链获得利润的方式是降低生产率或者没有创新，那么我们获得的利润就是不可持续的利润。在国际产业分工中，人口红利的低人力成本的比较优势使得中国制造业处于"微笑曲线"底部的低利润分工区间。伴随着中国人口红利的不断消失，中国制造业的低成本优势正在消散。近年来，跨国企业有把业务撤离中国的趋势，如搬回本国或者转移到东南亚、非洲等。日本曾对 400 家制造业企业进行调查研究，并发布了《2004 年度制造业白皮书》。该报告提出了在研究、制造·组装、销售、售后服务等多业务阶段上"哪一个业务阶段的利润率最高"的问题，而最终得到的结果是：认为制造·组装利润率最高的企业非常多。该报告进而提出了"武藏曲线"（见图 1），该曲线指出利润最丰厚的业务阶段在制造上。

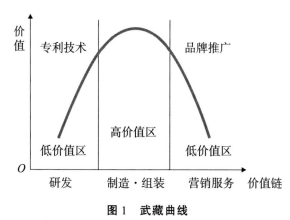

图 1　武藏曲线

中国制造业曾一度处于"微笑曲线"中低价值回报的状态，究其根源是我们企业的管理水平尚待提升，制造阶段应有的利润远远没有被有效激发出来。日本中部产业联盟执行理事兼丰田生产方式研究会主管曾给出一组相关数据，呈现了在制造过程中的高价值创造：制造过程每降低10% 的成本相当于经营层面在市场扩大销售额的一倍，资金周转率提高1% 相当于市场占有率提高 10%。[1] 制造业加工环节是价值创造的关键，借助数字化平台提升管理效率，是数字时代实现高效价值创造的关键。制造业并非只能处于"微笑曲线"的底部，数字化平台的打造为我国实现制造业全产业链数字化运营提供有益借鉴。

我国制造类数字化平台的典范，如美云智数旗下的美擎工业互联网平台，在"2022 年新增跨行业跨领域工业互联网平台清单"公布后开始正式加入"双跨"（跨行业跨领域）"国家队"。美的作为传统制造业转型

---

[1]《武藏曲线 VS. 微笑曲线，谁能助力中国药企？以恒瑞和药明为例》，药融云，2021年 5 月 6 日，https://baijiahao.baidu.com/s？id＝1698979291678433543&wfr＝spider&for＝pc，访问日期：2023 年 1 月 11 日。

典范，通过创建"供应链控制塔"，打造国内 2 个工业互联网"灯塔工厂"，实现全价值链数字化运用。这一举措实现内部效率提升 28%，产品品质提升 15%，订单交付时间缩短 53%，库存占比下降 40%[1]，为 20 多万个工业企业提供服务。迄今为止，美的数字化转型投入已逾 170 亿元，经过近 10 年的创新经验打造了商业模型 5 000 余个，并为 20 多万个工业企业提供服务。[2]

数字化平台通过线下产业链与线上产业生态融合聚集，牵引赋能数字化产业带，提升产业链供应链区域层韧性。数字化产业带是以数字技术服务为依托，以互联网为载体，以企业转型为路径，线下产业链与线上产业生态融合聚集的新型产业集群。根据 2022 年 8 月阿里研究院发布的《数字化产业带：增强产业韧性与活力》的相关报告，数字化产业截至 2021 年已经遍布 163 个城市，呈现 3 000 多个数字化产业带。全国数字化产业带前 100 名，贡献了数字化产业带近 40% 的供应商数量和约 2/3 的交易规模。全国数字化产业带从 2013 年到 2021 年增长近 30 倍，有效运用区域发展优势和现有电子商务及数字基础设施，不断助力东西部产业协同高质量发展，有效覆盖了 30 多个行业。2021 年数字化产业带交易额同比增速超过 15%，超过全国 GDP 增速。

阿里研究院数据显示，平台赋能下的数字化产业带中，供应商每增加 1%，线上规模将增加 3.4%，处于该区域的中小企业经营活力和聚集性将增强，数字化平台赋能的区域经济发展更为活跃。各省市通过数字化平台形成了具有区域特色的数字化产业带，如金华的服饰配件、办公文化、

[1]《方洪波看重的这座"灯塔工厂"有多聪明？》，南方产业智库，2021 年 4 月 15 日，http://static. nfapp. southcn. com/content/202104/14/c5112532. html? group_id = 1，访问时间：2023 年 1 月 11 日。

[2]《美的集团数字化转型成果凸显，美擎工业互联网平台加入双跨"国家队"》，《现代时刊》，2022 年 5 月 20 日，https://baijiahao.baidu.com/s? id = 1733346411697170203&wfr = spider&for = pc，访问时间：2023 年 1 月 11 日。

收纳清洁数字化产业带；深圳的数码电脑、女装和家用电器数字化产业带；广州的女装、美容护肤、箱包、电脑等数字化产业带；东莞的包装、女装和数码电脑等数字化产业带。数字化产业带作为数字经济时代衍生出来的新产业组织形式，是激发区域固有优势、整合区域产业链供应链优势、增强区域产业韧性和活力、提升区域国际竞争力的重要支撑。数字化平台是数字化产业带的核心技术底座，通过线下产业链与线上产业生态融合聚集，挖掘区域优势加速发展数字化产业带，可以提升我国区域产业链供应链韧性。

数字化平台通过数字生态构建保障关键技术领域创新，以向价值链高端迈进的方式，提升产业链供应链生态层韧性。中央经济工作会议把"增强产业链供应链自主可控能力"作为 2021 年的主要工作任务之一，要求统筹推进补齐短板和锻造长板，针对产业薄弱环节，实施好关键核心技术攻关工程，尽快解决一批"卡脖子"问题，在产业优势领域精耕细作，搞出更多独门绝技。数字时代的竞争绝不是单个企业的角逐，而是体系化、标准化、多样化和包容性的数字生态的竞争，数字时代关键领域创新亦如此。尤其是对处于瓶颈中的关键数字核心技术，企业更是要构建以中国技术应用为核心的、兼容并包的、自主可控的数字生态体系，这样才能从长远发展视角，增强我国产业链供应链韧性和安全稳定。

《中华人民共和国国民经济和社会发展第十四个五年规划和2035 年远景目标纲要》提出，构建数字规则体系，营造开放、健康、安全的数字生态，为企业构建和融入数字生态提供了纲领性指引。针对产业薄弱环节，打造聚焦关键核心技术的数字生态，为产业链和供应链的个体及其所在的数字生态提供独特和持久的核心价值，通过数字生态协同共生的演化升级，能运用生态的力量解决一批"卡脖子"问题。数字化平台可以创建数字智能供应链打通产业链全链条，深度协同产业链上下游，提升其对不确定性的敏感度，使"补链""强链"在关键领域协同发力，进而全面提升产业链供应链生态韧性。在数字化平台赋能生态层韧性方面，关键是形成数字化平台引领性的数字生态标准和规则，推动和构建数字化牵引下的产业链数据和信息资源共同体，高效聚合、敏捷响应不确定性，数字生态内部链条企业共享重大数字创新成果。

综上，数字化平台通过提升管理效率、牵引赋能数字化产业带、指引数字生态向价值链高端迈进的方式，在运营层、区域层和生态层三方位提升产业链供应链韧性。

平台效应

平台令我们变得更狭隘了吗？

席天扬

网络平台为用户营造了个性化的信息环境，但也迎合了"物以类聚，人以群分"的社会性本能，产生了信息茧房效应。未来发展应该保持多元和开放的格局，在尊重差异和鼓励竞争的氛围下，促进相互理解和联结的世界。

近日，一则媒体报道提到：中国人民大学的一个研究团队发布了《中国大学生婚育观报告》，结论显示"App 的使用习惯会影响大学生的婚育观，其中微博的使用与大学生的婚育意愿存在负相关，虎扑的使用与大学生的生育意愿存在正相关，使用豆瓣与女性的生育意愿存在负相关，使用小红书与女性的婚育意愿存在正相关"。历经多轮自媒体转载后，该报道的标题演变为"刷微博豆瓣影响结婚生孩子！中国人民大学教授呼吁年轻人少上网"，引来一番热议。网友的立场两极分化，交锋中可见不同平台拥趸之间的鄙视链，你来我往，煞是热闹。

婚姻、家庭、生育——糅杂了性别与"内卷""躺平"等问题，是当下全民的痛点。正因如此，网络讨论很难发出万众一心的声音。上述媒体报道的有趣之处在于，其对人民大学研究报告的叙说方式暗示了：特定类型的社交网络或知识分享平台可能对于某种不合时宜的观点的形成乃至网络民意的歧化负有责任。需要强调的是，这种暗示来自媒体报道，由于原报告在网上已不可寻，难以断定"App 使用影响婚育观"的观点出自报告还是转载自媒体的理解。

对于社会科学的研究者而言，"相关性不等于因果性"可能是一个金规则，是学术启蒙阶段老师耳提面命的常识。如果从社会科学的方法论出发来质疑上述结论，我们自然可以说：上述结论把因果关系搞反了——实际情况可能是，低生育意愿者更经常使用豆瓣，高生育意愿者更经常使用小红书；而这两类人对于豆瓣和小红书的偏好又与教育、收入、职业、地域等因素相关。因此，并不是 App 影响了生育意愿，而是生育意愿及其背后的深层因素塑造了对 App 的偏好。

这是一个方便的反驳，但它无法解答针对网络 App 是否影响公众意见、如何影响公众意见的所有疑惑。事实上，上文的替代性解释可能呈现了一种更严峻的前景：在教育、收入、职业、地域和社会关系上迥异的年轻人，理性地选择了与自身价值观和情感更加吻合的 App，并通过 App 的使用和网络交互彼此认同，形成思想统一、观点一致的集群。换句话说，尽管 App 并没有直接改变民意，却可能维持群体之间的意见极化，按下了社会分层的加速器。

在 2006 年出版的《信息乌托邦：众人如何生产知识》一书中，哈佛大学法学院教授凯斯·桑斯坦（Cass Sunstein）提出了信息茧房（information cocoon）的概念。[1] 在桑斯坦看来，对于网络平台和社交媒体的

---

[1] Cass Sunstein, *Infotopia: How Many Minds Produce Knowledge*, Oxford: Oxford University Press, 2006.

依赖使得现代人像春蚕一样,作茧自缚而不自知。网络技术为营造个性化的信息环境提供了便利,久而久之,人们习惯于同质化的、与自身先验价值观和情感一致的看法,对于不同意见的容忍度越来越低,对世界的认知也越发狭隘。

有史以来,"物以类聚,人以群分"是社会常态。上至王公将相,下至贩夫走卒,并非人人都有察纳雅言的度量,"党同伐异"更是近乎社会性的本能。何以在网络时代,信息茧房问题却变得更突出了呢?这背后有多种原因。

首先,网络技术提供了低成本的信息选择机制。在《信息乌托邦:众人如何生产知识》中,桑斯坦提到麻省理工学院尼古拉斯·尼葛洛庞帝(Nicholas Negroponte)团队开发的网络应用"每日我闻"(Daily Me),允许用户根据自己的背景和兴趣选择个性化的新闻内容。这个技术在2006年是创新,如今已是新闻网站和平台 App 的标配。更进一步的操作是,用户可以过滤掉与自己立场偏好不符的媒介。针对这种情况,桑斯坦曾建议效仿传统纸媒"平衡性报道"的监管要求,要求网媒在报道中提供来自不同阵营的链接。比如,对于同一热点事件,CNN(美国有线电视新闻网)网站的报道底部应该包含 Fox News(福克斯新闻频道)的链接,Fox News 的报道也应该包含 CNN 的链接。从历史来看,这个倡议永远留在了"乌托邦"。移动互联网时代,只需要点击"不看/屏蔽该用户的内容"就可以实现信息过滤,自媒体上信息平衡更几无可能。

其次,社交网络增加了同侪压力(peer pressure)。在英国脱欧公决中,18~24 岁的年龄组有 27% 的人投票支持脱欧,按理说这不是一个低到可以忽略不计的比例。但是因为留欧派在青少年中是多数,在社交媒体上又异常活跃,于是少数派隐匿了自己的立场。投票结果揭晓后,留欧派的反应是震惊、错愕和难以置信的痛苦失望。如果他们能够早点听到不一样的声音，可能就不会那么痛苦。在美国，推特用户也有同侪压力——自由派的比例更高，知识分子和高学历人群尤甚。2022年俄乌冲突爆发后，推特上符合美国主流价值观的声音居多。笔者看到有些在国外读书的学生，发布了不太符合美国"政治正确"的评论，随后又自行删除了。

最后，大数据时代尤为重要的现象，是算法增强了平台塑造用户信息环境的能力。通俗地说，前算法时代是用户决定自己看什么，算法时代是让 AI（人工智能）来猜用户想看什么，喂给用户 AI 判断他们可能想看的内容。一种算法的逻辑是对用户画像和聚类，比如用户在手机上播放了布鲁克纳，接下来就被推荐马勒；手机 App 买了莫言的小说，就在首页推荐中发现余华的作品。另一种是通过关键词联想，比如从凯恩斯联想到哈耶克，从齐泽克联想到乔丹·彼得森。更简单粗暴的方式是根据用户的消费历史定向轰炸，比如当用户密集地在某商户购物，或者观看某自媒体视频之后，这些商户或媒体会反复出现在 App 主页。总体来说，算法推荐并非没有可取之处，在很多场合中，算法节约了用户的搜寻成本，帮助用户更好地定位了自己的需求。但因为算法构成平台和 App 的独家竞争力，技术上难以做到完全透明，就使得公众很难判断算法推荐反映的是在统计学意义上的用户画像，还是平台希冀用户变成的那个画像。

对于算法应用的得失检讨是西方社会的重要关切。这股潮流里有两重用意：第一重是反对把算法过多地应用于个人，任由平台或企业通过算法来控制人。根据美国皮尤研究中心（Pew Research Center）的调查，56%的美国人反对把算法用于犯罪风险评估，57%反对用于简历筛选，67%反对用于企业面试，69%反对用于个人征信审查。58%认为算法的使用反映了设计者的偏见。值得注意的是，在调查中接近、甚至超过半数的人认为算法在上述场景中的应用可以是有效的（effective），却难言公正

（fair）。这里，大众赋予道德和正义的优先序似乎高于经济效率。[1]

第二重担忧针对的是算法产生的政治和社会影响。例如，信息茧房效应可能会加剧政治极化（political polarization）。同样是皮尤研究中心的调查显示，近70%的美国民众反对把大数据算法应用于政治性活动（例如竞选）。[2] 另70%的民众认为，社交媒体通过大数据算法对某些内容标注虚假信息的行为实际上是在进行信息审查，也导致误删某些正确信息。[3]在这些讨论中，脸书和推特等网络巨头往往成为公众讨论审视的焦点。

2015年，《科学》（Science）杂志刊登了三位就职于脸书公司的科学家撰写的论文《在脸书上接触意识形态多样化的新闻和观点》。[4] 这是一个基于千万级用户的大数据研究，结论也清晰明快：与算法排名相比，个人对内容的自主选择对于接触多样化观点发挥更大的作用。研究发现，在保守派的脸书好友网络中出现自由派内容的频率是35%，自由派的好友网络中出现偏保守派内容的频率是24%。而在脸书推送的新闻链接中，针对保守派和自由派推送跨党派内容的频率分别是34%和23%。换句话说，脸书只是比用户的好友网络更靠近了用户一点。相比之下，保守派和自由派用户自主点击阅读跨党派内容的频率分别是29%和20%，远低于好友网络和脸书算法的推荐频率。这些结论为算法的社会影响做了一些客观的辩护。

在一项发表于2021年《美国经济评论》（American Economic Review）的研究中，以色列特拉维夫大学的经济学教授罗伊·列维（Ro'ee

---

[1] Pew Research Center, "Public Attitudes Toward Computer Algorithms," November 16,2018, accessed January 11,2023, https://www.pewresearch.org/internet/2018/11/16/public-attitudes-toward-computer-algorithms/.

[2] Ibid.

[3] Pew Research Center, "AI and Human Enhancement: Americans' Openness Is Tempered by a Range of Concerns," March 17,2022, accessed January 11,2023, https://www.pewresearch.org/internet/2022/03/17/mixed-views-about-social-media-companies-using-algorithms-to-find-false-information/.

[4] Eytan Bakshy, Solomon Messingand, Lada A. Adamic, "Exposure to ideologically diverse news and opinion on Facebook," Science; No. 348 (6239), 2015, pp. 1130-1132.

Levy）针对脸书用户的新闻阅读和社会观念设计了一项实验。[1] 他首先邀请用户通过脸书账户完成价值观念的调查问卷，然后在问卷末尾随机邀请一部分用户通过脸书订阅偏保守派或是自由派的媒体，并在 2 个月后对这些用户进行价值观的回访调查。

令人鼓舞之处在于，自由派和保守派中均有相当比例的用户订阅了与自己立场相异的媒体，并对其保持了一定阅读量。回访调查发现，接触相反阵营的观点有助于改善用户对于对方阵营的看法，缓和社会极化。然而，列维的研究也指出，脸书存在策略性讨好用户的行为，比如针对同时订阅了 Fox News 频道的保守派用户和自由派用户，保守派用户页面上出现 Fox News 新闻的频率远高于自由派用户，反之亦然。看起来，脸书的算法已经练成了一位"读心高手"，不仅能记住用户的订阅偏好，而且能根据用户实际阅读、点赞和社交行为所表现出来的显示偏好（revealed preference）与用户对话。

应该担忧平台让我们变得更狭隘和极化吗？还是要抵抗算法对生活的占领？对于乐观的进步主义者来说，这些可能都不是问题：如果信息茧房能过滤掉噪声，使我们更快乐，为什么不呢？毕竟，据说人类正在加速奔向元宇宙，R. 诺齐克（R. Nozick）的"体验机"、《黑客帝国》的"矩阵"，似乎离我们更近了一些。甚至不用担心身处信息的孤岛还是陆地——算法能比我们更好地优化我们自己。然而，一些怀疑主义者可能还抱有另一种想象，在那个世界里人类进步的事业是多元、渐进、审慎和共情的。好消息是还有很长的路要走：在可预见的未来，人类大概仍然会对差异保持克制，对技术心存敬畏，对局限保持清醒，对信息保持开放。

最好的平台是相互联结的世界。

---

[1] Ro'ee Levy, "Social Media, News Consumption, and Polarization: Evidence from a Field Experiment," *American Economic Review*, 111(3), 2021, pp. 831-870.

平台如何加速企业数字化转型？

朱　丽

企业数字化转型加速进入"分水岭"。平台通过跨界颠覆、规则再造与价值创新，为转型开辟出一片"蓝海"。平台将成为助推企业实现"数字化加速度"的有力保障。

2020 年新冠疫情之后，中国企业的数字化转型加速，探寻新的可持续增长方式已成为企业数字化转型的关键。国际著名咨询公司埃森哲已连续四年发布《中国企业数字化转型研究报告》，数字化转型成效显著的领军企业营收增速是一般企业的四倍，企业数字化转型已呈现"分水岭"。埃森哲对数字化领军者的认定与新业务占比密切相关，成为数字化领军者的具体标准是过去三年的新业务营业收入在总营业收入中占比过半。[1]

---

[1]　《埃森哲朱虹：跨越数字化转型分水岭，实现可持续发展》，《财经杂志》，2021 年 9 月 24 日，https://weibo.com/ttarticle/p/show? id=2309404685020135555169，访问时间：2023 年 1 月 11 日。

那么，在全球经济衰退的大背景下，在"红海"中挣扎的企业欲转型成为数字化领军者，其新业务和新增长空间从何而来？

《哈佛商业评论》的一项研究具体探究了标准普尔 500 指数中的公司，作为资本构建者、服务供应商、技术创造者和网络协作者四种角色在不同时期的表现，发现网络协作者在关键指标上均优于其他。从市场乘数（基于公司市场价值和市盈率之间的关系）角度，资本构建者可以获得 2 倍的市场乘数，服务供应商是 2.6 倍，即使是大众熟知的技术创造者也仅有 4.8 倍，而网络协作者却高达 8.2 倍，说明网络协作者创造的价值最高。[1] 此外，网络协作者的价值创造极大降低了企业的边际成本，同时在复合年增长率和利润率方面均具有显著优势（见图 1）。[2] 与我们生活息息相关的数字平台，如亚马逊、苹果、腾讯、微软、脸书、谷歌、阿里巴巴等，则是全球范围内典型的网络协作者。

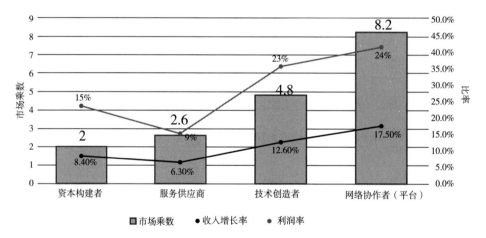

图 1　四种角色的市场乘数、收入增长率、利润率对比[3]

［1］　Barry Libert, Yoram Wind, Megan Beck, "What Airbnb, Uber, and Alibaba Have in Common," November 22,2014, accessed January 11,2023, https://hbr.org/2014/11/what-airbnb-uber-and-alibaba-have-in-common.

［2］　Ibid.

［3］　Ibid.

一、开辟平台商业模式创新的"第四利润源"

2020 年，新冠疫情给全球经济带来巨大冲击，同时人们将办公、医疗、购物、教育、社交等活动由线下向线上迅速转移。中国信息通信研究院的《平台经济与竞争政策观察（2021 年）》报告指出，2017 年至 2020 年中国前五名的数字平台的市场价值由 11 448 亿美元，增加至 20 031 亿美元，增长率为 75%；而美国前五名的数字平台的市值更是以 200% 的增速，总市值增加至 75 354 亿美元。[1] 平台经济逆势高速增长，成为全球经济衰退背景下一道独特的风景。

戴维·埃文斯（David Evans）与理查德·斯马兰奇（Richard Schmalensee）合著的《市场观察者：多边平台上的新经济》（*Matchmakers：The New Economics of Multisided Platforms*）认为，平台具有一种与生俱来的多边性，因为它可以为两个或更多群组聚合在一起提供物理空间或虚拟空间。回顾管理学百年历程，组织一直在围绕"效率从哪里来"的问题进行探索。随着劳动效率、组织效率、人的效率不断被释放出来，企业的利润源也在不断转变。"第一利润源"主要来自挖掘潜在生产力，由机器取代简单的重复劳动，工业革命期间企业劳动生产率大幅提升，主要体现在"资源领域"；"第二利润源"主要来自高素质人才效率的提升和激活；"第三利润源"主要来自组织模式的提升，以及对生产和供销环节的优化，如"物流领域"。[2] 区别于以上三种组织内的效率获取，平台跨越了组织边

---

[1] 中国信息通信研究院：《平台经济与竞争政策观察报告（2021 年）》，网经社，http://www.100ec.cn/index/detail- - 6595629.html，访问日期：2023 年 5 月 27 日。

[2] 《第一利润源、第二利润源和第三利润源的主要含义是什么？》，"虎说财税"，2021 年 7 月 9 日，https://baijiahao.baidu.com/s？id = 1704764178591067510&wfr = spider&for = pc，访问日期：2023 年 1 月 11 日。

界，创造了新的效率获取方式。因此，平台商业模式创新带来了"第四利润源"的一片"蓝海"。

在工业时代，规模边际收益递减，而在数字时代，平台的边际收益和范围可以无限增长。[1] 平台通过避免传统价值创造过程中残酷的"红海"竞争，转而聚焦平台系统效率而开辟"蓝海"，支撑起新的价值创造空间，呈现出强劲增长态势。平台在突破企业边界限制的同时，还打破资源之间的壁垒，甚至将消费者转变为产消者，使组织内外的资源能更高效地与人相结合，进而实现平台生态系统效率提升的整体目标。在任何行业都可以用数字化重构的时代，平台商业模式创新带来的"第四利润源"，为企业数字化提供了可借鉴的转型方向和新的价值创造契机。

二、平台打破边界，实现"无限游戏"的规则再造

詹姆斯·卡斯（James Carse）在《有限与无限的游戏：一个哲学家眼中的竞技世界》中指出，只有意识到边界不过是我们的视域，边界才能被打破；若我们所凝视的是有限的，必定不能打破边界。他向我们展示了世界上两种类型的"游戏"——"有限的游戏"和"无限的游戏"。有限的游戏，其目的在于赢得胜利；无限的游戏，却旨在让游戏永远进行下去。有限的游戏在边界内玩，无限的游戏玩的就是边界。诚然，平台从某种意义上讲，是将更多企业带入无限游戏中的典型新商业模式的代表。

平台新模式支撑起了平台自身和其他企业共同的、新的利润空间，是一种在新的利润空间内，与其他企业共享、共生、共赢的"无限游戏"关系的规则再造。平台对传统企业的市场前景和价值具有放大效应，通常

---

[1] 王忠民：《云服务边际成本无限接近于零，平台公司的边际规模效益可以无限增长》，搜狐商学院，2021 年 12 月 24 日，https://www.sohu.com/a/511129579_100299860，访问日期：2023 年 1 月 11 日。

认为，平台模式下的企业价值至少可达到产品模式下企业价值的 10 倍。平台可以实现多异质性组织优势资源的集聚与整合，引导组织竞争从单一企业为核心的竞争，向依赖平台系统效率提升的多主体的协同共生转变。因此，平台开辟了新的共享利润空间，可以进入平台和其他企业间的非输赢的"无限游戏"新规则中。平台化成为数字时代创新的重要范式，成为跨组织协同实现价值创造的新模式。

《2021 全球独角兽榜》中，海尔孵化的卡奥斯（COSMOPlat）和日日顺双双登榜。卡奥斯是以大规模定制为核心的工业互联网平台，其服务内容定位于为企业数字化转型提供切实可行的方法论。卡奥斯被誉为比肩德国西门子和美国通用的三大互联网平台之一，将大规模定制方案分享到各行业，整合行业资源，赋能企业数字化重塑。卡奥斯将生产全流程拆分为七个模块，并为每个模块提供全套解决方案，企业可以根据自身需求进行定制化选择。该平台迄今已拥有 3.4 亿海外用户、390 多万家生态资源，帮助 20 多个国家的数万家企业，实现从大规模生产到大规模定制的数字化转型，重塑产业链的同时提升了行业数字化整体进程。

日日顺是 2013 年由海尔内部物流部门转型而来的物联网场景生态品牌。日日顺通过率先推出"前置装配中心"供应链管理解决方案，助力物流行业数字化转型升级，连续三年入选全球独角兽榜。此外，海尔还孕育了大量业内知名品牌，如雷神、三翼鸟等。海尔连续 18 年入选《财富》世界 500 强，自2019 年海尔开启物联网生态品牌战略后，2021 年海尔的品牌价值高达4 575.29 亿元，海尔呈现生生不息的"热带雨林"景象。

三、平台实施数字化，颠覆价值创造

平台模糊了三个产业之间的界限，甚至逐渐出现第一、第二、第三产业边界融合的趋势，跨界颠覆时有发生。2022 年 5 月，工信部公示了"2022 年新增跨行业跨领域工业互联网平台清单"，14 家企业平台从全国 600 多家平台中脱颖而出。既有百度、京东等被公众熟知的消费互联网巨头企业，又有传统制造业头部企业孵化的美云智数等工业互联网新星。从 2019 年首批以海尔、阿里、华为等为代表的 10 家被工信部认定为"双跨"平台，"国家队"的"双跨"工业互联网平台不断壮大。

平台颠覆价值创造的关键，就是从沉淀在企业内部交易前后 80% 的价值中激发出来的、形成技术和知识沉淀后的"外溢"管理，这是互联网下半场的关键。按照国际著名分析机构评估报告，企业交易前的协作和交易后的管理包含 80% 以上的价值，而传统、单一的模式其实只释放了整体价值的 20%。当我们将更多的关注点放在交易本身时，其实忽略了交易前的长时间协作过程，以及交易完成后的文档管理、知识管理等形成的技术和知识沉淀。互联网下半场的关键是在垂直行业内的产业链和价值链深耕，进而进行价值颠覆和价值重构。

华为根据对自身客户的深度调查，通过分析大量行业数字化转型实践，发布了《华为行业数字化转型方法论白皮书（2019）》，提出一整套应用数字化战略框架和战术工具集。2022 运营转型峰会（OTF 2022）上，华为新发布了两大全新升级方案：Smart Care 数智化转型解决方案及"Smart 系列"产品组合。运营商通过华为 Smart Care 转型解决方案，将覆盖算法改进为最优体验算法，使其 3 个月内 5G 驻留率提升 10%，半年内分流提升 17%；在欧洲，华为 Smart Care 更是通过"端管云"协同调优，使得客户实现 5G 网络连续多年排名第一，领先同业 20%。[1]

此外，腾讯 WeMake、根云 ROOTCLOUD 平台、汉云工业互联网平台等

---

[1] 《助力运营商数智化转型：华为数字化运营转型服务全新升级》，"暴走通信"，2022 年 3 月 3 日，https://baijiahao.baidu.com/s？id=1726198618164373652&wfr=spider&for=pc，访问日期：2023 年 1 月 11 日。

也均将助力企业数字化转型明确涵盖进平台的服务内容之中。工业互联网平台推动传统产业转型升级的同时，作为培育、发展重点行业关键核心技术的重要支撑，还能够带动产业链上下游企业业务系统转型的整体迁移，进而加快推进企业和行业的数字化转型进程。

四、结语

在数字化时代，任何企业只有两个选择，要么构建一个平台，要么加入一个平台。只有平台通过技术和知识沉淀将市场参与者高效整合在一起，协同实现未能满足的新市场需求时，企业数字化转型才能在平台赋能下，于新市场空间中释放出巨大的能量。伴随着数字化进程的不断推进，只有改变认知并不断调整和提升企业对于平台的适应力，企业数字化转型才能真正理解和应对外部不确定性，进而获得可能的"数字化加速度"。

9

企业转型升级如何突破"数字鸿沟"？

朱　丽

数字经济成为关乎国家中长期重大战略和经济发展的"新引擎"，企业数字化进程有序推进已上升至国家战略高度。数字化转型是企业适应数字化时代的主动选择，行业数字化转型进入"深水区"，"数字鸿沟"态势不断凸显。借助交易平台赋能消费端、技术平台赋能生产端、工业互联网平台赋能"端到端"，将有效助力企业跨越转型升级的"数字鸿沟"。

数字经济成为关乎国家中长期重大战略和经济发展的"新引擎"，企业数字化进程有序推进已上升至国家战略高度。2020 年中央经济工作会议、政府工作报告及"十四五"规划，都提出了加快数字经济发展的相关政策部署。2022 年政府工作报告中三次提及"数字经济"和"数字化"，更是将企业数字化进程有序推进上升至国家战略高度。数字技术变革重构商业格局，使得后疫情时代企业数字化转型呈现新的特征。

数字化转型是企业适应数字化时代的主动选择，但"数字鸿沟"态势不断凸显。领军企业充分认识到数字技术的重要性，大力推动数字化转型且成效显著。数字化转型正在改变甚至颠覆企业和行业运行规律，从数字原生企业到传统企业都在积极进行数字化转型探索。宏观经济增长放缓的情况下，传统企业面临着比以往更加激烈的市场竞争，实施以创新为核心的数字化转型是传统行业的主要转型路径。相关数据显示，目前中国有 7% 的企业转型成效显著，它们在深耕传统业务的同时，寻求拓展转型升级的新业务。在过去三年，新业务的营业收入占比已经超过总营业收入的 50%。领军企业过去三年的营业收入复合增长率（CAGR）是其他企业增长率的 5.5 倍，领军企业营业收入的复合增长率高达 14.3%，其他企业的营业收入复合增长率仅为 2.6%。领军企业的销售利润率远远高于其他企业，达到 12.7%；同期其他企业的销售利润率仅为 5.2%。

行业数字化转型进入"深水区"，领军者数字化成熟度已远超同行。根据最新研究报告，为应对全球新冠疫情，各组织加快了对于数字化的投资，企业对数字化转型直接投资的复合增长率将在 2022—2024 年提升至 16.5%，预计到 2024 年年底将占据企业整体 ICT 投资的 55%；2022 年超过一半的全球经济是基于数字化或是受数字化影响的；到 2023 年，全球 90% 的企业将优先投资数字化工具；到 2023 年，1/2 的公司将从数字化产品和服务中获得超过 40% 的收入，企业数字化转型在疫情的推动下进入"深水区"。[1] 但与此同时，由于不同行业、不同地区、不同企业对于信息、网络技术的拥有和应用程度、创新能力等有差异，信息落差及进一步两极分化的"数字鸿沟"态势明显。

一份关于中国企业数字化转型指数的报告显示，虽然中国各行业数字化转型整体处于初级阶段，但领军者数字化成熟度已远超同行；转型领军者利用大数据、互联网、云计算和人工智能等将信息技术和业务有效融合，通过

---

[1]　《十大预测：到 2024 年，数字化转型投资将占整体 ICT 投资的 50% 以上》，IDC，2021 年 10 月 29 日，https://www.idc.com/getdoc.jsp? containerId=prCHC48339721，访问日期：2023 年 1 月 11 日。

数字创新和运营，打造并形成数字经济新优势，领军企业数字化能力全面领先，且绩效显著优于其他企业；初创数字化企业仅需 4 年时间即可达到 10 亿美元估值，传统行业中的企业达到同水平估值以往则需要 20 年。转型升级的"数字鸿沟"在国家间、区域间、行业间、企业间不断凸显。如在行业上的表现是，虽传统行业（广电、零售、医疗、制造等）呈现高速增长态势，但数字原生行业（电商、金融、文创、行业工具等）引领数字化的趋势更明显。

转型领军者由于拥有数据、信息技术或创新能力优势等，往往呈现出平台化的特征，其他企业（如传统行业中的企业或中小型企业）可以借助成熟的数字化平台，实现其数字化进程的有序推进。面对数字化基础设施薄弱、数字化信息获取成本高、业务链数字资本投资不足、数字创新能力匮乏、数字交易市场低效、人力数字能力素养低、区域数字经济发展不均衡等困境，企业应该借助平台优势突破"数字鸿沟"的约束。具体而言，平台是实现企业数字化转型、行业数字化转型、产业数字化转型的重要支撑和基础。"平台+生态"的方式可以助力企业，通过"价值共创"的方式实现数字化转型升级。从平台类型中所包含的技术平台、交易平台、工业互联网平台、服务平台等入手，我们从生产端、消费端和产业生态三种类型，对三种平台的赋能数字化进行梳理（见图 1）。

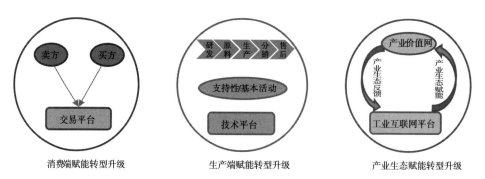

图 1　三种平台赋能类型：从消费到生产到产业生态

消费端：交易平台赋能企业数字化转型。企业数字化转型最大的挑战，其实并不只在于数字技术本身。虽然在用户或者营销界面，互联网企业等具有转型行业优势的企业已经为传统产业转型提供了相对完善的技术工具，但数字化时代营销渠道和消费者行为均产生了翻天覆地的变化。中国消费侧呈现线上和线下消费多渠道全融合的态势，消费者行为高度数字化，创新消费模式不断涌现；而在后端产业，数字化仍在追赶全球领先水平的过程中。因此，中国消费互联网前端应用及商业模式创新正牵引着后端生产等环节进行数字化协同。借助于中国海量的互联网消费者数据、消费者行为分析，以及交易平台（如淘宝、京东、拼多多等）数字化工具的有效应用等数字化运营手段，企业可以在国内消费互联网带动产业互联网发展的大趋势下，实现"消费端带动生产端"的消费端数字化转型。[1]

生产端：技术平台赋能企业数字化转型。以 2016 年为界，2016 年以前是上半场——消费互联网阶段，以获得流量和改变渠道为主要形式；2016 年以后是下半场——产业互联网阶段，是以专业产品、服务创新为核心，更强调对于顾客价值增值的部分。企业数字化转型升级背后的首要挑战是，过去几十年我国企业信息化服务领域长期被国外公司所主导。我国数字技术平台的快速发展，使得本土企业开始尝试数字化转型并不断在市场上取得新成效。技术平台应用会从支持性活动和基本活动两个方面，对企业内部进行数字化重构。因此，技术平台赋能企业数字化主要有以下挑战：首先，"一把手"驱动的组织保障机制和新文化氛围打造的数字化转型系统工程是组织保障；其次，是要有数字化人才队伍建设和数字化团队打造的人力资源保障；再次，驾驭技术平台形成"业务与技术"双轮驱动的竞争优势是内部转型成功的业务保障；最后，要能有效应对数字战

---

[1]　波士顿咨询公司、阿里研究院、百度发展研究中心：《解读中国互联网新篇章：迈向产业融合——中国互联网经济白皮书 2.0》，2019 年 1 月 11 日，https://max.book118.com/html/2019/0116/8042037027002002.shtm，访问时间：2023 年 5 月 30 日。

略引领下走出"舒适区"的文化和认知冲突等,这也是企业在技术平台赋能过程中不可避免的挑战。

产业生态:工业互联网平台赋能企业数字化转型。企业交易前的协作和交易后的管理包含了80%以上的价值,而传统的、单一的模式只释放了整体价值的20%。产业生态可以实现消费端和生产端融合的"端到端"信息和资源匹配,进而通过产业生态的构建和嵌入激发出潜在的60%价值释放。以卡奥斯、百度智能云、浪潮等为代表的工业互联网平台,就是面向数字化、网络化、智能化需求,运用物联网、大数据、人工智能等新兴技术,为企业在各行业、各产业、各场景下构建基于海量数据采集、汇聚和分析的创新应用,进而打造互联互通、合作共赢和协同演进的产业生态服务体系或综合解决方案等。

根据中国工业互联网研究院的数据,目前我国具备一定行业、区域影响力的工业互联网平台数量超过150个,服务企业超160万家。数据显示,平台解决方案市场在2020年市场总规模已达15.98亿元人民币,同比增长42.9%。[1] 在IDC(国际数据公司)发布的《中国工业互联网区域平台及产业服务市场份额,2021》报告中,数据显示2021年中国工业互联网区域平台及服务市场规模达到2.64亿美元(约合16.9亿元人民币),同比增长28.6%。其中,占据行业市场份额前两名的是卡奥斯(14.7%)和百度智能云(11.9%),此外,浪潮工业互联网(11.4%)、新华三(10.8%)、航天云网(9.5%)、用友(7.1%)等工业互联网平台的市场份额也遥遥领先。[2] 工业互联网平台市场与数字化转型相关的一个重要发展趋势,就是面对区域的一体化综合服务,实现企业价值创造

---

[1]《IDC:中国工业互联网平台的最新观察》,中华工控网,2022年6月1日,https://www.sensorexpert.com.cn/article/62663.html,访问日期:2023年1月11日。

[2] IDC MarketScape: China Industrial Internet of Things Platform Vendor Assessment, 2022年3月, https://www.idc.com/getdoc.jsp? containerId=CHE47544221,访问时间:2023年1月11日。

全过程的数字化，通过构建产业价值网，实现产业生态覆盖下的数字化转型、数字化运营的整体性综合服务解决方案。

综上，交易平台赋能消费端、技术平台赋能生产端、工业互联网平台赋能"端到端"，将有效助力企业跨越转型升级的"数字鸿沟"，提升自身数字生存和可持续发展能力。

数　据

数据如何促进经济增长？

余昌华

与数据相关的经济活动——"数据经济"日趋重要，我们需要积极发挥"数据经济"在提升生产效率和资源配置效率中的作用，努力消除"数据鸿沟"，促进经济增长。

随着企业信息化的深化与"互联网+"的迅速发展，越来越多的交易活动和用户足迹被各种设备记录下来，形成了庞大的数据。数字存储、传输以及分析技术的进步使得数据的使用更加便捷与高效。数据已逐步成为企业生产经营活动的重要生产要素。一个重要的问题是：数据是如何促进经济增长的？

我们姑且把数据对经济的影响这部分称为"数据经济"。现实世界存在着各种各样的数据：从国家统计局公布的宏观经济金融数据，到企业家调查数据，再到以互联网和移动通信为载体而产生的各种类型的大数据。一般而言，数据具有非竞争性特征，一个用户使用数据并不妨碍其他用户使用这些相同的数据。从是否具有排他性的角度来看，有些数据具有非排他性特征，比如国家统计局公布的一些公开数据，所有企业均可获取与使用，这些数据以公共品的形式存在，供所有人使用。另外一些数据则具有排他性特征，比如一家平台企业收集的非公开数据一般不会免费对其他平台企业开放。

数据在经济决策中发挥着重要的作用。宏观数据显示了过去宏观经济运行的一些特征；微观数据，尤其是大数据，则提供了多维度的、实时的描述消费者行为与企业经营活动等的信息。这些数据的使用有利于降低信息不对称，帮助不同类型的决策者对过去决策所依赖的模型以及决策行为的结果进行解释和修正，从而更好地预测决策带来的结果。

在数字经济时代，数据在企业生产经营活动中的作用越来越大，已逐步成为一种重要的生产要素。从数据生产要素的属性来看，数据既是生产技术的一部分，也是资本形成的一部分，具有技术和资本双重属性。数据的技术属性体现在企业使用数据以直接提升生产活动的效率。数据的使用和数字化管理有利于提升企业的资源配置效率，比如物流企业通过及时的物流数据，优化仓储空间使用和协调快递投送人员，从而提升运营效率；金融科技的发展增强了金融机构风险管理能力，从而提高了资金利用效率。数据的资本属性体现在数据的市场价值上，比如一些提供数据服务的企业在资本市场上也具有很高的市场价值。与实物资本类似，数据面临着"折旧"损耗，比如企业愿意支付更高的价格获取即时市场信息，而不太愿意为历史数据买单。

数据如何促进经济增长呢？从经济增长核算的角度来看，经济增长主要由生产技术和要素投入增长来驱动。传统的要素投入一般包括资本和劳动两部分。数据可以直接影响企业的生产技术，从而促进经济增长，也可以通过提升资本和劳动的组合效率以及不同企业之间的配置效率来促进经济增长。具体而言，我们可以从以下几个方面探讨数据对经济增长的影响方式。第一，数据可能直接提高企业的生产效率，比如企业信息化水平的提升和数据的深度使用可以节约企业人力成本，提升资本周转效率。另外反映市场行情的数据则有利于企业更准确地预测市场需求变化，降低信息不对称，从而使企业及时调整生产策略，提高生产效率。第二，数据有利于企业更好地通过"干中学"和企业组织资本的提高，将数据内化为知识。要验证新产品、新模式是否会取得预期效果，企业需要反复试验，积累大量的数据，从而选定最终上市的新产品和新模式。第三，数据能够推动创新，比如信息与通信技术行业的创新源自市场更快速、更大规模地处理数据的需要，反过来，更先进的信息与通信技术设备产生了更多的数据，这又进一步推动了信息与通信技术行业的创新。另外一个例子是人工智能的发展离不开信息与通信技术设备的技术进步与海量数据的产生与分析。第四，数据有利于提升企业风险管理水平，比如普惠金融的开展离不开金融科技的飞速发展。金融科技结合了技术和数据，显著地降低了企业和居民的融资成本和信贷约束，从而提升了资金配置效率。

从宏观层面来看，经济生产与交易活动产生了大量数据，如果这些数据被充分利用，企业将会更准确地预测市场需求变化，从而更加精准地提供产品与服务。那么，数据会不会带来规模报酬递增的经济活动？规模报酬递增是说当数据量翻一番时，经济活动会超过翻一番的规模；如果经济活动恰好也翻一番，则是规模报酬不变；如果经济活动增长小于一倍，我们就说规模报酬递减。从短期来看，获取更多数据和利用更多数据可能会产生规模报酬递增的效应。大型企业，比如平台企业，有能力收集海量交易数据和用户行为数据，能够做到准确地预测用户偏好与市场供需变化，精准推送产品与服务，从而提升资源配置效率，推动企业创新与技术进步，这又进一步提升了这些企业的竞争能力，扩大其市场份额。这些更大规模的企业会产生更多的数据，企业利用其数据优势进一步扩大生产规模和市场份额。依此循环，大企业产生了大数据，大数据催生了更大的企业，呈现出规模报酬递增的特征。但是从长期来看，数据的收集、整理与利用带来的边际价值是递减的。试想一下，如果宏观政策与市场环境没有变化，虽然收集的数据越多，对市场预测越准确，但是随着预测准确性的增加，进一步提升数据预测准确性的空间会减小，因而数据经济可能呈现规模报酬递减的特征。

从数据的用途来看，有些数据被直接用于生产性目的，比如消费者收入、偏好的数据，生产要素价格和使用情况的数据，以及对未来市场预期的数据等。这些数据的收集与使用有利于企业更好地进行生产经营活动，提高资源配置效率，这部分数据对经济增长是有积极贡献的。但是有些数据的使用具有负外部性，尤其是一些不用于直接生产性目的的数据，比如企业使用数据挖掘进行市场营销、广告投放等来占领竞争对手的市场份额。优先使用这些数据的企业可能会有先发优势，后进入的企业则需要使用更多的数据才能在市场中占有一席之地。但是从社会资源配置的角度来看，这方面的数据使用具有较强的负外部性，从而导致企业过度投资和数据过度收集与过度交易。

数据经济的发展带来了企业发展模式与特点的变化。短期内规模报酬递增可能会使规模较大的企业变得更大，而规模较小的企业则很难快速成长、追赶上规模较大的企业。从宏观层面来看，企业规模的分布会出现两极化，一极是规模非常大的企业，另一极是规模很小的企业，中间规模的企业数量会比较少。数据生产要素的出现对企业竞争策略也会产生影响，数据逐渐成为企业比较优势的一部分，很多企业为用户提供免费数字产品与服务以换取用户使用这些产品和服务产生的数据。一个随之而来的问题是，企业通过不同的方式收集、使用数据，在此之后，企业是通过自身力量来挖掘其数据的价值，还是将其数据作为资产卖给其他企业？从市场交换的角度来看，数据与其他市场交易品一样，只要有人需要这些数据，这些数据就有价值。但是，由于数据具有非竞争性的特点，很多用户可以同时使用相同的数据，同一数据被更多用户使用会导致这些数据带来的边际价值快速下降，因此评估某一具体数据的市场价值面临着诸多挑战。当然，如何保证数据真实可靠以及数据的完整性是数据交易的一个重要前提。

从短期来看，数据具有规模报酬递增的特征，因此中小企业需要相关数据政策的支持。政府可以通过与公众共享数据来消除中小企业的数据鸿沟，比如让公众比较容易地使用非涉密数据和脱敏数据，让全社会充分挖掘数据的价值，共同促进经济增长。需要注意的是，数据可能会产生一些外部性，这些外部性需要相应的数据监管政策来干预。有助于生产活动和研发活动的数据往往具有正外部性，需要相应的政策支持；但是对于具有负外部性的数据的使用与挖掘，则需要相应的政策加以限制。另外，从数字经济核算的角度来看，我们需要更好的方式来衡量数字产品以及数据的价值，更好地发挥数据经济在经济增长中的贡献。

数字是不是"石油"？

查道炯

数字是"石油"吗？仁者见仁，智者见智。但是，理一理这一比拟所引出的种种议题，有助于思考平台经济治理的一些基础性议题。

数字是"石油"吗？乍一看，这仅仅是一种比拟。石油可以触摸，数字则无形；完成交易后，石油不可备份，但被售数据则因技术条件允许备份而可以继续留在卖方手中。二者各有各的产业生态。围绕这两种可交易商品的可比性有没有共识，对数字经济链条上的从业者而言，并没有直接的影响。

从另一个角度看，特别是在欧美社会，数字与石油被反复并提，就显示这一话题有丰富但复杂的内涵。的确，以何种产品或服务作为审视数字属性的参照，事关行业监管和产业治理的基础性逻辑。相对于传统的工业经济而言，数字经济生态在不同发展阶段的国家和社会间具有更高的共性。因此，归纳国外的相关讨论要点对思考中国的平台经济、数字经济治理应该有启发甚至借鉴作用。

一、"数字"是什么？

"数字"可包含的现象相当复杂。它没有也难有公认为权威且被采用的唯一定义。

联合国贸易与发展会议出版的《2019年数字经济报告》将数字放在一个链条中描述。数字(data)是尚未过滤的符号或者从多种活动中得到的素材，经过转换（过滤、综合、排列等），数据变成信息(information)，而信息则可变为知识（knowledge），用于丰富公众的选择、技能或者思考习惯。从这个角度看，数字及其利用具有为全体大众所有、用之不竭的公共品属性。

参照同一报告所述，数字的分类可以使用不同的标准，例如：

- 个人数字 vs.（相比于）非个人数字
- 私有数字 vs. 公共数字
- 商业目的数字 vs. 政务目的数字
- 企业使用的数字（包括运营、人力资源、技术、交易等数字）
- 无结构的数字 vs. 有结构的数字
- 即时数字 vs. 历史数字
- 数字源志愿贡献 vs. 收集者观察或推断所形成的数字
- 敏感数字 vs. 不敏感数字
- 企业间（B2B）、企业与顾客（B2C）、政府与消费者（G2C）或消费者之间（C2C）互动的数字

对处理各类数字并将之变成有价值、可交换的产品的企业而言，要将

原始、无序的数据变成商品，还需要领悟（wisdom）。而领悟是建立在对人的智力资源、数据处理软件和设备投入的基础之上的。因此，数字具有排他性的私有品属性。

数字的公共品和私有品属性，既是一个理论层面的议题，也具有政策意义。前面所列的分类有重合部分，也有可合并的空间。但是，清晰划线并不容易。例如，与公共卫生健康相关的数字，既涉及因个人隐私而不可用于牟利、不应公开的部分，又同时是诊断和药物研究所必须依赖的公共资源。在一国之内，数字分类及其属性认知事关如何从监管入手处理数字收集、使用的规则。在国际层面，数字分类与境外使用权限设置高度相关。处理国家间关系的基本原则是尊重各方的管辖权，所以难以形成全球统一的数字分类标准。

二、数字就像原油，经过加工处理才能创造价值

"数字是新时期的石油"这一表述的起源，在众多的欧美文献中，通常归功于英国人 Clive Humby 的表述。而 Humby 的见解被广泛传播，则得益于英国老牌零售商特易购（TESCO，成立于 1929 年）基于 Humby 的思想而设计的销售手法。与传统的以商品降价、折扣为促销手段的做法不同，二十世纪九十年代中期，特易购在向顾客发放会员卡之后，根据从顾客刷卡所得到的数字细分顾客群，设立与消费习惯和需求对接的分类俱乐部，并采用不同的优惠来粘住不同需求的顾客。1995 年，特易购在实体店的基础上开设销售网站，并使用分类俱乐部的方法推销，这对它在 2006 年成为英国第一、世界第三的零售企业发挥了重要的促进作用。

人们从特易购的实践中所提炼出的一般性认知包括：从顾客用卡记录中收集的原始数字只有根据消费者的需求和偏好进行适配的加工处理，其

真正价值才能被解锁，就像石油需要从原油加工成适销对路的化工产品一样。也就是说，这一比拟所提示的是数字收集后期整理、分析、应用所需的智慧和投入。

三、数字就像石油，是世界经济运行的基础设施

一个世纪前，石油的发现、开采、贸易、加工和终端消费开始形成产品链和产业链，这为全世界的重工业、轻工业和服务业的扩容和多元化增长提供了基础设施性质的条件。从原油中提炼出来的燃料，也使得洲际航空旅行成为现实并日益便利，货物和人员的跨国流动进一步促进了技术、产业的创新；伴生的知识交汇则与逐利交易形成正循环。当今，从出行使用的交通工具，到生活离不开的各种塑料制品，再到众多的药剂，没有石油人类生活就无法维系。

进入二十一世纪，数字为经济增长和变革提供着新的动能。数字处理器、数字中心、宽带和海底光缆，就像炼油厂、输油管、油船一样，维系着一国经济和社会的运行，同时也是国际交往所依赖的基础设施。数字流通的稳定性直接影响社会、实体、个人层面的生活质量变化。

那么，既然数字像石油一样是基础设施且不可或缺，监管的核心逻辑之一便应该是呵护其发挥作为整体经济的稳定器的功能，而不能是基于其获利（相对于其他行业）程度而设限。

四、与石油不同，数字并不具有可替代性

石油具有较高的可替代性（fungibility）。作为一种燃料，凡是能用于转换成热能的物质都可被开发为其代用品。虽然石油是千百万年生成的结

果，多数油田都难免枯竭，但通过对地质勘探和油气开发技术的投入，能够使原油的地理供应来源多元化。此外，建设储备设施等可应对原油和成品油的供应渠道不畅或短缺问题。

数字则不具有类似的可替代性。尽管在源头上，数字像原油那样存在待发现、待采集的空间，但是，原始数字的所有权却远远比油藏要复杂。一处油藏的物权归属、交易资格和交易条件等，因所涉及的各个环节可触摸、可控性高而更容易监管。但数字的采集和交易则不同，因获取技术的颠覆性，对采集方而言，避开众多的常设监管机构和机制，机会成本很低甚至不存在。

合同是石油从勘探、开采、提炼到消费的各环节的监管工具。但是，数字商用链条上，尽管被采集方被赋予了同意权，但议价的空间相当狭窄，特别是对个人而言。日常生活中，不论是上网阅读新闻、搜索资料，还是使用应用程序（App），都会遇到"同意"或"不同意"服务提供方获取个人性质数字信息的选项。但是，消费者一旦选择"不同意"就无法得到所需求或所好奇的服务。这种不可替代性使得被搜集数字的一方，特别是个人用户，在权益保护方面结构性地处于弱势。

但是，同一现象的另一面是：如果监管行为所遵循的逻辑是削弱数字企业获取原始数字的能力，就难免出现削弱该管辖区（国家）内企业竞争力和创新空间的后果。这是因为，在全世界，数字和服务交换的技术路径都是一个垂直型结构：企业以免费上网换取用户量的增长，并建立起用户成瘾回访的习惯。位于一个辖区的企业或服务器，有技术基础和操作能力绕开监管而获得另一个辖区的终端用户的数字。"流量为王"所要描述的便是这种数字企业之间跨境客户竞争的态势。

五、数字成就了国际头部平台 企业市值超过石油巨头

2017 年 5 月，《经济学人》杂志再次将数字和石油并提。从全球上市公司的市值排名变化看，到 2016 年，数字经济巨头企业（亚马逊、谷歌、微软）不仅领先，而且超出十年前一直领先的石油企业（壳牌、BP、埃克森美孚）的数倍。

在石油经济时代，标准石油公司被美国法院分拆，是因为它被判定从事垄断性经营、损害了消费者的利益。分拆从此被奉为有效监管的体现。

但在数字经济时代，分拆大型平台却会伤及其核心竞争力：数字只有在算法等处理技术出现颠覆性创新的前提下，才能创造价值；而数字化处理技术创新则必须依赖其可使用的数字量。二十世纪八十年代以来，美国对其大型平台企业的监管，一直都具有"高举轻放"（light touch）的特色。

其实，欧洲一向以严监管著称，罚款是监管的主要手段。欧盟在 2022 年 4 月公布的《数字服务法》以规范大型内容平台与线上广告行为为主要目标，将对违法者处罚的最高额度定在全年营收的 6%。因为有了明晰的操作指引，企业行为可能触碰的"红线"也随之清晰。这就有利于企业行为与监管共存的产业生态。

而且，如何监管超大型数字平台，难有国际共识。能在全球范围内盈利的头部企业都集中在一个国家（美国），而其他国家虽然是其获利所依的数字产生地，但是对涉嫌垄断的行为没有管辖权。这样，在依赖全球性、跨国性头部企业维持服务的情形下，为本国的企业创新增长创造空间，成了各国监管的目标性追求。

总结全文，我们从相关话题的议论中应该得到的启示包括：

- 数字兼有私有品和公共品属性。

- 数字和数字企业，与石油及其他工业品企业不一样，不具有可替代性。

- 对数字企业的监管，应本着呵护整体经济的必要基础设施的原则进行。

- 对于如何为本国数字企业的增长创造空间，在不同国家的监管中也存在竞争；监管的基础性逻辑具有共性，才有利于使数字经济为全球经济发挥基础设施的作用。

大数据如何共享？

黄益平

对数据要素不能简单地套用传统生产要素的治理方法，实现大数据共享，也应主要分享大数据分析的结果，而不是分享原始数据本身。

2022 年 4 月，我在博鳌论坛期间主持了一场关于数字经济的讨论，在会上博鳌亚洲论坛副理事长、中国人民银行原行长周小川提出用安全算法手段克服国家间数据难以完全自由流动的矛盾，借用他的话，就是"数据不出境，但分析结果可以出境"。这个思路对我有很大的启示。当前欧美国家正积极推动国际数字贸易规则的制订，提出了数据跨境自由流动的主张，但这对包括中国在内的其他一些国家来说构成了挑战。如果基于国家安全等考虑做不到数据自由流动，就可能会对这些国家参与国际数字贸易形成制约。周行长的思路为化解这个矛盾提供了一个解决方案，就是用分析结果的流动替代原始数据的流动。这个思路也打开了我对国内大数据共享问题的思考空间。

"数据是数字经济时代的石油"，现实中大数据应用的成功案例已经非常多，包括产品的精准营销、服务的个性化方案以及信用风险的有效评估等。大数据分析可以帮助提高经济效率，改善用户体验，扩大经营规模，促进经济与社会的创新与发展。大数据已经成为当前经济中十分重要的生产要素。到目前为止，大数据多是在大科技平台上产生的，因而大科技公司是大数据分析的主要实践者。但如果大数据可以共享，大数据分析的红利就会更大。可能就是出于这个考虑，最近几年政府在一些领域推动数据共享。设立几家大数据征信公司，应该就是为了让更多的商业银行利用大数据信用风险评估的手段。

但作为特殊的生产要素，并非所有的大数据都是可以拿出来共享的。在这个前提下如何达成数据共享的效果，确实需要做创新性的思考。讨论数据共享，首先要面对数据权属的问题，即数据归谁所有。传统生产要素如资本和土地的有效利用都是基于一个前提，就是清晰界定的产权。但这个做法很难简单地套用到大数据，直接的原因是一些大数据的权属很难被清晰地界定。比如用户在平台上点外卖、看短视频的数据，既包含个人的一些信息，同时也受平台线上活动的支持。显然，在这个实例中，要在用户和平台之间划清楚数据的所有权界限，难度非常大。一个合理的解决方案是涉及个人特性的数据归个人，用户在平台上活动留下的数字足迹可以归个人和平台共同拥有，与个人基本上没有关系的数据则可以归平台所有。

在现实生活中，数据确权还面临一个挑战，就是要在权益保护与使用效率之间取得一个平衡。我国和欧盟的实践提供了两个对应的典型案例。过去我国缺乏有效的数据治理政策，既没有确权，保护也不足。这样，一方面，利用大数据分析的创新活动十分活跃，但另一方面，各种违规、违法的行为也十分普遍。因此，最近几年政府采取了许多措施，加大数据保护的力度。欧盟在数据保护方面一直做得比较早、也比较好，美中不足是由于限制比较多，基于大数据分析的经济创新相对不活跃。因此，数据治理特别是确权需要秉承一个原则，就是既要保护权益，也要支持创新。对数据确权要特别重视平台的贡献和权益。

讨论数据共享还要面对适合性的问题，即什么数据可以共享、什么数据不能共享。从原则上说，起码有三类数据不能共享：一是个人隐私，二是商业机密，三是国家安全。个人的姓名、年龄、性别、教育水平、家庭住址、联系方式等均属个人隐私，应该明确归属于个人，当然也不能轻易分享。业内常见的做法是对行为与交易数据做脱敏处理，分析师无法追溯到具体的个人或者人群。同样，如果事关商业机密和国家安全，数据也不能随便披露。就这些大的原则达成共识并不难，难的是在执行过程中如何把握。以国家安全为例，如果范围划得宽泛一些，那也许可以认定绝大部分数据都有一定的敏感性，即便像公众打车、叫外卖甚至看短视频这样的数据，也不排除能从中分析出一些人群行为方式的变化。所以，如何恰当地把握这个度，同样是一个极大的考验。如果标准设定得不够严格，可能会造成不少隐患。但如果标准卡得太严，大数据分析也就无从做起。

讨论数据共享，最后需要回答的问题是如何共享。大数据其实有非常适合共享的特点，就是可以无限制地复制。这是数据要素与传统生产要素的一个根本差别。无论是资本还是土地，如果已经有一家企业在使用，别的企业就无法同时使用。但大数据不一样，如果需要，一套数据可以供无数家企业同时使用，或许这也正是大数据分析能够产生超常回报的原因。但这同时也会引发一个问题，就是数据的拥有者如何保证购买者不会复制数据给其他人使用。如果不能保证，那么拥有者也就只能出售一次，大数据共享所产生的回报很难完全内部化。这样，拥有者就很难有足够的激励和足够的资源去从事费时费力的搜集、清理和分析工作。大数据若没了生产，共享也就无从谈起。

但在现实生活中已经有公共数据共享的实例。所谓公共数据，主要是指公共部门积累的大量静态的数据，典型的例子是税收、社保、司法甚至水电等数据。这些数据已经形成，也不需要相关部门再做额外的投入。目前一些地区通过建立地方性的数据平台，整合已有的公共数据，支持商业银行的信用风险评估，为中小企业提供贷款，取得了不错的效果。广东省、浙江省、苏州市和淄博市等所尝试建立的平台不仅形态不同，主导机构也不一样，甚至覆盖的数据也有很大的差别；但这些实践有一个共同的地方，就是向商业银行共享公共数据，支持普惠金融业务。

特别需要指出的是，即便是这类共享公共数据的平台，其实也没有共享原始数据。平台的功能只是提供一个接口，让获得授权的银行算法工具进入不同的公共数据库进行运算，获得结果。换句话说，这些金融信息服务平台所做的，实质上就是周行长所提出的思路："原始数据不出系统，但分析结果可以出系统"。公共数据不能出系统，有权益的考虑，也有安全的考虑。但这个理由对于大科技平台上的大数据则更加突出。因为大多数公共数据是静态的，什么时候交过多少税、交过多少水电费，在系统内使用，还是在系统外使用，差异不大；但大数据是动态的，如果分割之后离开系统，可能就很难产生同样的大数据分析的功效。

最近有一种观点认为，既然大数据是一种新的生产要素，既重要、又敏感，最好能由政府部门或者国有企业掌握。这种想法有一定的合理性，因为在现实中，民营企业在数据处理方面的不合规、不合法的行为确实非常多。当然，几乎所有的大科技公司都是民营企业，这也是事实。但解决合规合法问题的有效途径是加强监管，而不是把数据集中到国有部门。数据如何才能集中到国有部门？这个技术问题就不好解决。即便能，国有部门行为的合规性比较高，但创新性却普遍比较低，这样大数据分析的活力也就丧失了。最佳甚至唯一的解决方案是加强对民营大科技公司的监管，事实上，最近两年，数据保护的法律、制度频频出台，大科技公司的数据保护意识已经大大加强。即便学者从事学术研究，获取数据的难度也明显提高了。

　　总之，千万不要套用传统生产要素的管理方法去管理数据生产要素。无论是确权，还是共享，都需要适应数据特性的思路，根本目的是在保护相关方权益和发挥大数据效用之间取得平衡。大数据共享是一个值得我们向往和努力的方向，但在实施中要避免简单粗暴的做法，尤其不能只是把数据分享给大家。事实上，很多原始数据是不能拿出来的，其中不仅有个人隐私、商业机密和国家安全等方面的考虑，也有数据复制成本非常低的原因。更重要的是，很多数据一旦离开原生的平台系统，其价值就会大打折扣，甚至变得一文不值。所以，推动共享的合理做法是建立数据共享平台，需要使用大数据的机构可以通过平台提供的接入口，利用大科技平台的原始数据进行运算，然后输出结果，即"原始数据不出系统，运算结果出系统"。这就是我从周小川在博鳌论坛提出的思路中获得的启示。

13

数据不用就安全了吗？

沈　艳

中国是全球数据最丰富的国家之一，但当前有创新速度趋缓的态势。我们需要扭转为保安全不用数据的倾向，通过发展来促进数据安全。对创新带来的安全问题要有一定容错才能推动自主创新，才能发挥数据核心竞争力。

最近，一位在某大平台工作的师妹向我诉苦。她说她的工作需要公司内另一个部门的数据支持，但是该部门拒绝了她的请求。原因是，只要数据离开了本部门条线，即便是在同一公司内，也会担心数据使用导致的数据安全问题，而该部门承担不起《数据安全法》提及的责任，索性就不给了。她当然知道数据安全很重要，但她的苦恼是：没有数据，自己部门的业务怎么推进？

师妹的苦恼并非个案。例如，德国之声中文网报道，《个人信息保护法》实施后，航运公司和代理商无法再看到货物是何时进出上海港这个全世界最繁忙港口的，因而不得不求助于较不准确的卫星追踪，以监测港口延误情况。

师妹的经历和如上新闻报道都指向同一个问题：是不是不用数据就能保护个人信息和数据安全？我国要发展数字经济，这个问题就不能回避。

数据要不要用起来？当然要用。我国的发展战略对这一问题的态度是明确的。2020 年发布的《中共中央 国务院关于构建更加完善的要素市场化配置体制机制的意见》（简称《意见》），明确了数据是新的生产要素。在过去数年间，全球数据量爆发式增长，我国已成为世界上数据资源最丰富的国家之一。根据 Statista 的统计，2016 年至 2022 年的全球数据量分别为 18ZB、26ZB、33ZB、41ZB、64.2ZB、79ZB 和 97ZB（1ZB 等于 10 万亿亿字节）[1]；而国际数据公司（IDC）的白皮书认为，到 2025 年中国的数据量将为全球最大，达到 48.6 ZB 的规模，占全球数据总量的 27.8%[2]。如果能将如此庞大的数据资源善加利用，其作为生产要素的价值与土地、资本相比将毫不逊色。中央文件明确提出要加快培育数据要素市场，推进政府数据开放共享，提升社会数据资源价值，这表明加快数据利用不仅是中国的优势，也带有紧迫性。

但是，硬币的另一面是，数据风险如影随形。事实上，以目前市值最大的苹果、微软、亚马逊、Alphabet（谷歌）、Meta（脸书）等为例，在它们的发展历程中，都不乏数据安全事件。例如，根据网站 Firewall Times 的统计，2021 年 9 月，一个名为 Pegasus 的间谍软件感染了 iPhone 和其他苹果设备，该间谍软件会记录电话和信息，甚至在用户不知情的情况下打开设备的摄像头和麦克风；2021 年 8 月，微软因第三方公司错误

---

[1]　数据来源：Statista 数据库，https://www.statista.com/statistics/871513/worldwide-data-created/，访问日期：2023 年 5 月 27 日。

[2]　IDC，"The China Datasphere: Primed to Be the Largest Datasphere by 2025"，January 2019，https://www.seagate.com/files/www-content/our-story/trends/files/data-age-china-idc.pdf，访问日期：2023 年 5 月 27 日。

配置泄露 3 800 万条记录；2021 年 10 月，黑客将亚马逊旗下的流媒体平台 Twitch 上 128GB 的文件泄露给 4chan，而此前数年亚马逊已发生多起员工售卖客户数据、第三方公司贿赂员工以获得数据或者打击竞争对手的事件；谷歌的数据安全问题主要是出在 Google+ 上，如 2018 年 11 月的更新产生了一个 API（应用程序编程接口）错误，暴露了 5 250 万个 Google+ 账户的数据；而脸书在 2021 年 3 月也被曝出逾 5 亿用户的个人资料泄露事件。也就是说，数据安全和数据使用之间存在张力，即便是技术先进的大公司，也没有办法完全避免数据相关风险。

那么，雪藏不用，数据是不是就最安全？事实上，为了保护数据安全而雪藏数据，反而可能是最不安全的安排。这至少有如下几个原因：

第一，如果数据丰富的企业不使用数据，就无法了解数据特征，就不知道数据的缺点、弱点在哪里。所谓"知己知彼，百战不殆"，不使用数据，可能连"知己"都做不到，有效防范攻击也就无从谈起。

第二，不使用数据不利于发挥企业自身的数据优势，甚至等同于放弃了核心竞争力。大数据的优势，不仅在数据量大，也在于维度丰富。数据丰富企业的核心竞争力在于通过整合、共享不同维度的数据，实现大数据的高维优势。如果一家大企业内部出于对《数据安全法》的理解不统一，便在企业内部人为构筑不同部门之间数据的共通共享壁垒，那么大数据就会变得支离破碎。数据丰富企业不使用数据，属于"自废武功"。

第三，不使用数据难以"知彼"，无法通过实战学习应对攻击的措施，并作出有力防范。在"魔高一尺，道高一丈"的斗争过程中，无论是平台企业还是监管者，都需要通过处理各类安全事件来学习并获得经验，从而更好地防范未来的安全事件。例如，脸书 5.33 亿账户泄露事件的发现者 Alon Gal 披露了数据售卖过程：2020 年年初就有犯罪分子以 3 万美元的售价出售 5.33 亿个脸书账户数据；之后买家进一步以更低的价格转手卖出；这样价格越来越低，直至 2021 年变成免费转送。追查数据泄露的原因发现，由于脸书没有对 API 实施适当的限制，脸书的联系人导入功能使黑客能够在每个 API 查询中导入多达 5 000 个电话号码，并看到与查询的电话号码相对应的脸书账户的结果。这导致黑客通过列举世界上所有的电话号码对脸书数据库作查询的方法，获得了 5.33 亿脸书用户的信息。那么，为什么脸书的 API 会有这个疏漏呢？追究更深层次的原因发现，要让平台保持快速成长的态势，脸书就要尽量通过用户来获得更多他们朋友的信息，而这为黑客获得更多信息提供了可乘之机。

上述例子表明，数据风险也带来了宝贵的学习机会。无论是企业还是监管者，通过对数据风险事件的梳理，可以对数据被出售的方式、数据犯罪手法和企业发展策略等方面的问题有更全面的了解。这些信息都是未来防范新的风险事件的抓手。

而且，有数据生产要素却不运用的代价是，无法通过发展获取数字红利。如果企业内部、企业和企业之间、企业和政府相关部门之间无法有效共通共享数据，那么保护数据安全的初衷可能带来数据无法使用的后果。黄益平教授在《平台经济治理如何在创新与秩序之间求得平衡？》一文提到印度新兴独角兽公司数量已经超越中国，成为仅次于美国的第二大国，这再次提醒我们，如果没有利用好数据生产要素，将不利于我国数字经济发展大局，并最终导致中国平台企业失去国际竞争力。

那么，到底应该怎样保障数据安全？事实上，无论是《意见》还是《数据安全法》，指出的方向都是"以发展促安全"，而不是"为安全不发展"。例如，《意见》强调了要加强数据资源整合和安全保护。由此可以看出，在安全的基础上充分运用数据资源、从而充分盘活数据资源价值，是对待数据这一生产要素的大方向。而《数据安全法》第十三条明确了发展和数据安全之间的关系是"国家统筹发展和安全，坚持以数据开发利用和产业发展促进数据安全，以数据安全保障数据开发利用和产业发展。"其中第七条也明确，"国家保护个人、组织与数据有关的权益，鼓励数据依法合理有效利用，保障数据依法有序自由流动，促进以数据为关键要素的数字经济发展。"因此，对《意见》和《数据安全法》的理解，都不应泛化成为"不使用数据"。

究竟应当如何实现以发展促安全呢？培育市场、完善制度、发展风险可控的数据开发共享工具是重点。当然，要系统化实现以发展促安全的目标，可能需要成立一个高规格的数据治理委员会，统筹数据政策，包括制定数据生产要素的交易范围、算法治理和个人信息保护与数据安全等方面的指南；执行数据牌照的申请、审核、发放、限制使用和吊销，并指导相应数据安全问题的应对措施。

例如，数据安全中的常见问题是数据被泄露或者滥用。这一问题的产生与数据特征分不开。数据作为准公共品的非竞争性和部分排他性等特征，导致数据产品存在价格趋于零、确权难和交易不积极等问题。这让传统的先确权再交易的方式不完全适用于数据产品，从而存在数据供给不足的问题。那么，解决问题的一个途径是推动公共数据开放共享，使数据需求方无须付费或仅支付成本价格，从而可以降低交易成本和合规成本。增加更多公共数据，才能让《数据安全法》第三十二条"任何组织、个人收集数据，应当采取合法、正当的方式，不得窃取或者以其他非法方式获取数据"更容易被实施。

又如，随着移动互联网和云计算技术的迅猛发展，越来越多的数据在云环境下进行存储、共享和计算，云环境下的数据安全问题也成为热点。从技术上解决、应对安全问题，实现"数据可用不可见"，一种思路是采用基于密码算法及协议的隐私保护技术；另一种思路则是构建可信执行环境（Trusted execution environment，TEE），实现基于硬件安全的内存隔离的安全计算,以解决上述隐私保护计算的实现依赖于大量复杂计算的问题。

再如,在数据安全和隐私保护的挑战中,可以通过推动算法审计来缓解用户数据被滥用甚至被出售的问题。可以要求平台明确对不同利益相关方的由算法所体现的利益的分配机制,并要求平台报告对算法的训练和评估、选择中用到的数据来源和质量、算法预测或优化目标、算法使用的技术、算法运行效果等。在风险到来之前,就通过对算法的评估,对平台企业算法的安全性有更全面的掌握。

另外,在激励机制上,以发展促数据安全也需要有一定的容错率。习近平总书记指出,当今世界正经历百年未有之大变局,科技创新是其中一个关键变量。我们要于危机中育先机、于变局中开新局,必须向科技创新要答案。创新往往需要个体有勇气从无数的试错中总结出真正新颖的发明和创造,只有设置合理的企业对员工、监管部门对平台企业的激励机制,更多避免员工和企业由于一旦出现数据安全问题就被严厉追责而"不求有功,但求无过",才能防止形成以保障数据安全为由而故步自封的局面,才能发挥数据优势,让中国数字经济的发展成为中国国际竞争力的重要体现和保障。

14

数据要素流通的挑战与突破口在哪里？

沈　艳　张俊妮

加快培育数据要素市场是当下关键问题之一，但现有要素市场发展并不尽如人意，数据交易成本高、合规成本高是重要原因。破局需从数据这一生产要素的特殊性出发，实现市场与政府的更优适配：市场主导形成多层次数据交易市场体系，政府在制定标准、引导技术发展以及降低合规成本等方面发挥关键作用。

数据在经济发展中扮演着日益重要的角色，我国也高度重视数据要素市场的建设。"加快培育数据要素市场"这一表述，在中共中央、国务院 2020 年 4 月印发的《关于构建更加完善的要素市场化配置体制机制的意见》、2021 年 1 月的《建设高标准市场体系行动方案》以及工业和信息化部 2021 年 11 月印发的《"十四五"大数据产业发展规划》中均被反复提及。与此相应，各地为培育数据要素市场作出了积极的努力，例如截至 2022 年 8 月，各地兴建的数据交易所已达 46 家。但是目前数据要素市场的发展仍不尽如人意，如何促进数据要素流通，成为数字经济健康持续发展的关键议题之一。

北京大学国家发展研究院课题组梳理了我国数据要素市场发展现状，发现三个主要现象：一是我国数据产出大，但是数据交易市场规模小。《数字中国发展报告（2022 年）》显示，2017—2022 年我国数据产出从 2.3ZB 增长至 8.1ZB，全球占比达到 10.5%，居世界第二。但据国家工业信息安全发展研究中心的测算，2020 年我国数据要素市场（含数据清洗、标注、交易等环节）规模约为 545 亿元，约为美国的 3.1%、欧洲的 10.5%、日本的 17.5%。二是虽然快速成立不少数据交易所，但场内交易不足。同样根据国家工业信息安全发展研究中心测算，2020 年场内数据交易只占总体交易市场规模的 4%，2021 年未超过 5%。场内交易不足也体现在数据交易所的存续能力上。根据北京大学国家发展研究院课题组的统计，截至 2022 年 8 月，工商注册状态为存续或在业的数据交易所为 30 家，一些数据交易所已经退出运营。三是场外交易中，黑市数据交易规模不容忽视。2022 年年初，《证券日报》报道我国数据黑市交易市场规模超过 1 500 亿元，并已形成产业链。

为什么数据要素市场发展不尽如人意呢？我们先从数据这一生产要素的特征这一角度思考问题。无论是中文"数据"还是英文"Data"，其词典上的含义的共同点都在于强调数据是记录信息的载体。这就决定了数据这一要素在权属、价值、安全、监管等方面，都要有别于传统要素市场。

从权属角度看，作为信息载体的数据具有准公共品特性，其非竞争性和部分可排他性决定了数据不能完全按照财产权的方式来界定其归属，因而"先确（财产所有）权再交易"的模式将不完全适用。从价值角度看，数据可以被无限复制，其中大数据具有生态特征，这就决定了数据的价值随使用人、使用场景和具体用途而存在很大变化，对同一数据的价值评判难以标准化。与此同时，数据使用不当可能导致隐私被侵犯和数据安全问题，这与劳动、资本、土地等生产要素使用不当所产生的问题在性质与解决方案上也有很大的差异。最后从监管角度看，我国数据要素市场的建设尚处在初步阶段，而市场中的一些交易主体也具有一定的社会治理甚至监管功能，这是对数据要素使用的监管，但也产生了不同于传统要素的挑战。因此，数据生产要素的特殊性决定了不能将传统生产要素市场的发展逻辑套用到数据要素市场上，这一点黄益平教授在《大数据如何共享？》一文中也有所提及。

具体来说，数据要素的特殊性决定了在数据供给、需求乃至具体交易和流通环节，均面临与传统要素市场不完全相同的问题。在供给端，主要的问题是供给不足。我们将主要的数据供给方分为政府部门、数据丰富企业和数据采集供应商这三类来讨论这一点。政府部门面对的开放公共数据的需求高，但运营成本高、收益低、潜在风险高；数据丰富企业（如大型平台和国有企业）共享数据收益不足，数据共享之后可能被"搭便车"，甚至加剧了和自身的竞争，因此没有足够的动机；而对数据供应商来说，除标准数据产品外，在具有生态特征的大数据的供应各环节中，我国供应商普遍面临技术能力不足、性价比高的数据产品少等问题。

需求端的问题可能不是需求不旺盛，而在于将需求转化成有效需求这一环节，其中至少有五重困难：一是识别需求难，也就是数据需求方可能有模糊的数据需求，即并不清楚什么样的数据能满足自己的需求；二是即便能厘清需求，要寻找到合适的数据类型也存在困难；三是货比三家难，由于不少数据是非标准产品，准确鉴别数据质量的要求较高；四是内外整合难，这是指即便购买到合适的数据，如何将内部数据和外部数据整合起来使用也是不小的挑战；五是安全保障难，这是指一些数据需求方可能没有很好的数据安全保障，接入外部数据可能会增加数据安全的隐患，这就让需求方望而却步。

最后，数据交易完成环节存在的问题在于定价难、维权难和合规难。定价难的原因在于，对许多非标准的数据产品的评估和鉴别也缺乏一致的标准，不易于通过市场大量重复交易来发现价格，进而难以评估价格是否合理；维权难主要体现在数据交易争端解决机制不清，一旦出现不遵守合同约定的情形很难维权，如卖家不按质按量按时提供数据产品、买家不按约使用数据；合规难则体现在数据交易可能会产生法律和合规风险，面临巨额罚款。

简单来说，数据要素市场发展不尽如人意，与在我国现有的技术能力和制度监管环境下，数据这一生产要素的交易成本高密切相关。因此，要加快培育数据要素市场，就需要以降低交易成本为抓手，供需两端以及具体交易完成环节均需付出努力。我们将数据交易分为点对点数据交易和数据中介交易两类，而数据中介又分为数据收集开发售卖商、数据集市（data market-place）、数据信托等，前两种中介交易比较活跃。美国、欧洲和日本等地的数据交易市场结构提供了一些可以借鉴的发展经验。

总体来看，在全球数据中介交易市场中，数据收集开发售卖商（或称数据经纪商，data broker）在降低数据交易成本方面发挥了积极作用，是主流模式。数据收集开发售卖商从政府、商业机构和公开渠道获取个人、企业、地理位置、互联的物理设备、天气等各类数据，并将数据做分级处理，形成数据产品和数据服务，将其匹配给恰当的需求方。美国不少数据收集开发售卖商深耕于不同行业，如 CoreLogic 涵盖美国 99% 以上住宅与商业地产数据；LiveRamp（2018 年以前叫 Acxiom，安客诚）则拥有全球 7 亿个人数据用于市场营销分析等。

数据集市这种中介形式撮合小的数据供应商与需求方，虽然也有优秀的企业（如Datarade），但总体看，数据集市占比并不大。根据 Maximize Market Research 的统计，2021 年全球数据中介交易市场规模约为 2 572 亿美元，而其中数据集市的市场规模只有 7.8 亿美元。另外，也有不少数据集市失败或关闭的例子，如微软的 Azure Data Market 于 2018 年关闭。

数据要素市场发展不尽如人意的另一个重要原因在于数据交易的合规成本高。我国的《个人信息保护法》与《数据安全法》和欧洲的《通用数据保护条例》（General Data Protection Regulation，GDPR）类似，以保护数据主体权益为核心，采取了择入式同意。由于担心数据流通可能会触犯相关法规，不少情况下，数据丰富的企业不仅不敢售卖数据，甚至同一企业内不同部门间的数据流通都存在顾虑。

在降低合规成本方面，欧美日的一些做法也有可借鉴之处。其中，GDPR 除了要求使用数据方获得消费者明确的同意，还有处理个人数据的其他五种法律依据，其中"正当利益"（legitimate interest）提供了与择入式同意并行的另一种可能性，监管部门也有相应的评估模板帮助企业进行合规评估。美国以发展数字经济为核心，总体上采用择出式同意，对于隐私保护和数据安全等要求，更多从发展技术的角度去满足。日本对隐私的规则与 GDPR 相近，实践中更强调公共力量和市场力量的合作，多发挥行业协会和个人数据信托银行的作用。

加快培育数据要素市场，政府有所为、有所不为。国际上数据中介交易以数据收集开发售卖商为主、数据集市为辅的模式，为我国数据交易所的发展提供了一些借鉴经验。要避免各地一哄而上开办数据交易所而最后"一地鸡毛"的情形。以市场主导具体交易模式，发展高质量数据收集开发售卖商、点对点、数据集市和数据信托等多种模式相结合的数据交易市场体系或许是一条值得探索的道路。

在降低交易成本和合规成本方面，政府大有可为。一是有关部门可以积极参与制定数据和技术标准，如敏感数据和不敏感数据如何区分、存储，也可参与技术标准、资质认证如分级数据牌照等方面的工作。二是推动发展技术来促进隐私保护和数据安全，改变为了安全而不用数据这种被动局面，通过引导基金等加大对核心技术瓶颈的突破的助力。三是做好监管，帮助企业对合规成本形成稳定预期。一方面，可以致力于助力供需两端解决数据争端；另一方面，可以及早考虑设立数据交易监管沙盒的可行性，最大程度减少监管落后于创新的情况。四是政府也可以鼓励领头企业以及相关行业协会更多发挥引领作用。

数字金融

平台是如何化解中小企业融资难的？

黄益平

大科技平台依托平台的长尾效应获客，同时利用大数据支持信用风险评估，走出了为中小企业提供贷款的新路子。未来改善中小企业融资的进一步努力仍然要依靠有效的风控创新和市场化的资金配置。

中小企业融资难是一个十分普遍的现象，其根本原因可以概括为"获客难"和"风控难"两个问题。中小企业数量大、规模小、地理位置分散，传统银行要找到这些潜在的客户，并为它们提供融资服务，只能通过建立数量众多的分支行，但这样做的成本非常高。为中小企业做信用风险评估的难度更大，传统商业银行通常依靠三种风控方法：一是分析财务数据，二是接受抵押资产，三是采取关系型贷款。不过大多数中小企业既缺乏完整的财务数据，又没有足够的抵押资产，而主要依靠软信息的关系型贷款业务的成本非常高，规模也不大。金融行业存在一个"二八法则"，即金融机构如果能够服务好最大的 20% 的企业，就能够抓住 80% 的市场份额；服务剩下的 80% 的企业则成本高、回报低。这也正好说明了为什么普惠金融难做。

我国中小企业融资难的问题一直就存在。自 2005 年以来，政府响应联合国的号召，采取了不少措施改善中小企业的融资环境。不过在最近十年，中小企业融资问题的重要性进一步上升了。这主要是因为最近我国经济发展进入了新阶段，经济增长模式正在逐步从要素投入型转向创新驱动型。而以中小企业为主的民营企业在我国的城镇就业、创新活动和 GDP 增长中的贡献已经达到举足轻重的地步。如果说在过去，中小企业融资难主要是普惠金融上的挑战，那么今天它已经成为一个重要的宏观经济约束。这个问题如果不能及时得到化解，创新活动就会受到拖累，经济增长也就很难持续。过去这些年，政府采取了许多措施，包括央行的结构性货币政策和监管部门的行政性要求，这些都实实在在地大幅增加了中小企业的贷款。

根据经济合作与发展组织的数据，目前我国中小企业贷款在总贷款中的比重已经达到 65%。这个比例超过世界上大多数国家，仅略低于韩国和日本。2008 年全球金融危机以后，我国的民营企业爆发了一轮去杠杆的浪潮，在 2017 年，民营企业的资产负债率远低于国有企业。但到了 2021 年年底，民营企业的资产负债率反超国有企业。事实上，我国的普惠金融事业在"十三五"期间（2016—2020 年）取得了突破性的进展，这是一个非常了不起的成绩。原先一直举步维艰的普惠金融发展，突然出现了爆发式的增长。

中小企业贷款大幅增长，要归功于政府所做的努力，不过其中的一些行政性手段不一定能够长期持续，所以我们可能更应该关注一些能够帮助化解"获客难"和"风控难"的金融创新，大科技信贷就是其中最突出的代表。

所谓的大科技信贷是指，大科技公司利用大科技平台快速、海量、低成本地获客并积累数字足迹，同时运用大数据和机器学习算法进行信用风险评估，为大量的个人与小微企业提供信贷服务的新型业务模式。一方面，大科技平台利用长尾效应的优势，帮助解决了"获客难"的问题，像微信支付和支付宝平台，每家都拥有超过 10 亿的活跃用户，这在传统金融机构是很难想象的。大科技信贷不再需要像传统银行那样靠开设分支行获客，大科技平台一旦建立起来，增加新用户的边际成本几乎为零。这是普惠金融业务商业可行性提高的一个重要原因。

另一方面，用户在平台上活动，无论是社交、打车，还是点外卖、看短视频，都会留下数字足迹，这些数字足迹累积起来就形成大数据。大数据可以帮助平台做信用风险评估，帮助解决"风控难"的问题。平台上的用户虽然没有足够多的财务数据和抵押资产，但可以形成非常丰富的大数据，这些大数据与机器学习方法结合，形成全新的信用风险评估模型，同样可以用于信贷决策。

实证研究表明，对于平台上的小微企业而言，依靠大数据和机器学习方法的大科技风控模型的可靠性要超过依靠传统数据和打分卡模型的传统银行风控模型。大科技风控模型更为可靠主要是基于数据与模型两个方面的优势。大数据的优势可以从实时数据和行为变量两个维度来考察，传统的财务数据通常是明显滞后的，但大数据却往往是实时的，可以看到当下的活动和交易。另外，大数据还包含许多行为信息，行为特性是相对稳定的。而机器学习方法的优势主要在于抓住多变量之间的交互作用以及特定变量的非线性关系。风控模型所要做的其实就是预测借款人的还款能力和还款意愿，上述数据与模型的优势有利于提升风控模型的可靠性。事实上，新型互联网银行贷款的违约率也要明显低于传统银行同类贷款的不良率。

需要说明的是，大科技风控模型也有其适用的范围，对平台上、规模小、地理位置偏远的企业的有效性更高。目前看，大科技信贷与银行贷款之间更多的是互补关系，而不是替代关系。新型互联网银行若想提高贷款规模，就需要结合线上、线下的数据，同时协调大数据与软信息。

大数据信用风险管理是一项基于大科技平台的重大金融创新，也是一个十分重要的"中国故事"。大科技平台提供贷款的实践最早发生在中国，当然最初的平台信贷模式更像是搬到线上的小额信贷业务，大数据风控的做法是在后来逐步形成的。无论如何，大科技信贷走出了一条普惠金融的新路子，使得过去很难实现的中小企业贷款，现在不但变得可能，而且还能较好地控制风险，这是一项具有革命意义的创新。而这一切，都是基于大科技平台发展起来的。

许多官员和专家在肯定大科技平台的革命性贡献的同时，往往都会提出一个疑问，即大科技信用风险评估模型在将来面对经济周期变化的时候是否依然可靠。这个问题听起来非常合理，大科技风控模型使用的大数据是在现有经济条件下积累起来的，一旦经济周期发生变化，预测风险的逻辑可能发生变化。但这个问题可能不必过度担心，起码大科技信贷这套业务模式是经受住了2020年新冠疫情冲击的，当时经济出现负增长，大科技信贷的违约率也有所上升，但基本上都在当年五六月达峰，随后开始回落。事实上，大科技风控模型相对于传统银行风控模型的优势在新冠疫情冲击期间变得更加突出，原因可能就在于大数据不仅更加实时，同时还包含行为信息。当然，大科技信贷的期限也都比较短，调整也就更迅速。

如果总结过去十年促成中小企业贷款增加的那些主要因素，居于首位的应该是行政性的监管要求，这类要求是刚性的，银行若达不成，要被问责，所以各家银行硬着头皮都要做。这个政策的好处是立竿见影，中小企业贷款马上就开始增长。缺点是可能会在一定程度上扭曲银行的资金配置：很多银行原先没有发放较多的中小企业贷款，要么是不懂得如何进行风控，要么是发放贷款无利可图；现在为服从政策要求，中小企业贷款确实增加了，但同时也可能增加了银行的风险，甚至会影响银行的财务状况。这样，单纯依靠行政手段增加中小企业贷款这种方式的可持续性就可能会成为一个问题，即便从数学来看，也不可能每家银行永远都能做到每年提高中小企业贷款在总贷款中的比例。这样的政策，短期救急尚可，长期执行容易引发后遗症。

　　因此,从长期看,支持中小企业贷款的政策还是应该符合市场与创新两个原则。市场的意思是应该尽量让银行自主地决定资金配置,同时按照市场规则对风险定价,对风险高的企业适当提高贷款利率,对风险低的企业适当降低贷款利率。创新的意思是要通过改进风控的有效性,鼓励银行增加中小企业贷款,既要有利可图,又要能控制住风险。

　　因此,在"十四五"期间可以考虑更加积极地发挥平台的作用,进一步增加中小企业贷款,发展普惠金融。具体可以考虑如下几个方面的措施:一是创造性地设置大数据征信机制,充分发挥大科技平台的积极性,利用大数据分析为商业银行信贷决策提供服务。二是改善科技平台与商业银行之间的合作模式,特别是加强对互联网贷款的管理,既要发挥大数据信用风险评估的作用,同时也要防范新的风险的形成与共振。三是积极整合线下已经存在的诸如税收、社保、司法、水电等数据,实现线上线下数据结合,更好地服务中小企业信贷。

中国金融科技平台创新发展
的未来方向在哪里？

黄 卓

中国金融科技平台的创新发展应坚持三个基本原则，即坚持助力实体经济发展，坚持风险与创新的平衡，坚持平台与金融机构合作共赢。数字化财富管理、产业数字金融和央行数字货币是未来中国金融科技平台的重要发展领域。

过去十几年里，中国的金融科技突飞猛进，在移动支付、大科技信贷、网络消费金融等领域，无论是业务规模还是技术创新方面都处于世界领先水平，并出现了像蚂蚁集团、腾讯金融科技、京东数科等全球知名的金融科技平台企业。另外一方面，金融科技平台由于兼具科技和金融的双重属性也带来监管方面挑战。自 2016 年以来，中国银行业监督管理委员会[1]联合其他监管部门不断完善对大型金融科技平台的监管和治理，化解和防范相关的金

---

[1] 2018 年，中国银行业监督管理委员会撤销，设立中国银行保险监督管理委员会（简称银保监会）。2023 年，在银保监会基础上组建国家金融监督管理总局，不再保留银保监会。

融风险，取得了阶段性的成效。目前，中国金融科技平台企业的发展正处于一个关键的时期。那么，行业下一步应该如何发展？平台能否保持创新动能和领先优势？未来哪些业务领域会成为新的增长点？

一、中国金融科技平台的创新发展应坚持三个基本原则

中国金融科技平台在创新发展的未来方向上，应该坚持三个基本的原则。**第一个原则是坚持助力实体经济发展。** 在 2017 年的全国金融工作会议上，习近平总书记指出，金融是实体经济的血脉，为实体经济服务是金融的天职，是金融的宗旨，也是防范金融风险的根本举措。中国金融科技平台之所以能够取得飞速发展，正是因为其解决了经济商业活动中的资金融通的痛点，弥补了传统金融服务的不足。

比如，支付宝最初出现是为了解决电商交易中买卖双方缺乏信任的难题，从而由支付平台提供信用担保。支付宝和微信支付这两个用户超过十亿的超级 App 整合了各种金融服务、衣食住行和政务工具，极大地方便了居民的生活，同时通过数字技术将国内商户的支付费率降低到全球平均费率几分之一的水平。光大银行打造的云缴费平台聚合了各种公共事业缴费业务并开放给支付机构，解决了居民缴费难的问题，成为世界上最大的便民缴费平台。依托社交和电商平台的大科技信贷（BigTech lending）模式，为解决普惠金融主体的融资难这一世界性难题提供了中国版的解决方案。

当前，中国的数字经济保持着快速发展，占 GDP 的比重达到 39.8%，国家大力加强信息基础设施和推进数字中国战略，平台经济在商业活动和解决就业等方面的重要性日益增加。中国的金融科技平台企业应坚持初心，把解决实体经济中金融服务的不足和痛点作为重点发力的方向，发挥自身的技术优势和创新能力，降低服务成本，提升服务效率，助力数字经济的高质量

发展。

第二个原则是把握创新与风险之间的平衡。与传统金融机构相比，金融科技平台的优势在于数字技术和创新生态。通过人工智能、大数据分析、云计算和区块链等技术，平台能够有效触达和服务海量用户，对其进行精确画像，从而更有效地管理金融风险。然而，金融的基本规律，比如资金融通中存在信息不对称、金融风险可能溢出导致系统性金融风险等，都不会改变，金融风险也不会因为大数据而完全消失。同时，金融科技的创新也可能带来新的风险点，比如当前的信用体系并不能支持有效的大数据风控，P2P（互联网金融点对点借贷）就是一个例子；平台所具有的金融与科技双重属性使得其业务性质很难界定；技术创新使得传统的监管指标难以反映平台业务的真实风险；金融科技平台也存在一般平台经济的无序扩张与数据治理问题；等等。这就要求我们一方面要提升监管体系对平台金融科技业务的适用性，大力发展监管科技（RegTech），另外一方面监管也要创造机制，为金融科技平台的创新提供空间。目前，央行正在各地试点"监管沙盒"（Regulatory Sandbox），鼓励金融机构把创新性强的业务放置到一个限定条件、有限空间、全程监控的测试环境中。如果测试有效则进行推广，如果不成功就终止推出，使风险和损失可控。

第三个原则是坚持金融科技平台与持牌金融机构之间的合作共赢。中国金融科技平台的发展对传统持牌金融机构（商业银行、保险、基金、券商等）产生了重大的影响。发展阶段早期的影响更多的是竞争效应，平台直接向用户提供便捷免费的金融服务，在某种程度上代替了金融机构的支付、清算和信用中介的功能，竞争压力促使金融机构开始大力推进数字化转型和升级。随着行业的深入发展和平台用户对金融服务有更高的要求，赋能效应则更加凸显，平台通过合作与科技赋能金融机构来服务平台上的用户。平台的优势在于海量用户、科技能力与创新机制，而金融机构的优势在于资金的成本与运用、风险定价与管理、处理复杂金融业务的经验等方面，双方具有很强的互补性。另外，金融科技平台主动向多家持牌金融机构开放，有助于促进竞争和行业生态的发展，满足用户多样性的需求，提高用户的满意度。

二、中国金融科技平台的三个前沿创新方向

在具体业务发展的前沿方向上，笔者认为，在数字化财富管理、产业数字金融和央行数字货币这三个领域，中国的金融科技平台能够发挥重要的作用有非常大的发展空间。

第一个领域是以线上理财为代表的数字化财富管理。经过这几年金融科技行业的发展以及政策的鼓励，中国居民和小微企业的融资难和融资贵的问题得到了显著的缓解，但是居民投资难的问题日益凸显。中国居民的可投资资产持续增长，已成为全球第二大财富管理市场，但是与国际成熟经济体相比，中国居民在房地产、银行存款和理财产品上的配置过高，而权益类资产的配置相对较低。一方面，"房住不炒"的政策已经持续了六年，房地产作为一类投资资产的吸引力大幅下降；另一方面，银行的存款利率不断下降，2018年出台的资管新规强调银行理财要打破刚性兑付，回归代客管理财富的业务本质。当普通投资者直接参与股票和基金投资时，很容易存在各种行为金融学的偏差，投资业绩不理想。与支付和借贷相比，财富管理是更加复杂的金融业务，传统的投资顾问和财富管理的门槛和人力成本很高，难以为海量的用户提供可负担的个性化服务。金融科技平台在这个领域大有可为，比如可以通过人工智能技术快速了解投资者的风险偏好，并通过大量数据和算法为投资者提供千人千面的资产配置建议；或者发挥财富管理平台的聚合优势，为用户提供丰富而友好的投资产品；或者技术赋能输出给专业的财富管理机构，为人工投资顾问提供数字化工具，从而服务更多的用户等。

　　第二个领域是以数字供应链金融为代表的产业数字金融。目前，我国的数字普惠金融和大科技信贷的成功主要体现在个人用户和小微企业的大数据风控上，但是这种以消费端创新为主的数字金融对实体经济的支持仍然有一定的局限性，比如放贷的金额比较小、期限偏短，而我国的经济转型和高质量发展需要对创新活动提供更大金额和更长期限的信贷支持。下一步，我国的金融科技平台可以将创新重点转向产业互联网，抓住国内产业数字化的发展机遇，发展数字供应链金融，推动企业生产经营数据、核心企业的供应链数据与公共部门的数据相结合，从而大幅提升贷款的融资规模和期限。产业数字金融将为我国金融科技平台带来更加广阔的发展空间。

　　第三个领域是正在试点的央行数字货币。比特币的出现和区块链技术的发展在全世界引发了关于加密数字货币和央行数字货币的热烈讨论。中国数字人民币的进展也处在世界前沿，截至 2022 年 5 月，已经在全国 23 个城市展开试点，接入商户门店 457 万个，累计交易 2.64 万笔、金额 830 亿元。与当前基于商业银行体系的电子货币相比，央行数字货币更高的安全性和运行效率，还会对当前的移动支付市场的竞争格局和行业生态产生深远的影响。我国的金融科技平台，特别是移动支付平台，应该从技术上和商业模式上积极拥抱央行数字货币的试点工作，共同推动下一代的国家数字支付基础设施的建设。同时，央行数字货币也是国家之间金融科技竞争的制高点。中国的金融科技企业有机会利用数字人民币的技术优势，解决跨境贸易、跨境支付和跨境汇款中的成本高、速度慢、效率低等难题，在与国际金融科技企业的竞争中取得先机。

中国金融科技平台发展
有哪些特点？

黄 卓

由于传统金融服务供给不足、数字经济的蓬勃发展、行业发展早期相对宽松的监管环境等因素，金融科技平台在中国得到了快速发展，在市场规模和技术水平方面都处于国际领先地位，特别是在移动支付、线上投资、大科技信贷以及互联网银行等领域。和国外相比，我国的金融科技平台发展呈现出了规模大、聚合广、颠覆性强等特点，为普惠金融和实体经济提供了有力的支持。

一、中国金融科技平台的演进路径

中国金融科技平台的发展大体经历了第三方支付、数字普惠金融、金融科技平台与生态三个阶段，且在不同的发展阶段都对实体经济的发展起到了重要的推动作用。

（一）起源于解决电商行业支付难题的第三方支付

中国金融科技平台由解决电商行业支付难题的第三方支付平台逐渐演变而来。在电子商务发展初期，为了解决买卖双方在电子商务平台不能见面的信任问题，第三方支付作为收付款人之间的中间过渡账户应运而生，如2004年成立的支付宝、2005年推出的财付通。随着第三方支付平台的发展，数字技术的创新和应用场景不断拓展，支付宝和腾讯分别于2011年和2013年推出了二维码支付，并向国内线下支付市场发力。近年来，我国数字支付用户规模持续增长，移动支付交易笔数和移动支付交易金额也快速增加（见图1）。《中国支付产业年报2022》的数据显示，截至2021年年底，我国网络支付用户规模达9.04亿，占网民整体的87.6%。[1] 此外，普华永道的消费者调查数据也显示，我国移动支付使用率为86%，位居全球第一。[2] 目前，以支付宝、微信支付为代表的移动支付平台的发展，带动了中国支付领域的数字变革，移动支付已成为新时代的一张"中国名片"。

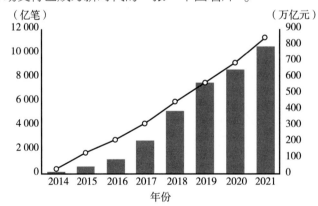

图1 2014—2021年中国移动支付交易情况

资料来源：温信祥：《持续推进支付体系高质量发展》，《中国金融》，2022年第17期，第12-14页。

---

[1] 中国支付清算协会：《中国支付产业年报2022》，中国金融出版社，2022年。

[2] 《中国发布｜我国移动支付使用率居全球第一 去年人均办理移动支付业务615笔》，中国网，2021年7月8日，http://news.china.com.cn/txt/2021-07/08/content_77614237.htm，访问日期：2023年1月11日。

(二) 发展于弥补传统金融供给不足的数字普惠金融

庞大的数据积累以及数字技术的发展，有效解决了传统金融服务信息不对称的痛点，平台逐渐由移动支付向普惠金融转变。移动支付平台在发展的过程中，积累了海量用户和数据，大数据、云计算等先进数字技术的运用可以通过对平台积累的数据进行分析，获得用户的消费习惯、信用情况、需求等信息并形成一系列的客户标签，在一定程度上缓解信息不对称问题，这为移动支付平台向数字普惠金融转变提供了坚实的基础。此外，由于数字技术可以突破时间、空间的限制，对实体网点、人力投入的依赖度也大大减少，这在极大降低服务成本的同时，也使得移动支付平台能够更广泛地触达客户，为更多的客户提供金融服务。由此，移动支付平台的数字普惠金融业务迅速发展，越来越多的个人和小微企业享受到了包括信贷、保险、投资理财等多样化的金融服务，有效弥补了传统金融的供给不足。

(三) 兴盛于全面助力实体经济发展的金融科技平台和生态

随着平台企业数字普惠金融的发展，其业务范围不断拓展，数字技术的应用场景也不断丰富，最终形成了头部平台与金融科技生态，实现全面赋能实体经济发展。依托先进的数字技术、庞大的客户群体，以及数字金融、数字生活服务等对消费者形成的强大合力和黏性，平台企业在原有数字支付、消费信贷、理财、保险等业务的基础上不断扩大业务范围，第三方出行、饮食、医疗、娱乐等服务也被纳入平台中，最终实现了金融、消费、医疗、科技等领域的全覆盖。此外，平台企业在追求自身发展的同时，还与包括消费者、商户、金融机构、第三方服务商等平台参与者共同发展，逐渐形成了数字金融科技生态。如今，蚂蚁集团、京东数科已发展成为国际知名的综合性金融科技服务平台。

二、中国金融科技平台发展的特点

中国金融科技平台发展至今已处于国际领先水平。相比于国外金融科技平台，中国的金融科技平台发展规模更大、聚合度更广、对传统金融业的颠覆性更强。这使得中国金融科技平台为实体经济发展提供了更多的支持。

（一）发展水平国际领先

借助于中国庞大的市场规模和先进的数字科技水平，中国金融科技平台的市场竞争力已达到全球领先水平。据 H2 Ventures 和 KPMG（毕马威）公布的全球金融科技 100 强榜单显示，前 11 家企业中，中国企业（蚂蚁金服、京东数科、度小满金融、陆金所）占比超过了 1/3（见表 1）。此外，2019 年阿里巴巴在云计算等金融科技相关领域的亚太市场份额高达 28.2%，并已连续三年位列亚太首位。腾讯则依托电商、社交、游戏和娱乐等领域，以垂直发展客户并为其提供腾讯云解决方案的方式，在金融科技行业也占据了很高的市场份额。

中国金融科技平台在科技水平、创新活跃度、发展潜力等方面也位于世界前列。2017 年至 2021 年 6 月，全球金融科技领域共 1.94 万件专利获得授权，其中专利申请数量最多的国家和地区分别是美国、中国大陆和中国台湾，专利授权数量分别为 8 862 件、3 720 件和 2 040 件。中国金融科技专利申请已经位于世界前列，中国申请专利数量已超过美国。[1] 世界知识产权组织发布的《2020 年全球金融科技专利排行榜 TOP100》显示，中国平安以 1 604 项金融科技专利申请量位列榜首，阿里巴巴紧随其后。

---

[1] 赵越：《2021 年全球金融科技专利质量报告：八家中国公司上榜 TOP10，平安集团位列第一》，搜狐网，2021 年 12 月 8 日，https://www.sohu.com/a/506417231_561871，访问日期：2023 年 1 月 11 日。

此外，中国金融科技平台在移动支付、大科技信贷、互联网银行等领域的技术水平也位于世界前列。作为衡量各金融中心的市场灵活度、适应性以及发展潜力的全球金融中心指数，最新的《全球金融中心指数》（GFIC）报告显示，中国的香港、上海、北京、深圳进入全球金融科技中心前十。

表 1　全球领先金融科技平台

排名	公司	国家
1	Ant Financial（蚂蚁金服）	中国
2	Grab	新加坡
3	JD Finance（京东数科）	中国
4	GoJek	印度尼西亚
5	Paytm	印度
6	Du Xiaoman Financial（度小满金融）	中国
7	Compass	美国
8	Ola	印度
9	Opendoor	美国
10	OakNorth	英国
11	Lufax（陆金所）	中国

资料来源：KPMG，"2019 Fintech100: Leading Global fintech innovators," https：// kpmg. com/be/en/home/insights/2019/12/2019 - fintech100 - leading - global - fintech - innova-tors. html, accessed January 11, 2023.

（二）规模大

与国际金融科技平台相比，中国金融科技平台的发展规模巨大。得益于超大的人口规模、传统金融服务的不足以及平台所具有的网络效应，中国金融科技平台的市场价值、用户规模和市场规模巨大。胡润研究院发布的《2022 年中全球独角兽榜》数据显示，蚂蚁集团和微众银行分别以 8 000 亿元和 2 200 亿元的市值排在金融科技行业独角兽企业中的第一和第三位。[1] 用户规模方面，微信支付依托微信社交平台，支付宝依托天

---

［1］　胡润研究院：《2022 年中全球独角兽榜》，2022 年 8 月 30 日，https://www.hurun.net/zh -CN/Info/Detail? num＝L9SQPH9FKJB1，访问日期：2023 年 1 月 11 日。

猫以及淘宝等电商平台，其用户数量均已突破 12 亿；2021 年年初上线的抖音支付，其用户规模已经达到 6 亿，成为继支付宝、微信之后的第三大移动支付工具。而美国的在线支付巨头 **PayPal** 有效账户数量仅有 3.46 亿。

（三）聚合广

中国的金融科技平台聚合了各种各样的生活类服务，促进了传统企业的数字化转型。目前，国外的金融科技平台更多地聚焦于某一个细分领域，或聚焦于技术性创新，全面的生态还未建立。中国的金融科技平台除支付外，往往还聚合了其他的金融服务，是一个综合性的金融服务平台。如目前支付宝平台集合了多家专业的金融机构，在方便消费者的同时也促进了传统金融机构的发展。除此之外，支付宝平台上的用户还可以享受各种各样的生活类以及城市公共服务等，如生活缴费、飞猪旅行、电影演出、外卖等，催生了诸多新业态和新企业。这也促进了传统企业的数字化转型，这一点在国外的金融科技平台上是非常少见的。

（四）颠覆性强

中国金融科技平台解决了中国传统金融服务中的很多痛点，对中国整个金融体系的发展更具有颠覆性。金融科技平台已经成为传统金融体系的一个有力补充，填补了金融服务领域市场的空白。具体来说，首先，金融科技平台的发展有效填补了传统金融体系中普惠金融发展方面的不足。金融科技平台依托平台的长尾效应和网络效应，以边际成本几乎为零的方式，连接到数以亿计的乡村和偏远区域的低收入人群、中小微企业等传统金融很难触达的用户，使金融服务更具普惠性，填补了传统金融机构的服务空白地带。其次，金融科技平台使传统金融服务突破了时间、空间的限制。得益于蚂蚁集团、腾讯金融科技、京东数科、陆金所等金融科技平台的不断探索创新，以及中国互联网的发展，现在只要拥有一部智能手机，人们就可以随时、随地、7×24 小时地享受到众多金融服务，如支付、信贷和理财等。

三、中国金融科技平台快速发展的推动因素

中国金融科技平台的发展已处于国际领先水平，特别是移动支付、网络借贷、线上理财、互联网银行等领域，头部金融科技平台开始布局海外市场。中国金融科技平台之所以能实现如此快速的发展并全面赋能实体经济发展，主要得益于传统金融服务不足、中国数字经济和互联网平台的繁荣发展以及发展前期相对宽松的监管环境等。

（一）传统金融服务供给不足，难以有效服务普惠金融主体

传统金融服务供给不足是中国金融科技平台快速发展的根本动力，促使金融科技平台的金融服务更具普惠性，从而有效缓解了中小微企业及长尾客户的融资约束。受信息不对称、服务成本高、风控难等因素的制约，传统金融机构的正规金融服务供给不足，这一点在农村地区及中小微企业身上体现得尤为明显。具体来说，首先，我国长期存在的城乡二元结构，使得农村地区的金融机构数量相对不足，部分金融机构出于成本控制的考虑，甚至关闭了县域及以下地区的分支机构，农业、农村领域金融服务的深度和广度不够；其次，中小微企业及部分群体缺乏充足的抵押物，缺少信贷记录，金融机构出于风险控制的考虑，不会向其提供金融服务。传统金融服务的痛点催生新的金融商业模式，数字技术赋能数字金融新商业模式，为金融业的发展提供了新动能。金融科技平台所形成的新商业模式可以利用数字技术解决传统金融服务供给不足的问题，例如通过网络效应、大数据风控、数据资产化等方式来覆盖长尾用户和探索业务可持续性，最终实现金融的普惠性，缓解中小微企业及长尾客户的融资约束。

（二）数字经济和互联网平台快速发展

数字经济及互联网平台的蓬勃发展在推动技术创新的同时也催生了新的需求，为中国金融科技平台的快速发展提供了广阔空间。《中国数字经济发展白皮书（2021）》统计显示，我国数字经济规模达到 39.2 万亿元，GDP 占比为 38.6%，以年均增速 11.3% 位居世界前列。[1] 2021 年，中国规模以上互联网和相关服务企业完成业务收入 15 500 亿元，同比增长 21.2%。[2] 数字经济及互联网平台的快速发展从数字产业化和产业数字化两方面推动技术创新并催生了新的需求，为中国金融科技平台的发展提供了广阔空间。具体来说，一方面，数字产业化催生了互联网、大数据、人工智能等数字技术，也加快了技术创新速度，为金融科技平台的发展提供核心技术支撑。另一方面，产业数字化催生了数字技术和实体经济融合发展的需求，拓展了金融科技平台的服务场景，为金融科技平台的发展提供了广阔的空间。

（三）行业发展早期相对宽松的监管环境

中国的金融科技平台之所以有如此迅速的发展，也得益于行业发展之初相对宽松的监管环境，为金融科技平台的发展提供了创新的空间，加速了产品创新和技术应用效率，有效提升了金融科技平台赋能实体经济的能力。

---

[1] 中国信息通信研究院：《中国数字经济发展白皮书（2021）》，2021 年 4 月 25 日，http://www.caict.ac.cn/kxyj/qwfb/bps/202104/P020210424737615413306.pdf，访问日期：2023 年 1 月 11 日。

[2] 《2021 年互联网平台服务和数据业务实现快速发展》，央广网，2022 年 2 月 3 日，http://sx.news.163.com/linfen/22/0203/10/GV99TRFL04148ERR.html，访问日期：2023 年 1 月 11 日。

算　法

算法推荐与平台责任

杨　明

平台竞争的本质为数据驱动，算法通过嵌入商业模式得以在平台竞争中发挥重要作用。在数据和算法支撑下的信息生态系统中，平台责任应当如何认定，人们仍然争议颇多。"推荐是纯算法输出，是一种协同"的观点显然无法解释不同信息生态系统的运行，应当遵循"风险与收益相匹配"的原则，实现算法推荐与平台责任之间的相互匹配。

我们已然深刻体会到了尼古拉斯·尼葛洛庞帝（Nicholas Negroponte）所说的数字化生存，而其中令人感触最深的，恐怕就是技术带来的便利、财富与不确定性交织在一起，进而造成了人类社会在认知与进步之间的分裂。人之所以厌恶风险，就是因为对未知的恐惧。过去，风险客观存在，但是否发生以及何时发生是未知的。即便如此，人们也会在行为决策时犹豫不决，唯恐做出令自己陷入最不利境地的选择。到了数字时代，风险是否客观存在都具有不确定性。这是因为人们对于隐藏在商业活动背后的技术甚至都难以察觉，所以，一旦这些技术被揭示出来，无论是否会带来风险，人们对于隐藏这一行为（而非技术本身）都大为诟病。

　　算法推荐就是平台经济领域人们担心的不确定性问题的一个焦点。新近备受关注的争议是，视频平台利用算法对包含特定内容的视频进行推荐，因而引发了相关著作权人起诉该平台侵犯著作权，例如爱奇艺以《延禧攻略》的著作权受到侵犯为由对今日头条提起的诉讼。该案的核心争议是，视频平台对其所传播的视听作品的合规性负有怎样的注意义务。虽然仍有少数人以技术中立为由，主张平台不应当在著作权治理问题上"负担过重"，但更多的人已经认识到，仅从物理层谈论技术中立是没有意义的，应当触及技术的应用层来分析平台是否具有技术中立的地位，进而探讨平台是否能因"技术不能"而免除责任。

　　从应用层来探讨技术是否中立，也就是我们所熟悉的经济学中关于网络中性（net neutrality）的大辩论。如果网络为中性，即意味着互联网服务提供商应当以相同的方式处理所有数据。[1] 在此模式下，内容提供者与平台经营者之间不能通过交易来差异化对待不同的内容，那么自然地，平台除了负有保障运营安全的义务，并不对平台上传播的内容的合规性承担额外的义务。所以，网络中性是与平台不应该控制内容联系在一起的，如果平台具有控制内容的能力，那么它是不具有技术中立之地位的。

　　关于平台在保护著作权方面所承担的注意义务，最高人民法院于2012 年 11 月通过的《关于审理侵害信息网络传播权民事纠纷案件适用法律若干问题的规定》第 7 条第 2 款明确规定："网络服务提供者以言语、推介技术支持、奖励积分等方式诱导、鼓励网络用户实施侵害信息网络传播权行为的，人民法院应当认定其构成教唆侵权行为。"但是，该规定中的"推介技术"是否涉及算法推荐？对此各界仍有较大争议。应当看到，

―――――――――

　　[1] 阿维·戈德法布、凯瑟琳·塔克：《数字经济学》，谢一鸣译，《比较》，2021 年第 1辑，第 50 页。

该条款用"诱导、鼓励网络用户实施侵权行为"来限定"推介技术"的使用方式，使得对"推介技术"的解释不能简单地利用"技术"概念的抽象性、强包容性来随意扩张。从该司法解释出台的时代背景来看，彼时我国平台商业模式之中才刚刚有了算法推荐的应用，而基于深度学习的算法推荐在平台经济领域遍地开花更是 2016 年之后的事情，所以 2012 年的司法解释不可能处理算法推荐所引发的问题。实际上，我们对照《互联网信息服务算法推荐管理规定》第 2 条第 2 款对"算法推荐技术"所作之定义——"利用生成合成类、个性化推送类、排序精选类、检索过滤类、调度决策类等算法技术向用户提供信息"——亦不难理解这一点。

然而值得我们深入思考的是，如果算法推荐的应用并未令平台承担更多的注意义务，这是否会因违背"风险与收益相匹配"的原则而产生逆向激励的效果？不仅是著作权侵权责任，涉及侵犯其他财产权、隐私权、个人信息权等时，平台责任制度应当如何配置？这些都是同一逻辑下的问题。笔者认为，对平台责任的思考，必须紧扣"互联网活动的控制"与"法律义务的分配"之间的关系，前者代表了商业利益之间的竞争，后者则是正当竞争之边界的宣示，那么简单来讲，经营者对消费者参与商业活动的控制力越强，其所负之法律义务就应当越高。在协同推荐的算法世界里，表面上看，网络用户因为平台所供给的更多的信息而享有更大的决策自由，或者说能够提高决策效率，但实质上，人们反而是被自己的偏好或习惯塑造得越来越固化。我们以为自己的需求越来越多地得到了平台经营者的回应，殊不知其实是我们陷入了平台商业模式而无法自拔。无论是信息茧房，还是数字规训，都是对这种平台控制力的精妙描述。有鉴于此，平台责任的基本理据再固守传统的"避风港规则"是不恰当的。

毫无疑问，人们总是处于特定的信息环境之中来决定自己的行为，换言之，人们的行为是由其所处的信息生态系统所塑造的。我们所熟悉的经济学概念——网络效应，即是对行为与信息系统之间关系的极佳诠释。数据驱动平台既是用户的"活动"场所，也是其决策所依赖的信息生态系统。决策效率的高低对用户流量的引导具有显著作用，而流量又是平台利润的根本来源，因此，平台之间的竞争就变成了比拼谁打造的信息生态系统更有能力锁定用户。在信息过载的背景下，利用算法来匹配网络用户的偏好或异质需求，现已成为平台竞争者争夺流量的重要方式。但我们也必须看到，数据驱动及算法匹配与用户异质性之间的相互关系不仅仅是单向的，在偏差和异化引导算法不断演进的同时，算法也在塑造着用户偏差和异化，也就是说，算法与用户是"互为主体"的，算法推荐本质上就是一种人为的控制，因而"推荐是纯算法输出，是一种协同"的观点显然无法全部涵盖实践中存在的不同运行机理的信息生态系统。

"风险与收益相匹配"的经济学思想在大陆法系传统民法中也能找到理论映射，诸如宪法上的住宅权转化为私法上的法定物权[1]、基于组织者对商业活动的管领力而进行的绝对权赋权（邻接权的一种）[2]，除了宪法和私法层面的价值宣示，它们的内在逻辑同样是控制与权利义务关系的匹配。于是，问题的关键就变成，平台在商业模式中嵌入特定算法，是否意味着其对平台上的商业活动具有管领力，或者说其是否为那些活动的组织者。质疑者认为，如果平台不采购内容、不生产内容，即使其参与内容传播收益的分成，仍然不宜认定这样的平台是内容传播活动的组织者，对传播行为不具有管领力；从技术层面来说，平台当下运用的算法推荐采用的是协同算法，技术上是一种加权推荐，最终表现为用户协同，故不能认为平台参与了内容分发活动、与内容提供者是分工合作的关系。

针对这一质疑，我们不妨也从算法推荐的本质论起：所谓推荐，是指

---

[1] 典型的如德国物权法上的住宅所有权。关于该权利的介绍，请参见 J. F. 鲍尔、R. 施蒂尔纳：《德国物权法》（上册），张双根译，法律出版社，2004，第 634-647 页。

[2] M. 雷炳德：《著作权法》，张恩民译，法律出版社，2005，第 513 页。

对于某一给定物品，为提升消费者与之建立联系（或称发生交互）的概率而实施的行为。算法推荐就是通过原始数据进行训练，继而人工打标签完成排序，并最终将结果展示出来，人工打标签的方式和结果取决于算法所设定的特征向量及其相似度。由此可知，平台对算法推荐的运用，旨在帮助网络用户解决信息过载的问题，但显然是朝着平台所预设的方向解决，人工打标签的技术环节即显示平台参与了内容传播活动，特征向量预置得越多、相似度的要求越高，平台参与传播活动的程度就越深入。因此可以说，算法重新塑造了人与物之间的关系，这导致我们甚至应当从社会结构变革的层面来认识算法。

当然，平台经营者通过算法推荐来实现的人为控制，其力度大小与平台信息系统对用户所能产生的锁定效应是正相关的，而算法又系人为设计的，所以对用户的锁定效应其实也可以是人为控制的结果。鉴于平台控制力及其锁定效应是动态变化的，平台所负有的注意义务也不应当是固定不变的，这有别于过去人们局限在有和无之间进行选择、争论是否适用"避风港规则"。明确了这一点，我们在个案中通过分析平台所使用之算法推荐对其"控制互联网活动"的影响，即可就平台注意义务的大小得出结论；换言之，当平台利用算法努力促成流量倾斜的效果时，其为此需要负担相应的注意义务也理所应当，算法对流量倾斜的影响越大，平台的注意义务就相应地越重。因此，个案中对平台注意义务的度量，就涉及对算法本身的解析，从而评估算法推荐对促成流量倾斜究竟发挥了多大的作用。为满足司法实践上的这一需要，推行算法审计迫在眉睫。

平台经济的发展，就是在平台的公共性与排他性之间不断地产生矛盾，同时又促使社会治理结构和体系不断完善，以解决这些矛盾。当下之算法时代，与"避风港规则"大行其道的互联网产业勃兴时期已大相径庭。固守那个时代的平台责任制度配置，反而会违背应被恪守的"风险与收益相匹配"的基本原则。平台对算法推荐的运用，是为了在降低信息搜寻成本的同时还能提高人与物的匹配质量，这不仅是创新商业模式的问题，甚至会孵化出新的市场主体——平台的某个商业模式被剥离出来，演变成新的平台。如果我们对其视而不见，始终认为平台并不参与发生于其上的商业活动、对之缺乏管领力，表面上好像是激励了平台推动算法的发展，实际上是不利于平台治理语境下自治与规制的相互协调。前文反复提及的信息生态系统，意义即在于突出这一认知。

为什么要推行算法审计？

沈　艳

在数字中国的建设中，利用数据开发场景对于数字经济发展至关重要，但也产生"大数据杀熟"等算法歧视问题。算法审计为算法治理提供了新思路。推行内部和外部算法审计等的核心，是通过恰当的治理机制设计，来评估特定算法是否对人们的某些利益（或权利）产生了负面影响，从而评估算法本身好坏。推行算法审计，强调了发展技术以解决新技术带来的问题的治理思路，有助于避免"一刀切"式监管，从而能更好协调监管与创新。

数字时代，开发利用数据正在成为社会治理的核心，关于人的重要决定，如衣食住行、生老病死、就业失业、言论传播，甚至司法审判，也越来越取决于不同场景中基于数据的运算结果。

恰当利用重要数据开发利用场景，至少可以发挥如下四点优势：一是推动市场环境更透明、信息更易于自由流动；二是降低搜寻成本；三是降低准入门槛；四是推动技术突破、效率提升，出现产品和服务创新以及创新生态。但是，如果没有能规范数据开发利用中算法的应用，也会带来不少管理方面的挑战，其中算法歧视、算法黑箱、算法助力垄断等问题尤为受到关注。

2020 年起，我国展开对算法的立法和治理。例如，《法治社会建设实施纲要（2020－2025 年）》提出规范算法推荐等新技术应用的管理；2021 年 9 月发布的《关于加强互联网信息服务算法综合治理的指导意见》，强调要建立健全多方参与的算法安全治理机制；2021 年年底成文的《"十四五"数字经济发展规划》指出加快构建算力、算法、数据、应用资源协同的全国一体化大数据中心体系；2022 年 1 月，国家互联网信息办公室（简称网信办）会同工信部、公安部、国家市场监督管理总局四部门联合发布《互联网信息服务算法推荐管理规定》，并于当于 3 月 1 日起正式实施。至此，我国算法治理的立法体系已初步建成。

但是，算法治理实践仍然遇到不少挑战。例如，现有对平台的监管模式主要是事后被动监管，根据平台的过错采取行政处罚措施，总体来看缺乏事前的过程性监管。又如，目前对算法的监管主要是从网络安全、法律风险等角度做规范，但是技术性规范监管较少。大数据在社会治理中发挥越来越重要的作用这一点，要求有关算法的监管要尽可能避免"一刀切"，而是进入常态化治理阶段，实现"敏捷治理"，也就是使算法治理能够跟上技术发展步伐。

要应对算法治理带来的新挑战和新问题，应考虑推动重视算法规则透明化，推动重在输入输出和结果评估的算法审计。算法审计是指收集有关算法在特定应用场景中使用时的表现的数据，然后使用这些数据来评估算法是否对人们的某些利益（或权利）产生了负面影响，从而评估算法本身好坏的过程。

美国在算法审计方面走在世界前列，当然，该行业仍处在发展初期。

2016 年,奥巴马政府关于算法系统和民权的报告鼓励算法审计业的发展。2021 年,推特的机器学习伦理总监、算法审计公司 Parity 的创始人鲁曼·乔杜里(Rumman Chowdhury)指出,只有 10 家到 20 家信誉良好的公司提供算法审查。不少公司也有自己的内部审计团队,在向公众发布算法之前对其进行审查。

算法审计可分为外部审计和内部审计两种。从外部审计角度看,监管部门推动算法审计至少可以有四方面作用:一是评估某些算法是否合法合规,如监管部门审计银行的放贷算法,以评估其是否确实能够在不增加不良率的情况下做好风控;二是评估算法是否符合经济社会运行规律,是否能避免"劣币驱逐良币"现象;三是评估算法供应商和买家的风控能力,通过算法审计来评估相应企业面临的道德和声誉风险,以及在出现风险时的补救能力;四是为平台企业的利益相关方增加算法方面的信息透明度,帮助他们在投资、与平台打交道等方面做出知情选择。

从内部审计角度看,算法的评估和审计规划应作为企业或者组织发展规划的一部分。具体来说,内部审计部门需要评估组织内的数据和算法现状、由此产生的风险和挑战,以及重大的机遇和利益。算法内部审计流程可以包括项目实施前或实施后的审查,以及容许算法内部审计人员参与治理和指导相关算法的设计和执行。算法内部审计的重点可以包括数据是如何被运用的、算法的执行流程和技术控制等。

在算法审计路径方面有两种思路,一种是重视算法代码透明化,另一种是重视对输入输出和对结果的评估,本文建议重视对输入输出和对结果的评估的算法审计思路。这两种思路的差别是,算法代码透明化的安排下,将要求企业给出核心算法程序,由独立第三方企业或者公共机构直接评估算法程序是否合理。这一安排的弊端在于,可能会因涉及被审计企业的核心商业机密而被拒绝;而审查机构也无从知晓平台提供的算法与实际运行的算法是否完全一致。而重视输入输出和结果的审计安排中，输入审计是指要求平台明确在提供个性化服务的时候，依据的是哪些重点维度；输出审计就是指要求平台报告依据算法，它最主要追求的是什么样的目标，比如公平究竟是什么；同时要求平台报告算法相关成效，并评估相关成效。

就算法审计的具体框架而言，内部审计和外部审计均可考虑如下算法安排：①预测或优化目标。阐明算法设计时如何考量利益相关方的核心利益（如打车平台上司乘双方的人身安全、外卖平台中消费者按时获得优质服务而商家获得应有收入），以及算法实施时预测或优化的具体指标。对实际的预测或优化指标与想要达到的预测或优化指标之间的差异进行说明。②对算法训练和算法评估及选择中用到的数据进行说明。描述数据中各个指标的含义，阐明数据是如何收集的，排除一些数据的原因是什么（例如数据质量），数据对整个利益相关方群体是否具有代表性，等等。③算法使用的技术。说明哪些技术（例如，回归分析、神经网络、随机森林等）被尝试过，采纳最终算法的原因是什么。④算法运行效果。包括预测精度、与利益相关方核心利益相关的指标的结果，等等。⑤有关个人信息保护和数据安全的具体安排。

就算法审计的具体评估尺度而言，可以借鉴国外一些审计框架。如从歧视、有效性、透明度、直接影响、安全和可获得性这五个方面。其中，歧视包含社会性歧视和统计歧视程度；有效性包括准确性、稳定性、可复制性以及数据使用效率程度等；透明度包含数据架构的透明程度、可解释性、平台使用透明度、数据收集与使用透明度这四个方面；直接影响包含对误用滥用可能性和违法可能性的评估；安全性指算法和数据在使用中的可获得性与安全性这两个维度等。

当然，算法审计在设计中也需要有所为，有所不为。例如，2018 年

《哈佛商业评论》载文讨论了 ProPublica 对用于推测犯罪嫌疑人再犯概率的算法的调查。ProPublica 的记者发现，与没有再犯罪的白人相比，没有再犯罪的黑人更容易被算出再犯罪的概率更高。但这是不是种族歧视的证据呢？事实证明，在该算法之下，如果黑人和白人得到的是类似的高分，那么他们再犯罪的概率就与种族无关，这实际上满足了另一个重要的"公平"概念。随后的学术研究表明，一般来说，不可能同时满足两种公平标准。究竟哪种公平更重要，不应是算法审计的目标；算法审计以遵行当下政府和公众的主流价值观为目标。

总体来看，算法审计为算法治理提供了新思路，其核心是在通过恰当的治理机制设计和发展技术来解决新技术带来的问题，尽量避免"一刀切"式监管。通过为平台企业算法在上述五大维度及其分项按照合规程度作高中低等分级打分，帮助利益相关方和社会公众对平台的算法合规程度有全面的了解，从而推动企业有更高的积极性用合规的算法来推动自身发展，进而推动我国数字经济的健康成长。

20

如何看待平台算法的公平性？

张俊妮

算法公平性是一个复杂的问题，有多种互相冲突的评价角度，从不同角度得到的结论往往不一样，也具有不同的短期和长期影响。无论选择哪种公平性准则都会有其不公平的一面。

随着平台经济的全面深入发展，基于大数据和人工智能的算法服务日益渗透到我们的日常生活和社会运转之中，关于人的衣食住行、新闻传播、就业等方方面面的重要决定越来越多由算法做出。算法正在成为社会治理的核心，拥有着"超级权力"，随之而来的算法歧视、大数据杀熟等问题备受关注。例如，有研究者通过研究网贷平台"人人贷"2012年3月至2014年12月的170 817笔订单，发现在控制其他因素的条件下：（1）女性借款人的违约率（即不按时偿还借款的比例）相比男性低38%；（2）借款人性别与借款通过率的关系不显著。[1] 按照传统逻辑，

----

[1] 陈霄，叶德珠：《中国互联网金融中的性别歧视研究》，《金融评论》，2016年第2期，第1-15页。

借款人违约率低，应该在借款通过率上有更显著的优势。而女性违约率低于男性，在借款通过率上却没有优势，这说明存在对女性借款人的隐性歧视。再如，复旦大学研究者发布《2020打车软件调研报告》，他们在五座城市打了800多趟车，发现"苹果税"，即同样一键呼叫经济型和舒适型（定价比经济型更高）两档车辆后，苹果手机用户更容易被舒适型车辆司机接单，比例是非苹果手机用户的3倍。[1]

算法歧视、大数据杀熟等问题都涉及算法公平性。2021年11月正式生效的《个人信息保护法》对算法公平性有明确的规定："个人信息处理者利用个人信息进行自动化决策，应当保证决策的透明度和结果公平、公正，不得对个人在交易价格等交易条件上实行不合理的差别待遇。"可见算法透明度被视为增强算法公平性的重要途径。2022年3月1日，国家互联网信息办公室（简称网信办）、工信部、公安部、国家市场监督管理总局（简称市场监管总局）四部门联合发布的《互联网信息服务算法推荐管理规定》正式生效，要求算法推荐服务者对算法进行备案，以适当方式公示算法推荐服务的基本原理、目的意图和主要运行机制等。2022年4月8日至2022年12月初，网信办牵头开展"清朗·2022年算法综合治理"专项行动，其中一项重要目标是推动《互联网信息服务算法推荐管理规定》的落实，督促整改算法不合理应用带来的信息茧房、算法歧视、大数据杀熟等影响网民生产生活的问题，切实维护好网民的合法权益。

若要切实解决算法不合理应用带来的算法歧视、大数据杀熟等问题，就需要深入了解什么是算法公平性。算法公平性是一个复杂的问题，有多种互相冲突的评价角度，采纳不同角度得到的结论往往不一样，也具有不同的短期和长期影响。我们通过两个简化的例子进行说明。

---

[1] 该报告可在复旦大学管理学院公众号获取。

首先，以金融科技平台上个人贷款发放的性别差异为例。为了简化起见，我们仅关注贷款通过率的性别差异。假设按如下方式建立通过/不通过贷款的算法：根据贷款申请者个人特征以及贷款是否违约的历史数据，建立统计模型来预测每个人的违约概率，并设立阈值，如果预测违约概率小于阈值就通过贷款申请，否则不予通过。假设根据历史数据，在控制了其他因素的条件下，女性违约率低于男性。

我们接下来讨论评价算法公平性的四种角度。

角度一：在设计算法时不允许使用性别作为输入变量。表面上，这样做避免了基于性别的贷款通过决策的差异化，但其实存在两个问题：第一，有一些与性别相关性比较高的其他输入变量会在算法中占有更大权重。判断哪些输入变量是性别的不合理替代，哪些输入变量是可接受的，边界十分模糊。第二，设计算法时不加入性别将影响算法对违约概率的预测准确性，使更多实际违约风险高的人获得贷款，而更多实际违约风险低的人无法获得贷款。这会增加整个贷款系统的金融风险，从而增加社会成本。

角度二：人口统计均等，即要求男性申请人中获得贷款的比例和女性申请人中获得贷款的比例相等。类似于前面"人人贷"研究的结论，这种做法对女性形成了隐性歧视。这种做法也会使更多实际违约风险高的人获得贷款，而更多实际违约风险低的人无法获得贷款，增加金融风险。而且，长期来说，一些违约风险高的男性本来不应该获得贷款，但因为需要满足这样的公平原则而令其获得贷款，之后无法按时偿还，他们未来的信用积分就会降低，反而不利于未来的借贷，有损公平性。

角度三：机会均等，即要求实际会按时还款的男性中获得贷款的比例和实际会按时还款的女性中获得贷款的比例相等。因为人群中女性违约率低于男性，从而女性按时还款的比例高于男性，这种做法会使女性的贷款通过率高于男性。而且，会出现在其他输入变量相同的情况下男性无法获得贷款而女性能够获得贷款的情形。这又形成了另外一种不公平。另外，长期来说，男性获得贷款的机会更少，更无法通过贷款来改善自己的生活，可能以后更加不容易获得贷款。这会加剧贷款通过率的性别差异。

角度四：预测均等，即要求获得贷款的男性中违约率和获得贷款的女性中违约率相等。机会均等着眼于实际会按时还款的借款人能获得的贷款机会，而预测均等着眼于贷款通过决策带来的违约率，通常两者不等价。因为女性违约率低于男性，要求预测均等也会使女性中获得贷款的比例高于男性，其影响与机会均等角度的影响类似。

前面提到，在设计的算法中，如果预测违约概率小于阈值就通过贷款申请，否则不通过。对男性、女性采用同样的阈值看起来满足一定公平性，但其结果往往不满足人口统计均等、机会均等或阳性预测均等。反过来，为了达到人口统计均等、机会均等或阳性预测均等，需要为男性和女性设立不同的阈值，这又形成了另外一种不公平。

这种困境类似于大学在各省之间分配招生名额。假设全国使用同一套高考试题，是应该在全国使用同一分数线，还是应该不同省份使用不同的分数线？前者会使得一些教育相对落后省份的学生很难上大学，后者会使得一些教育相对先进省份的学生即使分数比相对落后省份的学生高也无法上大学，都有一定不公平性。究竟选择哪种公平性标准需要进行价值判断。

其次，再以网约车平台上派单规则的公平性为例。网约车平台在乘客和司机（车）之间进行匹配，其派单规则既涉及对乘客的公平性，也涉及对司机的公平性。

假想如下简单情境：有经济型和舒适性两档车辆；乘客甲和乘客乙有同样的出发地和目的地，乘客甲只呼叫了经济型车辆，乘客乙同时呼叫了经济型和舒适性车辆；乘客乙更早发起呼叫。

我们来考虑两种派单规则：一种规则是先到先得，乘客乙先呼叫，因而先给其派车，因为经济型比舒适性车便宜，所以给其派经济型车。这种规则看起来具有最朴素的公平性，但结果是乘客甲因为选择有限需要等待，而开舒适型车的司机无法获得乘客。另一种规则是最大化匹配，将舒适型车派给乘客乙而将经济型车派给乘客甲，这样两位乘客都不用等待，而两位司机也都载上了客。但明显后面这种规则对于乘客乙有些不公平，他先呼叫，却被派了价格更高的车。到底哪种规则总体来说更公平，也需要进行价值判断。

总而言之，算法公平性是一个复杂的问题，需要在各种应用场景中进行细致的考量，无论哪种公平性准则都会有其不公平的一面，选择公平性准则时不可避免地需要进行价值判断。这种复杂性给实现算法公平带来很大挑战，不同利益相关方有不同诉求。在某些情况下，平台的盈利诉求和算法公平性准则吻合，例如在金融科技平台上发放贷款时使用机会均等准则或在网约车平台上使用最大化匹配规则。但平台的盈利诉求又会和其他算法公平性准则冲突。类似地，消费者或服务者（如司机）的诉求也会与算法公平性准则时而吻合、时而相悖。长期而言，实现算法相对公平需要各利益相关方和监管者进行多轮、全面的沟通，达成兼顾不同算法公平性准则的妥协方案。短期而言，建议平台在算法备案时披露其采用的公平性准则及理由，建议政府部门在算法综合治理的过程中不要基于单一的公平性准则来判断。

平台为什么要主动提升算法透明度?

张俊妮

主动提升算法透明度对平台企业履行社会责任至为关键,也有利于平台企业的经济效益和可持续发展。平台企业需着眼于算法输入和输出的透明,尤其是仔细选择并主动公示与利益相关者核心诉求相关的优化目标。

时代呼吁平台企业更积极地履行社会责任。平台企业使用算法连接众多的利益相关者(如外卖平台上的消费者、餐饮企业、骑手),其履行社会责任的核心在于使用负责任的算法平衡和兼顾各利益相关者的利益。只有使用负责任的算法,平台企业才能获得利益相关者的认同和支持,从而获得可持续发展的动力。

提升算法透明度是实现负责任算法的第一步和关键一步,多个国家进行了相关的制度探索。例如,2021 年 5 月,美国议会提出《算法正义与互联网平台透明度法案》(正在立法过程中),规定互联网平台需披露算法处理信息的方式方法以及信息的来源,发布透明度报告,使用户能够了解平台如何对内容进行审核以及如何使用算法推荐内容。2021年11月，英国内阁办公厅中央数字和数据办公室发布算法透明度标准，第一层信息要求提供算法工具的简短非技术性描述，概述该工具是什么以及使用该工具的原因；第二层信息要求提供更详细的技术信息，例如有关工具工作方式和工具使用数据的具体细节。2022年3月，我国《互联网信息服务算法推荐管理规定》正式生效，要求算法推荐服务者对算法进行备案，以适当方式公示算法推荐服务的基本原理、目的意图和主要运行机制等。

目前，我国关于算法透明度的法律法规尚不存在统一的执行标准，算法公示内容的详略程度主要由平台企业自行决定。然而，遵守法律法规仅仅是企业履行社会责任的最基本要求，有长远发展考量的平台企业不应坐等媒体披露或政府监管算法存在的问题，宜主动在更高水平上实现算法透明。

算法透明的一种思路是将算法代码透明化，但这种做法往往无法付诸实践：第一，这涉及平台企业的核心商业机密；第二，当前常用的算法基于深度学习等复杂模型，即使知道全部代码也无法了解算法的实际效果；第三，算法的实际效果在很大程度上依赖于用来训练算法的数据，但数据没有体现在代码中。

另一种思路着眼于算法输入和输出的透明，是更加实际的做法。首先需要阐明的就是算法的优化目标，它是平台企业如何权衡自己与各利益相关者的利益的关键所在。这一点非常重要，我们将通过关于YouTube的实际案例进行详细说明。

2005年至2011年，YouTube的算法向用户推荐视频时的优化目标是浏览量（或点击量）。这导致了点击诱饵（如误导性标题）的激增，用户体验直线下降。2012年，YouTube将推荐系统调整为优化观看每段视频的时间和花费在平台上的总时间,以增加广告收入。然而,花费的时间不一定等于花费的高质量时间。2016 年,YouTube 开始优先考虑调查衡量的用户满意度,以及用户点击分享、喜欢和不喜欢等按钮这样的直接回应指标。2017 年,YouTube 对推荐系统实施了更多更改,以阻止宣传包含煽动性宗教或种族优越论内容的视频。

　　然而,YouTube 前计算机程序员纪尧姆·查斯洛(Guillaume Chaslot)认为,这些改变大多是表面上的,并没有从根本上改变算法中形成的一些令人不安的偏见。他编写了一个计算机程序进行调查。该程序模拟了一些没有任何观看历史记录的用户的行为,每位用户首先通过文字搜索找到一些视频,从中选择一个"种子"视频,然后按照推荐的视频链跟踪沿途的数据。查斯洛利用该程序探索了在美国、法国、英国和德国在选举、全球变暖和大规模枪击事件期间 YouTube 推荐内容中的偏见。研究表明,YouTube 系统地放大了分裂、耸人听闻和阴谋论的视频。2018 年年初,媒体报导了查斯洛的调查结果。作为回应,YouTube 宣布将为视频标注新的信息标签,以努力打击阴谋论。

　　2019 年年初,YouTube 推出了三十多项更改,旨在积极减少推荐边缘内容以及可能以有害方式误导用户的内容,例如宣传治疗一种严重疾病的虚假奇迹、声称"地球是平的"、对"9·11"事件之类的历史事件做出公然虚假声明的视频。这种变化依赖于机器学习和真人的结合。YouTube 与人类评估人员和专家合作,帮助培训生成推荐内容的机器学习系统。这些评估人员接受使用公共指南的培训,并提供有关视频质量的关键输入。2019 年年底,YouTube 宣布在美国,通过未订阅的推荐观看边缘或误导内容的平均时间减少了 70%。2022 年,YouTube 将推荐中的边缘或误导内容的消费量降低到 1% 以下。YouTube 通过官方博客持续公布对推荐系统的更改及其背后的逻辑。

在构建更负责任的算法期间，YouTube 2018 年至 2021 年广告收入年增长超过 30%，在 2021 年获得了 288 亿美元的广告收入，比 2020 年增长 46%。YouTube 付费订阅服务（YouTube Music 和 YouTube Premium）的用户在 2020 年达到 3 千万，在 2021 年达到 5 千万。

在 YouTube 的案例中，用户的核心诉求并不是依据瞬间的本能反应或自我沉溺去观看耸人听闻的视频，而是获取真实可靠、有内涵的内容。当 YouTube 放弃通过让用户沉溺来获取更多收入时，收入反而大幅上升。由此可见，平台企业仔细选择并主动公示与利益相关者核心诉求相关的优化目标，以及采取与其相适应的措施，不仅能大幅度改善算法的社会效益，也有助于平台的经济效益和可持续发展。例如，在一个外卖平台上，消费者的核心诉求可能是获得健康、安全、美味、营养的食物；骑手的核心诉求可能是在安全到达的前提下获得应有收入；餐饮企业的核心诉求可能是通过提升菜品味道和质量获得更多收入（而不是为争取排名靠前而疲于做满减、折扣等活动）。平台算法的优化目标应该兼顾这些核心诉求，而不是着眼于平台自身的分成。一旦确定了合适的优化目标，查斯洛使用的模拟方法以及其他评估方法便可用于平台企业自查或第三方独立评估，以及时发现与目标不符合的算法问题。

在提升算法透明度方面，平台企业还可以对算法训练、评估及选择中用到的数据、算法使用的技术、算法的运行效果等进行说明。值得一提的是，2018 年《哈佛商业评论》上的一篇文章指出，相对于低透明度而言，中等透明度显著增加了信任，过高透明度反而完全侵蚀了信任。[1] 用户不会信任黑箱算法，但他们也不需要极高的透明度，不需要过度了解黑箱算法的细节。这意味着，平台企业无须着力于披露源代码或帮助用户阅读

---

[1] Kartik Hosanagar, Vivian Jair. "We need transparency in algorithms, but too much can backfire," *Harvard Business Review*, July 25, 2018, https://hbr.org/2018/07/we-need-transparency-in-algorithms-but-too-much-can-backfire, 访问日期：2023 年 1 月 11 日。

海量数据集，而应该努力提供关于驱动算法决策因素的基本洞察。

　　总而言之，通过主动提升算法透明度并进行持续改进，平台企业能获取其连接的众多利益相关者的满意和信任，在提升社会效益的同时实现自身的经济效益和可持续发展。

跨　境

企业为何应该跟踪数字贸易规则变化？

查道炯

"数字贸易"涵盖的范畴远不止跨境电商，其国际规则的谈判数十年间一直在进行。对从事跨国数字经贸活动的中国企业而言，基于国家间的经贸规则谈判是一个长期相互磨合的过程，应当保持与政府谈判和执行部门之间的无缝沟通，接受对中国适用的国际规则，并将之落实到企业的日常经营管理细则中。

提到"数字贸易"，对多数商家而言，最直接的感受是跨境电商。互联网所提供的便利，既促进了成千上万的中国企业进行跨国销售，也随之出现了越来越多的跨境电商活动纠纷。例如，2021 年夏天，国际物流头部企业亚马逊对其平台上的五万中国卖家进行了封店，中国电商行业损失金额预估超过千亿元。中国的产品出口商家中存在花钱购买好评"刷单"现象，这被亚马逊定性为违规。

作为应对，一种声音是找其他平台渠道，或者建立自己的跨境物流企业。其实，欧美在商业行为上有详细复杂的规制，不允许卖家将良莠不齐的商品完美化来诱导用户，也不允许卖家有"刷单"等运营行为。对企业而言，全面了解电子贸易的国际规则，才是更为积极主动的做法。即便是跨境电商业务，也只能在符合不同国家或地区边境内和边境外的管理法规的情况下顺利完成。

当前尚不存在国际统一的"数字贸易"的定义，在国内外研究文献中，经常引用的是经济合作与发展组织（OECD）2017 年提出的数字贸易分类框架。该框架从数字化、网络平台和数据三个角度描述了数字贸易态势，因此相应的数字贸易规则也通常被归为三大类：信息与通信技术（ICT）产品、电子商务、数据跨境。

ICT 产品贸易规则。ICT 产品是大量加工品的生产所不可或缺的要素。世界贸易组织（简称世贸组织）于 1996 年达成《信息技术协定》（ITA），参与成员从 29 个增加到 82 个，占协定所涵盖产品贸易量的 97%。成员对协定所列产品和信息产业（IT）的关键性产品和材料免征进口关税和其他费用。由于 IT 产品和部件多次跨国，协定的实施为推动世界贸易发展发挥了积极作用。

但是，ITA 的一大局限在于它集中在产品贸易，而且获得免税待遇的前提是产品必须被纳入协定的正面清单。协定不包含用于纯消费目的的产品，也不涉及 ICT 贸易中的非关税壁垒（例如，技术标准）议题。因此，在世贸组织框架下，ICT 贸易争议不断。

2015 年，世贸组织就扩大 ITA 中的产品范围谈判达成协议。新增 201 项产品，自 2016 年起分步实施降税，并在最惠国待遇的基础上对全体世贸组织成员适用。即便如此，产品分类和功能的更新速度远远高于多边谈判进度。例如，手机不再属于纯消费 ICT 产品，而是可以通过应用程序进行营利性行为，其属性是产品（销售后便不应再征税）还是服务（有征收营销所得税的法规空间）？类似现象，既难以达成普遍性共识，也难以形成全球性协议或条约。

电子商务。世贸组织成立后的第一届部长级会议上就曾提出过跨国电子商贸议题。自 1998 年以来，基于谈判的分歧程度，世贸组织采用了发表部长会议声明的做法（其约束力低于协议），暂停对"电子传输"征收关税，以每两年为期，经由历次部长级会议授权的途径得以延续。

"电子传输"已成为各国就监管定性达成一致的难题，其所指范围并不明确。例如，光盘或硬盘中的电影、软件、游戏、设计图纸等，其内容价值远远超过载体价值。免征关税单方面有利于净出口国，但对净进口国的产业发展有抑制效应。这是因为通过互联网途径完成的交易使得海关征税难以进行。海关征税的两大依据是可检视的"有形产品"和明确记载、可核实的经营者地址以及结算银行信息的发票。但通过互联网完成结算的交易，则绕过了海关监管环节，其计价和结算都由交易双方直接完成。所以，"电子传输"的属性究竟是货物贸易，是服务贸易，是知识产权贸易，还是混合贸易？不同的国家有不同的定性，可适用的贸易规则也不同。

"电子商务"则是贸易实务中更常用的名词。最常见的是商家与消费者对接（B2C）模式：利用国际互联网，买家直接从网站订购产品，并通过电子手段与卖家完成收付过程。交易货物的跨国流动，则通过传统的国际信件和小包裹渠道进行。成立于 1874 年的万国邮政联盟协调成员间的邮件和小包裹（其属性与企业间的产品不同）的邮政规则和收费标准。邮政既是一个国家所提供的公共服务，也是维系国际交往的公共品。在万国邮政联盟被纳入联合国专门组织体系后，跨国信件和小包裹的邮政费用一直维持寄出国和接受国分摊的机制。而费用分摊则与一个国家的人均收入水平挂钩。这样做的目的是减轻低收入国家在全球信件和小包裹流动中的成本负担，从而有利于其经济和社会的整体发展。特朗普执政期间，美国抱怨万国邮政联盟的终端费率体系不公平，并一度以退出联盟而施压改革。2019 年，万国邮政联盟通过了各成员国邮政部门之间清算国际邮递业务的终端费率体系的改革方案，允许成员国自行定义其终端费率。

但是，万国邮政联盟的改革并没有促进全面意义上的公平。在全球电子商务中处于净出口地位的国家主张对"电子传输"暂停征税的安排永久化，而净进口国则担忧永久停止会进一步增加其进口依赖，所以期望维持暂停安排，为建设本国数字经济和技术竞争力赢得空间。

2019 年年初，世贸组织发表《关于电子商务的联合声明》，启动与贸易有关的电子商务议题谈判。2021 年，86 个世贸组织成员宣布在电子商务谈判方面取得了实质性进展，将力争在 2022 年年底前就大多数议题达成协议。

数据跨境。数据跨境是更为复杂的议题。跨境数据流动从几乎可以忽略不计发展成为国家间竞争的重点议题之一。麦肯锡公司在 2016 年《数字全球化》报告中提到，2005—2015 年的 10 年间宽带使用量暴增 45 倍，并预计之后 5 年还将增长 9 倍。所谓"数字"（data），过去人们通常指称为"信息"（information），涵盖邮件地址、电话号码以及各种统计数据等。随着数字技术的发展，出现了"大数据"（big data）等名词，用于描述收集、分析和利用各种信息的空间概念。但作为一种商业性行为而言，"数字"与"信息"的价值产生模式没有本质不同（例如通过广告营利）。

个人、商务和非商务实体、政府机构，围绕信息采集、真伪分辨、储存、利用得益、滥用担忧等使用层面的议题，也仍然既有共通性，也有竞争性甚至对抗性。以通信地址、电话号码、电子邮件地址为例，对广告商而言，信息公开的程度越高、越全面，越有利于推销。但从个人角度看，隐私保护、被推送的信息可控则至关重要。因此出于各自的历史、文化原因，不同国家对相同类型的数据敏感程度不同，而不论是从国内治理还是国际交往的角度，一国对信息的跨国流动设置限制，也是历史性惯例。

作为互联网、ICT 产业、电子商务、信息和交易平台的发源地，美国在全球数据服务业中的渗透程度最高。2020 年，美国国会研究所的一份研究报告将"数据跨境"定义为"电脑服务器之间的跨国界信息移动或转让"。[1] 显而易见的是，这个定义偏向保护信息收集、数据分析、利用能力更强的企业和经济体的利益。而欧盟的《一般数据保护条例》则侧重加强对境内居民的个人数据和隐私保护，从而给数字技术企业拓展业务的空间设置了法规限制。

尽管目前美欧不同的立法范式和标准引人注意，但也不能忽视与数据跨境高度相关的"技术中性"（technology neutrality）。这个概念涉及不同国家的监管原则之争。技术中性的愿景是，如果一国允许外国商家提供数字经济服务，那么，服务提供商可以应用任何技术，包括未来的无人自主技术来提供服务。但现实情形是，技术监管依然属于国家主权权利，所以，政府可以使用这个概念为自己支持本地技术、限制外国技术的做法提供合法性支撑。所以，世贸组织的电子商务提案中，一些国家主张将技术中性作为核心原则，而另一些国家则主张重视各国未来的技术选择权和监管的灵活性，并以之为基础设置数据储存本地化及其他的跨境传输限制。

多边自由贸易安排中的数字贸易。数字贸易规则被纳入双边、多边自由贸易安排，既是货物贸易规则磨合的延伸，也是因为受机制所限，世贸组织框架下的数字经贸规则无法及时更新。近年来，贸易活力增长迅速的亚太被认为是最有希望影响相关规则建设进程的地区。目前，《区域全面经济伙伴关系协定》（RCEP，2022 年 1 月生效）和《全面与进步跨太平

---

[1]　Congressional Research Service. "Data Flows, Online Privacy, and Trade Policy," May 26, 2020, accessed January 11, 2023, https: //crsreports. congress. gov/product/pdf/R/R45584.

洋伙伴关系协定》（CPTPP，2018 年生效），都包括数字贸易章节。而新加坡和澳大利亚的双边数字经济协议（DEA，2020 年生效），以及新加坡、智利、新西兰三国的《数字经济伙伴关系协定》（DEPA，2021 年生效），则专注数字贸易规则的更新。虽然 DEPA 的正式成员国只有新加坡、新西兰和智利，但它对其他国家开放，也允许新的成员国选择性地接受协定中的条款。

如图 1 所示，亚太地区的这些协议涉及的议题众多，有重合也有延伸。每一个议题都有丰富的内涵，都是企业实操的指引，因篇幅所限本文不再详述。

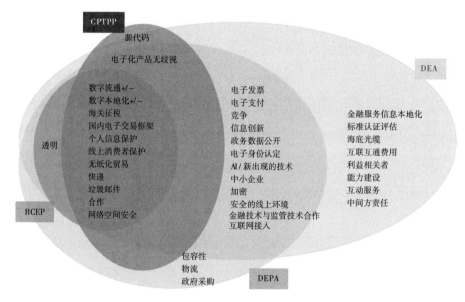

图 1　亚太区数字贸易规则

对中国数字企业的启示。中国在 2021 年正式申请加入 CPTPP 和 DE-PA，相关谈判还在进行中。在中国成功加入 CPTPP 和 DEPA 后，就必须像加入 RCEP 一样，落实其中的约束性义务，修改国内法规中的相关条款。对于从事或开拓境外业务的中国数字企业而言，静候国家在相关多边数字贸易规则谈判的结果，不利于其经营政策环境的尽职调查。DEPA 和

CPTPP 的规则用语都具有前瞻性,体现的是条款起草者设计的目标性行为。众多的国家采取的是在参与多边谈判的同时,在双边规则谈判中要求参照多边文本先行先试。这就要求企业主动熟悉谈判的进展,并与本国和目的国的谈判机关有效互动,把握形势变化。

在全球范围内,提高数字经济监管规则的国际互联互通程度是一种理想状态。可以预见的发展则是:随着数字技术迅速发展,尽早在尽可能多的世贸组织成员间达成约束性规则,既具有重要性也十分艰巨。鉴于各国仍将在数字贸易中坚持自身监管的权力,谋求监管的有效性,谈判各方在市场准入的前置性条件、邮政费率设置、跨境数据流动、知识产权保护和税收等核心议题上业已存在明显分歧,达成的协议只可能是阶段性的。但在这个长期的过程中,最大限度地跟踪不同管辖区不断变化的合规要求,形成自身的风险应对能力,才是正途。

总而言之,对从事跨国数字经贸的中国企业而言,基于国家间的经贸规则谈判是一个长期相互磨合的过程这个现实,应当保持与政府谈判和执行部门之间的无缝隙沟通,接受对中国适用的国际规则,并将之落实到企业的日常经营管理细则。同时,深度了解业务目的国的数字经济和跨境数字经济业务交易规则的变化,合理利用该国应在双边和多边规则中所承担的义务,特别是不歧视原则,至关重要。对跨国数字经贸规则的尽职调查工作越细致、越及时,才越有利于企业规避在从事国际交易过程中的风险。

什么是数字经济中的地缘政治？

查道炯

> 地缘政治不应被看成数字经济发展的国际外部环境，而是不同国家数字经济模式和实务竞争的一个组成部分。思辨数字经济中的地缘政治因素有利于谋划我国如何在全球合作与竞争并行的格局中行稳致远。

观察一个国家的数字经济生态应纳入技术和市场层面的跨国关联，这是常识，但人们一般会觉得数字经济与地缘政治思维或行为比较遥远。这部分是因为在通常情况下地缘政治更多被看成仅仅与国家间的安全、政治和外交关系相关，部分也因为该词汇的使用特别多元，且难以形成理解通常意义上的技术和市场方面的国际关系所要求的量化判断。

的确，从 1858 年一家英国私人公司在爱尔兰（欧洲）与纽芬兰（北美洲）之间铺设完成第一条洲际海底通信电缆开始，人们用数字经济描绘的技术和商业行为走过了一个技术不断升级、全球应用不断扩展、需求也不断增长的历史过程。这容易让人反问：地缘政治不就是产业和经济发展的外在环境吗？其实，一方面，从电报、电话技术的发展到今日 5G、人工智能等信息技术的开发和应用，众多物质与人力资源禀赋不同、经济治理制度不同的国家和社会之间已形成一个全球有序互动的基本格局。另一方面，通信技术用于跨国交流，既使得知识和信息传播突破了地理意义上的国家边界，催生了国际货物贸易、人员流动的增长，也为治理今日人们习以为常的"无线世界"中的乱象和滥用行为带来了挑战。同时，不同的国家从电子和数字通信技术中得益的程度和未来发展的空间不一样，这就使地缘政治因素——基于对本国眼前利益和未来发展空间的政治判断，促成或限制国家间技术和经济领域互动——成为谋划未来数字经济发展空间的必修课。

地缘政治被用于思考跨国经济关联中的政治性风险管理。1973 年，一些阿拉伯国家针对一些西方国家定向限制石油出口，导致世界经济发生危机，"地缘政治"于是成为国际经济与政治关系研究学界常用的概念之一。国际经济和政治学术研究从此次危机中得出一些具有规律性的认知。例如，就宏观层面而言，相互依存是国家间关系的本质；尽管现实竞争力和未来获益空间不均，建立经济交往活动的制度并维护其稳定性，依然有利于保护供需双方的共同利益。就运营层面而言，当一方在某种商品或服务的跨国流动中处于控制性地位时，它就具有将之"武器化"（"卡脖子"）处理的潜力甚至本能；同时也有被需求方设法弱化这种情形的担忧。这样，经济交往行为就被置于国家间纷繁复杂的政治和安全关系生态之中。所以，既然不确定性是国家间关系的本质，企业（特别是在业务跨国的情形下）的"在商言商"追求就只有在主动管理国际政治风险的努力的基础之上才能实现。

那么，基于石油这个地理所在确定、物权所属也具有较少争议的商品的跨国产品交换所得出的风险认知，适用于思考数字经济所依赖的网络空间吗？的确，网络空间与物质世界有区别。但是，就思考数字经济活动的跨国性关联而言，我们有必要看到，人们更习惯采用的"网络空间"这一表述侧重描述其物理性，但只是部分传递了计算机科学中基于控制论（cybernetics）和"空间"（space）结合而形成的"赛博空间"（cyber-space）所要表述的意涵。赛博空间当然包含对硬件跨国互联的认知，但它的所指却具有政治学甚至哲学意义：计算机、互联网、智能手机等维系跨国数字经济行为的设备和技术，其研发和应用的终极目的是什么？是满足技术开发、商业发展需求，还是人的欲望？通过物理性网络而流动的是数据，还是搜集、整理并使用数据的人的偏好？而不同国家、不同的人所追求的利益，在内容和节奏上是存在差异的。"技术向善"是一个理想追求，但是，不同的人对"善"与"非善"的（本质和场景的）理解存在差异。这些都属于正常现象。针对伴生的利益冲突，由谁、通过何种途径协调？如此等等，都使得在世界上不同地理位置使用同一个联通世界的通信网络的人（和由人组织起来的企业）不得不适应维系信息、技术和商业互动的国际政治空间。

第一种观点将互联网/赛博空间视为可规避现实存在的地缘政治纷争的途径。毕竟，互联网/赛博空间是全球性的，跟有形产品或人员不一样，数据的跨国流动不经过海关和检疫监管环节，不受明晰的国界约束，因此，信息和数据的跨国互动可超越一个民族和国家内的政治偏好，也不受国家之间地缘政治偏好不同的影响。其实，在实践中，这种观点并不成立。互联网促成的全球经济和社会生活互动的数字化，只是当今和未来国家间信息流、技术流和物质流的一部分。技术的开发和应用没有也不可能独立于个人或企业所在的地理意义上的国家市场准入许可和准入后的监管而发生。也就是说，跨国交易的数字化并没能摆脱地缘政治，二者相互作用，并随之导致整体意义上国家间互动出现新的、复杂的状况。

第二种观点把互联网/赛博空间看成全球性公共品（public good）。这种观察既有事实基础，也符合人类共生发展的理念。与此同时，就像思考国际金融体系、公共健康、环境的可持续性、气候变化、海洋生态等可归类为全球性公共品的议题一样，倘若数字经济行为互动机制的稳定性不足，所有的利益相关方都将面临"共害"（public bad）。这一点更容易获得共识。但提供、维护或巩固公共品则必须基于既有的实力，贡献方的利益追求得到满足才能实现。全球数字经济版图中，市场规模和技术实力等意义上的"鸿沟"依然存在，在一些领域还有扩大的趋势。在竞争状态中处于弱势的一方，从全球公共品中得益的程度与其贡献的多寡挂钩。也就是说，公共品不是免费品；以大型数字经济企业或者国家为观察单元的数字经济行为体，只有在找到相互获益的路径时，才能有进一步发展的共同空间。这就涉及国际政治偏好。

第三种观点则更具现实意义：随着数字化产生的经济力量高度集中（而且近年越来越集中），对维系跨国数字化经济的基础设施被"武器化"的监管的忧虑程度也在提高。这些基础设施包括根服务器、海底光缆、卫星、数据存储设备、信息平台、半导体技术和标准、算法、5G 和区块链等前沿技术的专利，等等。一方面，数字技术的跨国应用的本能性追求是垂直性控制：产权所有者推动其技术在不同国家和地区复制性应用并收取授权使用费。所以，"技术中性"是技术业界所追求的理想政治和政策环境：不受国家政治偏好的制约、不同技术路径间的互操作性、技术标准的开放性、用户适配性，允许试错并以补丁应对，等等。另一方面，因为数字技术也具有军民两用功能，越来越多的国家将其纳入以保护国家安全为出发点的政府监管范畴。而监管的途径之一便是针对性地限制被纳入监管范畴的物项、技术、数据、算法的出口和进口。随着越来越多的数字技术被赋予国家安全属性，其应用的国际政治空间便又回到了现代通信技术诞生前的产品和服务的排他性（拥有方）和依赖性（进口方）博弈判断。

　　数字经济的地缘政治竞争还体现在不同国家的监管模式或理念层面。美国等拥有技术和服务优势的国家对其头部数字技术和平台服务企业实施"轻监管"，以有利于其企业在国内乃至全球穷尽资源优化配置的可能性。美国等国政府同时以"小院高墙"的方式（包括建立战略联盟的途径）对前沿技术的跨国合作，在研发、出口、投资等环节采取国别针对性限制措施。这样做的目标之一是维系不同国家，特别是其地缘政治竞争对手，在数字技术领域的代际差，为本国数字经济企业在全球竞争中提供有利的政策空间。

　　以欧盟及其成员国为代表的另一些国家则基于其市场是跨国数字企业盈利所依，特别是原始数据免费产生地的角色，通过设立前置性竞争法规，以图限制外国数字经济企业利用技术跨国应用的垂直性、国际税收制度的碎片化等途径而强者通吃的政策空间和商业空间。这些国家的监管机构强调个人隐私等消费者权益保护的道德义务，强调虚拟经济交换行为必须与实体经济活动形成共享效应。

　　第三类国家在某些数字技术和服务能力方面具有一定的竞争力，它们更多采用"数字主权"概念，为保护个人隐私和对数据跨境流动设置防火墙等管制措施，提供地缘政治意义上的合理性和合法性。不论是强调消费者权益保护还是设立防火墙，目的都是为本国企业在全球数字经济竞争中谋取空间和时间，以图为本国企业缩小技术差距创造政策空间。如何在对技术和数据的跨国流动的管控与本国企业获取境外优秀的、最新的创新成果之间求得平衡，是以"数字主权"为基础性逻辑而设置监管政策和措施所必须面临的两难。

　　近年，传统地缘政治思维中的国家整体实力对比，在跨国数字经济治理中，越来越具有显性。例如，跨境电商业务中的非商业性壁垒在增多；在美国挑起的中美贸易摩擦中，技术摩擦的成分最高，这也体现在美国监管当局对中资数字技术企业的跨国融资、并购中的"国家安全"审查的不断泛化。又如，众多国家对数据跨境流动的管理中"国家安全"的成分在提高。关于如何在公益性数据、商业性数据、（技术进步所依的）独占性数据中求得最大公约数，各国正在经历一个艰难但具有现实利益的博弈过程。此外，一些发达经济体在推动制造业"回岸"和"友岸"，这既有其呵护国内经济发展空间的成分，也有形成政治性排他安排的意图。最后，虽然"双支柱"税收方案有利于实现跨国数字经济收益公平分配的理想，但是国家主权原则依然在发挥作用，达成条约性协议的路程依然漫长。

这样，思考中国的数字经济（特别是平台经济）治理的基础性逻辑，就有必要将全球性竞争环境和国际规则纳入视野，国家监管应呵护其企业的技术和业态创新能力，激励企业参与跨国性组织以谋得协同效应，促成其在全球数字技术业态创新中获益及提高竞争能力。

此外，鉴于所有的国际经济规则谈判机制都设置了向企业咨询、允许企业游说的渠道，中国的数字经济企业应通过全面、深入地参与国际技术和非技术规则的形成过程，了解各参与方的诉求、妥协的空间，以预判规则形成的态势，预知在境外经营中合规的需求。面对数字经济跨国关联的条约和协议，企业该做的不是规避，而是事前、事中和事后的全面参与，并将承诺落实的规则嵌入日常工作指引。

总而言之，跨国数字经济互动中的地缘政治，既不虚拟也不神秘，它就像一个人工游泳池，我国的数字经济企业有机会参与筹建和维护，也只有进入、体验，才能提高自身驾驭不确定性的能力。

治　理

互联网公司垄断
特性如何影响经济活动？

巫和懋　刘　航

平台经济的网络效应所产生的经济影响可能会带来平台经济相关产业的垄断结构，但平台经济的垄断结构并不必然产生出垄断行为，社会福利也未必因此受损，关键要看具体的市场竞争环境。考虑到平台经济领域的国际竞争态势，如何增强我国互联网公司的国际竞争力是非常重要的问题。

2021 年被认为是我国互联网平台经济反垄断元年。这一整年连续出台了多部针对平台经济的法律法规：从 2 月由国务院反垄断委员会印发的《国务院反垄断委员会关于平台经济领域的反垄断指南》，到 6 月和 8 月由全国人民代表大会常务委员会分别通过的《数据安全法》和《个人信息保护法》，再到 10 月国家市场监督管理总局的《互联网平台分类分级指南（征求意见稿）》和《互联网平台落实主体责任指南（征求意见稿）》，以及由国家互联网信息办公室等四部门联合发布的《互联网信息服务算法推荐管理规定》，这些监管政策的出台在市场规则层面上相对清晰地界定了我国互联网公司的活动空间，其目的很大程度上是为了规避大型互联网公司的市场垄断地位导致的各类问题。因此，如何深入理解互联网公司的垄断对于经济活动的影响，平台经济垄断现象的经济成因为何，垄断结构是否一定会导致垄断行为并进而影响社会福利，这些问题对于我国在未来进一步完善平台经济的治理体系、实现平台经济领域常态化监管、促进平台经济规范健康发展至关重要。

一、什么是平台经济领域的垄断现象？

互联网平台经济相关行业的一个典型特点是市场集中度较高，即行业前几家的头部互联网公司占据了绝大比例的市场份额，于是便形成了所谓的垄断性的市场结构。根据中国信息通信研究院 2021 年 5 月发布的《平台经济与竞争政策观察（2021）》报告中的数据，即时通信、移动支付、搜索引擎、网络音乐、网上外卖等细分市场的 CR4（即市场上前四家企业的市场份额占全部市场份额的比重）均超过了 90%；另外，网约车、网络零售、娱乐直播等市场的 CR4 均在 80% 以上。[1] 这表明，我国平台经济的主要细分市场确实存在着少数头部互联网公司拥有市场支配地位的垄断现象。需要强调的是，这一现象并非中国独有。在美国，以谷歌、亚马逊、脸书和苹果为代表的互联网公司，同样在各自领域占据了绝大多数的市场份额，从而成为该领域的垄断巨头。

正是平台经济普遍存在的垄断现象，使得相关监管部门担忧互联网企业会凭借其所拥有的市场支配地位行使限制市场有效竞争的垄断行为，如

---

[1] 中国信息通信研究院：《平台经济与竞争政策观察（2021）》，2021 年 5 月 28 日，http://www.caict.ac.cn/kxyj/qwfb/ztbg/202105/t20210528_378126.htm，访问日期：2023 年 5 月 31 日。

排他性协议、平台间合谋、不公平定价、拒绝交易、限定交易、搭售行为、差别待遇等。这些问题也是目前我国相关监管部门在平台经济领域反垄断中的重点治理对象。

二、为什么平台经济中垄断结构如此常见？

互联网平台经济的垄断现象为什么表现得如此突出且普遍呢？其中主要的经济学原理就是网络效应（network effect）。直观上理解，网络效应指的是平台中用户的收益会直接受到用户数量的影响，即平台中的用户数量越多，用户从这个平台获得的收益也就越大。

理论上，人们通常将网络效应分为两类：直接网络效应和间接网络效应。直接网络效应发生在同一类型的用户之间，比如像微信这类网络社交平台上的用户，使用同一社交平台的用户数量越多，用户之间彼此沟通、分享信息所带来的便捷性与满足感便越显著；与之对应，间接网络效应则发生在不同类型的用户群体之间，比如网络零售平台的消费者与卖家，消费者数量越多，卖家的收入越高，卖家的数量越多，可供消费者选择的商品种类便越丰富，卖家之间的竞争也越充分，消费者网购的获益也越大。

网络效应是平台经济中垄断现象频现的最为直接的原因，这一点可以通过网络效应在平台经济中的三种表现形式加以说明。

网络效应的第一种表现形式是梅特卡夫定律（Metcalfe's Law）。梅特卡夫定律指的是一个网络的价值与这个网络节点数目的平方成正比。换言之，如果一个网络的用户数量越多，用户与用户之间所形成的连接越密集，这个网络的价值便越大。因此，梅特卡夫定律便可以用来解释像微信这类具有直接网络效应的社交平台出现一家独大的垄断结构的原因：同类型用户数量越多，网络价值便越大，从而越会吸引新的用户加入平台。

网络效应在平台经济中第二种表现形式体现在需求端的规模效应或规模经济。即，如果一个产品或者服务的需求量越大，用户从中得到的收益越多，平台企业的获利空间也越大。因此，平台企业便有动机通过低价甚至补贴等策略吸引更多的用户加入，从而能够充分发挥需求端的规模效应，实现长期利润的最大化。

网络效应的第三种表现形式是由间接网络效应在供需两侧形成的正反馈机制。以网络零售平台为例，由于消费者数量上升会提高卖家的收益，而卖家数量的上升也会提升消费者网购的获益程度，因此，消费者数量增加便会吸引更多的卖家加入平台，而平台上出现更多的卖家则进一步促使更多消费者加入，由此产生出买卖双方相互促进的正反馈机制。因此，在由不同类型用户所组成的平台市场中，供需两侧所存在的这种正反馈机制便会使得市场出现由少数一两家平台企业占据绝大部分市场份额的垄断结构。

三、为什么平台经济中的垄断结构并不一定会导致垄断行为？

通过上文的分析，我们不难发现，平台经济本身便存在着将市场结构推向集中甚至垄断的经济驱动力。但问题的关键是，平台市场垄断性的市场结构是否一定意味着平台企业存在导致福利受损的垄断行为？答案是否定的，这里的微妙之处在于平台经济中同样存在着制约平台企业行为的各类因素。因此，需要仔细分析平台经济中具体的市场竞争环境，才能够理解垄断结构与垄断行为之间是否具有必然的关联。我们将能够有效约束平台企业垄断行为的市场环境因素区分为以下三个方面。

首先是在同行业的平台企业竞争环境。经济学将两家企业在同一市场销售相同商品并进行价格竞争的市场博弈格局称为伯川德模型。这是由法国经济学家约瑟夫·伯川德（Joseph Bertrand）在 1883 年提出的一个双寡头模型。伯川德模型最为令人吃惊的结果是，即使市场上只有两家企业，这一垄断性看似极高的市场结构的均衡结果同完全竞争市场完全一样，这意味着伯川德模型的均衡价格与产量能够最大化社会福利。这背后的道理其实并不难理解。由于企业之间提供的产品完全同质，如果一家企业的定价高于另一家企业，那么价高的企业便会失去全部的市场份额，这便会促使两家企业竞相降价，最终将价格降至边际成本水平，并且两家企业只能赚取零利润，社会福利以及消费者福利均实现了最大化。平台经济中的移动支付市场便十分类似伯川德模型所刻画的竞争环境。其中有两家头部企业——阿里巴巴旗下的支付宝与腾讯公司旗下的微信支付，一方面，这两家企业几乎占据了全部的市场份额，并且所提供的支付服务几乎没有任何差别；另一方面，移动支付市场上位于供需两端的商家与消费者几乎都是两家企业的用户，这就使得如果任何一家企业对用户收取过高的使用费，这些用户便会很快转到另外一家企业。于是，即使移动支付市场上只有支付宝和微信支付两家企业，仍然能够实现十分有效的市场竞争结果。

　　其次是跨行业的平台企业竞争环境。这主要表现在平台经济中经常出现的跨界竞争现象。互联网企业能够通过平台包络（platform envelope）战略实现跨界竞争的一个重要条件是作为市场竞争环境的关键一环——"进入壁垒"的独特性。平台经济中能够用以阻吓潜在竞争者的进入壁垒主要包含两方面：数字技术与用户数量。对于处在同一行业的互联网公司，头部企业在技术与用户两方面的优势要远胜于其他规模较小的企业；但对于处在不同行业的头部互联网公司而言，所拥有的数字技术与用户数量差距并不明显，如果这些头部企业用户层面上的重叠度又比较高，那么头部平台进行跨行业竞争的进入壁垒就相对较低，平台竞争频频出现的跨界竞争现象便不难理解了。因此，即使平台经济某行业的头部互联网企业已经形成了垄断地位，但仍可能受到其他行业头部企业的竞争压力。这一点在网约车市场上表现得最为明显，只要滴滴在经营策略以及运营情况上稍有差池，以美团、高德地图为代表的其他行业的平台企业便会立即杀入网约车市场，同滴滴展开激烈的竞争。

最后是平台经济市场结构形成的内在诱因。20 世纪 60 年代后期逐渐兴起的芝加哥学派认为，一个产业的市场结构并非一成不变，而是由该产业内部各家企业的策略选择以及产业本身在技术、成本等方面的性质所决定的。对于平台经济而言，在平台上经营的第三方卖家所销售的商品或提供的服务的相似度便可能成为影响平台经济市场结构的重要诱因。这里面所蕴含的经济学机理并不难理解：如果卖家间的相似度较高，那么卖家入驻不同的平台企业就很可能使平台市场出现上文所说的伯川德模型的竞争结果，使得卖家与平台都无法获得超额利润，此时便容易出现垄断性的单一平台；反之，如果卖家间相似度较低，那么即使市场上存在多家平台企业，也不会出现相互杀价的激烈竞争，此时就可以形成由数家平台企业组成寡头结构。例如，在网约车市场上，司机所提供的出行服务具有较高相似度，于是，网约车市场通常由一家平台企业占据绝大部分的市场份额，并且即使市场短期内存在两家以上的平台企业，也会在激烈的价格战之后最终合并为一家平台，如滴滴与快的以及滴滴与优步（Uber）之间的竞争与并购。相较而言，网上外卖市场上商家之间的差异性就更为明显，因此便可以容纳两家以上的平台企业。在我国的网上外卖市场，美团外卖和饿了么两家企业占据了九成以上的市场份额。根据前瞻产业研究院发布的数据，2020 年第一季度，美团外卖的市场份额为 67.3%，饿了么则为 30.9%。国外也有类似的现象，比如美国的网上团购市场同样由两家平台企业——高朋（Groupon）和生活团（Livingsocial）——占据绝大部分的市场份额。有趣的是，当只有一家平台企业，参与的卖家又高度相似时，垄断平台未必能够拥有显著的市场势力，因为如果平台对卖家收费过高而获利，就会吸引其他潜在且相似的平台以更低的收费进入市场，将卖家全部捕获；而在稳定的寡头结构平台市场上，卖家依靠差异性所获得的超额利润反而能够为平台企业高定价留有空间，从而使平台在收费上拥有更强的垄断力量。这便解释了国内主要的网约车平台滴滴出行的财报显示其基本都处在亏损状态，而很多网上外卖的商家则经常抱怨平台的抽成过高。因此，平台市场集中度较高并不一定意味着平台企业拥有较强的市场势力，也不一定会造成消费者福利的损失。实际上，垄断市场结构下的社会福利并不一定会大幅受损，因为此时网络效应得以充分发挥，促进了广泛的销售，既方便了消费者，也增进了市场效率。做大平台企业，与做优做强平台企业可以同时达成。所以，对于反垄断政策的执行应重视规范平台企业的反竞争行为，而不应以市场份额的高低作为唯一的判断依据。

四、如何实现针对我国平台经济领域的常态化监管？

基于以上对于平台经济形成垄断现象的经济学分析，以及平台经济从垄断结构到垄断行为的逻辑链条的分析，我们可以得出这样的结论：平台经济具有同传统经济不同的运行规律，特别是平台经济中的垄断结构是平台经济各行业本身所具有的一种典型特征，并且这一特征并不必然造成平台企业的垄断行为，社会福利也不必然因此受损。对于不同的平台市场结构，我们应该进行具体且深入的经济学分析后再做判断。

2022 年 4 月 29 日，中共中央政治局会议特别强调要通过实施常态化监管，支持平台经济规范健康发展。随后，5 月 17 日，全国政协召开"推动数字经济持续健康发展"专题协商会，时任中共中央政治局委员、国务院副总理刘鹤指出，要支持平台经济、民营经济持续健康发展，研究支持平台经济规范健康发展具体措施，鼓励平台企业参与国家重大科技创新项目。实现平台经济领域的常态化监管、支持平台经济规范健康发展，需要在深入理解平台经济自身所具有的行业特征与运行规律的基础上，进一步增强我国互联网公司的国际竞争力，特别是充分发挥我国国内市场超大规模与内需潜力的优势，实现我国平台经济的浴火重生、有序高质发展。

如何看待数字平台的投资并购？

胡佳胤

平台企业通过投资并购进行的版图扩张类似于传统企业的"帝国构建"。然而在数字时代跨界竞争的新特点下，这些投资并购不止于整合已有市场份额、打通上下游产业链和多样化经营，还更多地体现为对新领域初创企业和潜在竞争对手的收编。

跨界竞争是我国数字平台发展的一大特色。头部平台企业大多从某一数字经济业务起家，随后将商业触角伸向其他领域，在搜索、通信、社交、电商、本地生活、出行、新闻资讯、数字媒体、休闲娱乐、硬件设备、金融等多个领域都展开了竞争。一方面，大科技平台间的跨界竞争可以对彼此形成制衡，成为防止任何一家公司占据垄断地位的有力武器；而另一方面，各行各业的竞争最终都是两三家大平台的竞争，这对于中小初创企业的发展以及整个经济体的创新活力究竟是好是坏，还需要更细致地研究才能给出答案。

在跨界竞争的背后，数字平台通过投资并购构建起纵横多个行业领域的庞大生态系统。这与 20 世纪 60 年代美国公司的多样化经营战略和并购热潮非常类似，而这一并购热潮下产生的众多公司集团（conglomerate）在 80 年代纷纷瓦解。有意思的是，高速扩张和阵线收缩，也正是我国头部数字平台在以 2020 年为分界线的前后两大发展态势。例如，腾讯在公布 2021 年第四季度及年度业绩时表示，"互联网行业面临众多宏观变化及挑战，正由过去高速扩张单纯追求短期增长，转为聚焦用户价值、运营效率和科技创新"。[1] 等到公布 2022 年第一季度业绩时，这一转变已经落实到"实施了成本控制措施，并调整了部分非核心业务"，有助腾讯"在未来实现更优化的成本结构"。[2] 2021 年年底，腾讯以中期派息方式减持京东股份。2022 年 1 月，字节跳动决定加强业务聚焦，减小协同性低的投资，将战略投资部员工分散到各个业务条线中，事实上裁撤了战略投资部门。

反垄断等监管政策从宽松到收紧，被普遍认为是平台企业从扩张走向收缩的首要因素。那么在此之前，是什么驱动了平台企业的投资并购扩张呢？

公司金融学中有一个经典的"帝国构建"（empire building）假说，主要是指公司管理层将做大公司规模、拓展公司业务版图摆在最大化股东利益之前，往往被市场认为是盲目扩张。管理层的过度自信和公司过多的自由现金流会加剧这一现象。公司多元化经营的摊子铺得太大，超出运营能力范围，最终损害公司效益和股东利益。因此，在此类并购消息宣布之后，收购方公司的股价反而会下跌，摧毁而非提升公司价值。当多元化经营的公司难以为继时，新接手的管理层往往会把剥离非核心资产、精简公

---

[1]《腾讯公布 2021 第四季度及年度业绩》，Tencent Global，2022 年 3 月 23 日，https://mp.weixin.qq.com/s/Y9sOpccpK9ZiOI66p6Fxhw，访问日期：2023 年 1 月 11 日。

[2]《腾讯公布 2022 第一季度业绩》，Tencent Global，2022 年 5 月 18 日，https://mp.weixin.qq.com/s/HqwPuKHrmIzhF945btD4-Q，访问日期：2023 年 1 月 11 日。

司结构、缩减开支成本作为首要任务，以纠正"帝国构建"时期高速扩张的错误。

大科技平台的版图扩张，是传统"帝国构建"的历史重演，还是有什么数字时代才有的新动机？

从并购行为来看，平台企业的版图扩张与历来的企业做大做强的路径有不少相同点：一是在主营业务市场上横向并购，比如滴滴收购网约出租车、私家车、公共交通等领域相关公司，饿了么（后被阿里巴巴收购）收购百度外卖，阿里巴巴入股线下卖场大润发所属的高鑫零售等；二是沿着产业链上下游整合资源，比如滴滴和比亚迪设立合营企业（新能源、电动车制造），阿里巴巴收购魅族（手机和智能设备）、取得百世集团（快递物流）共同控制权，京东与科大讯飞设立合营企业等；三是新领域多样化经营，例如阿里巴巴收购《南华早报》（新闻传媒）、高德地图（导航）和好大夫在线（医疗健康）的控制权，腾讯入股京东、蘑菇街、拼多多等电商并收购猿辅导等在线教育公司等。大平台企业大多早早成立了企业创投（corporate venture capital，CVC），通过投资收购来实现公司发展的战略目标。例如，腾讯投资是腾讯集团的投资部门与核心战略部门之一，对外投资数量超过千起，在整个 CVC 投资中遥遥领先；阿里巴巴投资是阿里巴巴从事战略投资的全资子公司；京东通过宿迁涵邦进行战略投资；美团旗下则有美团战投和龙珠资本，等等。

从并购收益来看，以巩固和拓展平台生态系统为出发点的战略投资，看重的并非财务利润，而是战略协同的价值。对于腾讯来说，这通常意味着将微信、QQ 等海量社交流量变现（例如电商、本地生活、出行等），或是支撑游戏、广告等现金流业务的发展；对于阿里巴巴来说，这往往意味着通过搜索、资讯、视频、社交、娱乐等高频活动获取大量的流量，导入自身的电子商务体系，从平台撮合交易的价值创造中收获佣金服务费。

在这一战略指导下的并购和投资，有的贡献了大量的财务资金收入（例如腾讯的联营公司），有的带来了投资的长期亏损（例如视频网站、共享出行等）。当然，从平台发展战略和生态系统构建的角度来看，投资并购的收益很难准确量化。免费的产品反而能创造巨大的流量，局部的亏损带来整体收益的增加。对外投资并购不一定会带来财务上的直接获益，却可能有助于进一步巩固和加强平台的用户基础、生态系统和市场地位。对于平台企业而言，一件并购案的利弊得失变得更难以直接计算，财务上的可持续性依赖于企业整体体量；对于监管机构而言，一件并购案是否达到反垄断标准变得更难以准确判断，规范申报流程和约束不正当竞争行为成为监管重点。

从市场格局来看，投资并购不仅可以帮助平台企业在已有业务上扩大市场份额，还有助于开发业务新领域，对未来创新增长点进行布局。头部大科技平台早已通过投资并购等方式来扩张业务范围、争夺人才团队、购买创新专利。《华盛顿邮报》的一篇报道对美国大科技平台自成立以来的全部收购案件进行了分析，发现这些平台的崛起都有着相似的路径：大科技平台首先在各自的起步业务领域成为佼佼者，再通过收购将触角延伸到新行业。例如，苹果公司自 1988 年第一起公开收购交易至 2020 年，有 96 宗收购交易是发生在新领域，而只有 27 宗收购发生在苹果起家的软件、硬件和手机应用领域。对于谷歌而言，这一数量差距更大：自 2001 年第一起公开收购交易至 2020 年，谷歌在搜索、广告、地图、手机等起步领域的收购数量为 81 宗，而新领域的累计收购数达到了 187 宗。其中，绝大部分被收购方都是小型初创公司，而这些公司在发明专利和技术人才团队上有创新优势。

平台企业还可以通过收购来避免潜在竞争对手的兴起。"复制、收购、猎杀"（copy, acquire, kill）成为大科技平台巩固自身市场势力、打压潜在竞争者的策略，引发了监管者普遍的担忧。大科技平台的投资并购已经走在现行反垄断监管政策前面，在潜在竞争对手尚在萌芽阶段时就开始行动。2021年，美国联邦贸易委员会（FTC）调查发现，谷歌、苹果、脸书、亚马逊和微软五家大科技平台在2010—2019年未达到常规监管审核门槛的并购案件有819件，且其中至少39.3%的被收购企业在被收购时成立尚不满5年时间。[1] 大科技平台的收购有明显针对初创企业的倾向，这让监管层担心大科技平台是在抑制潜在的竞争对手，又或是抢在被收购企业规模尚小时提前并购以规避常规的反垄断调查。

我国监管部门自2020年年底起向互联网头部平台密集开出罚单，大多是关于经营者集中的申报和实施问题。从这些收购案件不难看出，腾讯、阿里巴巴、滴滴等头部超级平台是最为活跃的股权收购和新建合营企业的主导者。《平台跨界竞争给我们带来了什么?》一文也提到，大平台跨界竞争的普遍性让一些初创企业不是接受A平台的投资，就是接受B平台的投资。这可能是数字时代创业者迅速变现和打开局面的一个好机会，但某种程度上也让初创企业丧失了成长为独立力量、抗衡现存平台企业的可能性。人们熟知的产品和品牌的背后可能都是"阿里系""腾讯系""字节系"等大科技平台的投资派系，各行各业的竞争最终都是两三家大平台的竞争。这对于中小初创企业的发展以及对于整个经济体的创新活力是好是坏，需要更细致的研究才能给出答案。但毫无疑问的是，平台企业通过跨界在不同行业领域形成合力，将潜在的竞争对手纳入麾下，有助于进一步扩大和加强自身的市场势力。防止平台以合谋或强制"二选一"等手段排除竞争是维护市场机制的应有之义；防止平台滥用市场势

---

[1] Federal Trade Commission: "Non-HSR Reported Acquisitions by Select Technology Platforms, 2010-2019: An FTC Study," September 15,2021, accessed January 11, 2023, https://www.ftc.gov/system/files/documents/reports/non-hsr-reported-acquisitions-select-technology-platforms-2010-2019-ftc-study/p201201technologyplatformstudy2021.pdf.

力、保留市场的竞争活力，是监管政策需要关注的重点。

平台企业的投资并购带来数字时代的"帝国构建"，但这不是简单的历史重演。从横向、纵向以及多样化并购的行为来看，数字平台看重的是用户和数据这些数字时代最主要的资源，范围经济和跨界竞争让数字平台拥有比以往更大的市场势力和更强的竞争压力。从并购的财务收益和战略效益来看，数字平台企业似乎更看重投资并购对平台生态系统的战略价值，但难以准确计算的战略价值叠加过度自信的管理层和充裕的自由现金流，更有可能带来盲目扩张的问题，而监管政策的收紧则提前让数字平台意识到了旧游戏的不可持续。从市场格局来看，数字平台企业为了在激烈的跨界竞争中保住地位，不仅积极开发业务新领域，对未来创新增长点进行布局，还有可能会为了避免潜在竞争对手的兴起，提前在对手萌芽阶段采取投资并购的收编行动。这对反垄断监管政策提出了新的挑战。

如何看待平台的纵向一体化策略？

杨　明

流量优势平台越来越多地采取一体化、尤其是纵向一体化的经营策略，形成了排他性极强的信息生态系统，这对平台竞争产生了不容忽视的影响。平台经济的"赢者通吃"特性与纵向一体化之间会产生协调效应，因此，对于该策略会如何激励合谋、影响创新与竞争，相应的分析框架与方法亟待完善。

我们对数字化生存的感受实际上是五味杂陈的，一方面享受着效率提升所带来的便利，而另一方面又对"大"（bigness）产生了越来越多的恐惧，一如美国联邦贸易委员会（FTC）在 2021 年"FTC 诉脸书案"中所诉称的，脸书的收购行为严重影响了社交网络市场的竞争。[1] 很显然，人们已然深刻感受到平台的一体化策略对相关市场的竞争产生了不容忽视

---

[1] "Federal Trade Commission v. Facebook, Inc.", Substitute Amended Complaint for Injunctive and Other Equitable Relief, 2021 年 9 月 8 日, https://www.ftc.gov/system/files/documents/cases/2021-09-08_redacted_substitute_amended_complaint_ecf_no._82.pdf, 访问日期：2022 年 6 月 28 日。

的影响，具有流量优势的平台可以通过一体化（尤其是纵向一体化）的策略，形成排他性极强的信息生态系统，既可用以追求创新发展，也可能借此建立进入壁垒。

在数字时代，平台所塑造的信息生态系统已经深深地嵌入人类社会生活，而该系统的信息匹配效率决定了平台控制力的大小，因此，流量优势平台为了维系和加强其地位，必然会努力固化既有信息生态系统。这很好地解释了缘何会产生"赢者通吃"效应。几年前，发生在网易公司与华多公司之间的著作权侵权诉讼与滥用市场支配地位反垄断诉讼，就是很好的例证，法律纠纷之中蕴含的是"如何理解网络游戏著作权的市场控制力"的经济实质。不难想象，如果不是网易公司开始进军网游直播市场，基于网游与直播的相互促进，双方完全没必要如此对立。然而，大多数知识产权学者对此案展开分析时，并未抓住纵向一体化的内核来看待两家公司之间的纷争，这是长期以来静态分析的思维定式所必然导致的，因而根本没有注意到市场竞争已从产权控制演进到平台控制的趋势。

平台经济是注意力经济，竞争者之间围绕流量展开争夺，而流量（flow）与渠道（access）是相互成就的，所以平台竞争主要表现为追求渠道控制。只要控制了渠道，也就有了积累流量资源的"资本"。流量是产生网络效应或范围经济效应的根本原因，也是平台变现的基础和介质，因为流量决定了广告销售。在流量的激励下，同时也基于网络产业"高固定成本、低边际成本"之特性，平台企业具有极大的动力去整合传统的上下游市场，即实施纵向一体化的竞争策略。从本质上看，平台的此种经营策略不过是传统纵向一体化（典型的如纵向合并）在数字经济时代的新体现。就产业特点而言，经营者同样是借此提高提供差异化产品或服务的能力，提高进入壁垒，从而获得协同效应。但有别于传统的一体化，平台运行的基础是由流量和多边市场所决定的定价结构，并不需要有组织体方面的变化，而纵向合并是将外部市场活动内部化以实现协同，所依赖的是企业资产的互补性。

基于溢出效应和独占效应，纵向合并和平台纵向一体化在影响创新激励和消费者福利方面是一致的，二者都可以增加创新，并最终使消费者受益。但是，与纵向合并相比，平台的纵向一体化在降低成本和风险防范方面均有优势，尤其是对网络用户免费提供的产品或服务。由于流量是聚合效应的产生基础，是最终的利润来源，平台的纵向扩张可以实现从外生性向内生性的转化，多样化也进一步得到加强。而且，平台纵向一体化的溢出效应，尤其是技术溢出效应，相较于合并更加明显，进而将直接影响人们开展技术创新的积极性。通过纵向一体化的策略，平台促使交易更加广泛，因为一方面平台能够匹配多样化的市场需求，并不断提升匹配质量，另一方面平台基于信息成本优势可以提高交易效率。在这两方面影响的驱动下，传统的产业边界被瓦解，所谓"跨界竞争"成为平台经济时代的惯常现象，例如早在几年前就因硬件厂商进入软件应用分发市场而频频引发诉讼。受一体化策略的影响，网络用户已不再需要广泛地搜索来满足自身多样化的需求，因此，他们对平台（尤其是头部平台）的依赖性越来越强，甚至被其锁定。这样的效应是否会减损社会福利呢？这值得思考。

不少既有研究认为，流量优势平台采取纵向一体化的策略可能会产生较强的排他效应，阻止其他潜在竞争者进入相关市场，从而降低社会福利。但实际上，这种考量更多的是从传统市场的单边特性出发的，且并不全面。最直接的一点是，如果采取纵向一体化策略的平台本身在研发能力上具有优势，其追求的排他效应并不会导致社会福利下降。而在双边市场的理论框架下，无论是从多归属特性的视角，抑或是从非对称平台之间的差异性决策视角，我们都知道平台纵向一体化有时还会增进社会福利（因为能增进经济效率）。因此，任何对平台竞争、对纵向一体化的单一角度的认知，都是较为偏狭的。研究也不能仅关注消费者剩余，而应立足于"平台经营者—平台内经营者—网络用户（消费者）"这一市场结构，在各群体均存在同质或异质之分的情形下，分析平台间竞争的具体展开。

除了从双边市场属性和产业结构的角度来分析社会福利所受到的影响，对平台纵向一体化的竞争法思考，还有以下几个非常值得关注的问题（或者说视角）。

首先是促进合谋的问题，此问题与协调效应及网点作用有关。假设原有的上、下游市场因充分竞争而达成一种对称结构，此时某上游平台企业开始实施纵向一体化策略，结果导致上、下游市场成为非对称结构。这样一来，该平台企业在上游市场的竞争对手就减少了在下游市场中的交易网点数量，那么无论是对上游市场中一体化平台企业的竞争对手来说，抑或是对下游市场中的游离企业而言，它们都有与一体化平台企业形成合谋的激励——从协调效应抵消网点作用之后的净效应来看，合谋是效用最大化的选择；或者，上游市场中一体化平台企业的竞争对手在下游市场寻求对称合谋。更具象地说：如前所述，平台的纵向一体化策略以打造数字生态系统为目标，这就激励平台企业将尽可能多的互补性的、差异化的产品或服务整合到自己所经营的平台上来，所谓"平台套平台"（典型的如小程序嵌入）就是典型的表现形式；受上游平台的一体化策略影响，上、下游市场中的其他平台都有与之形成合谋的激励，或者促使其他平台形成对称合谋来与一体化平台进行对抗。

其次是互操作性和标准化带来的问题。互操作性本来是代码开发领域的专业术语，意指托管代码与非托管之间的相互引用，最早是在反垄断法语境下使用"互操作性"这一概念来要求互联网产品或服务之间关系的，即20世纪90年代著名的微软垄断案。2020年下半年以来，我国持续加强平台经济领域的反垄断执法，使得互操作性成为与平台有关的最热门的词汇之一。在很多学者和执法者看来，要求平台间具有互操作性可以降低壁垒、促进竞争，但不能忽视的是，该要求同样也会促进纵向一体化。当我们不从技术上，而是从商业模式上强调互操作性时，对一体化的激励尤甚。强调互操作性是为了规制反竞争行为，但其本身又会带来新的反竞争风险。标准化带来的问题与互操作性其实类似，因为标准化是与兼容性有关的战略工具，为了在标准化"战争"中获胜，竞争者就有极大的激励通过渠道控制来先发制人，而纵向一体化就是实现先发制人的有力武器。标准化一旦形成，对游离企业会产生强烈的向心力，因为进入一个兼容市场更容易、更安全、更有预期，但后向兼容是会阻碍创新、减少竞争的。

最后是一体化策略有利于数据资源的积累与聚合，纵向一体化尤其如此。平台竞争的内核是数据驱动，数据不仅是聚合竞争的根源，也是平台企业的利润来源。数据积累是形成竞争优势的基础，平台通过不断提升利用数据的组织和控制能力，从而将数据的规模价值转化为市场势力。在平台凭借数据集中实现了市场集中之后，又能反过来促进其积累更多的数据资源。纵向一体化与数据的积累、控制和利用能力之间存在着令人信服的正相关关系，该策略的采用能够提高数据资源的生产效率，在节省改变组织结构所需之成本的情况下，对市场结构和竞争结构产生切实影响。纵向一体化增强了数据的溢出效应和网络外部性，这使得采用该策略的平台企业可以在提高效率的同时进行有意识的偏向，从而损害消费者剩余的潜在增长。因此，在数字经济时代，平台的纵向一体化与数据集中之间的相互促进将成为反垄断规制的重要议题，当支撑线上交易的搜寻与匹配愈来愈具有内生性时，平台自然有能力维持较高的价格离散度，从而阻碍竞争。

平台经济的"赢者通吃"特性激励了纵向一体化策略的盛行，市场中崇拜"超级巨星"的生态大行其道。如果这些"巨星"是效率最高的企业，或是创新活力最强的企业，那么"大"的问题并不会令人担忧，然而现实却常常相反，那些通过早期的杰出创新而获得成功的平台企业，在自己的规模达到一定规模、甚至成为头部平台之后，其对如何巩固既有市场地位、应对新企业的创新威胁的兴趣，恐怕远超对如何不断创新的关注，因为前者使得赚钱变得非常容易。为创新而进行的投入面临巨大风险，而采取纵向一体化策略来贯通上下游市场则显然更加轻松且可预期，所以，尽管该策略能产生降低搜寻成本的效应，但在社会福利改善、促进多样性、激励创新和竞争等方面可能带来的消极影响是绝对不容忽视的。

如何认识电商平台的
"二选一"策略？

汪 浩

"二选一"可能减弱商户之间的竞争，抑制小平台的发展，但也可能缓解平台间的"搭便车"现象，从而改善平台与商户之间的合作。因此，"二选一"对社会的综合影响是不确定的，是否具有正当理由需要根据市场条件进行具体分析。

平台的一个基本特征是开放共享。只要合法合规，使用者都可以自由进入或退出一个平台。但是在电商平台，进出自由有时会受到一些限制，例如平台经常要求商家仅在自己的平台销售，而反对其同时在其他平台经营，这就是所谓的"二选一"。

在我国，"二选一"涉嫌违反《反垄断法》第二十二条，即"禁止具有市场支配地位的经营者从事下列滥用市场支配地位的行为：……（四）没有正当理由，限定交易相对人只能与其进行交易或者只能与其指定的经营者进行交易"。

在 2020 年之前，"二选一"策略在我国电商平台普遍存在，并引起了相关部门的注意。2019 年 11 月 5 日，国家市场监督管理总局（以下简称总局）在浙江杭州召开"规范网络经营活动行政指导座谈会"，京东、美团、拼多多、阿里巴巴等二十多家平台企业参会。总局指出，《电子商务法》明确禁止"二选一"独家交易行为，"二选一"还违反了《反垄断法》《反不正当竞争法》和其他法律法规。尽管如此，当时并没有采取针对"二选一"的实质性行动。

2020 年 12 月，总局对阿里巴巴集团展开反垄断调查。调查发现，阿里巴巴自 2015 年以来，通过书面协议或口头要求等方式，对其平台内商家（尤其是实力较强的核心商家）提出"二选一"要求。阿里巴巴长期通过各种奖罚措施，阻止商家在竞争平台上开店或参加促销活动，维持和加强了其市场力量。2021 年 4 月 10 日，总局发布行政处罚决定书，责令阿里巴巴停止违法行为，并按其 2019 年在中国的销售额 4 575.12 亿元人民币的 4% 进行处罚，共计 182.28 亿元人民币。

2021 年 4 月，总局对外卖平台美团发起反垄断调查。调查发现，自 2018 年以来，美团滥用其在餐饮外卖市场的主导地位，通过收取差别费率、延迟商户上线、收取独家合作保证金、算法歧视等方式，诱使商家与其签订独家协议。这些行为排除和限制了相关市场的竞争，损害了商家和消费者权益。2021 年 10 月 8 日，总局责令美团停止违法行为，全额退还 12.89 亿元人民币的独家合作保证金，并按其 2020 年在中国的销售额 1 147.48 亿元人民币的 3% 进行处罚，共计 34.42 亿元人民币。

"二选一"作为一种排他性的企业行为，并不是互联网时代才有的新现象。首先，传统经济中经常有"排他性地区代理"，在这种安排下，上游产品制造商在每个地理区域授权唯一经销商。如果我们将电商平台视为下游的经销企业，那么"二选一"与排他性地区代理类似。其次，传统经济中还有一种现象叫"排他性经营"，即一个制造商的经销商承诺不经销上游企业的竞争对手的产品。如果我们将电商平台视为上游的服务提供商，那么"二选一"与排他性经销类似。

平台"二选一"与传统经济中的排他性安排也有一定区别。首先，电商平台通常不会买断产品，而只是为商户提供销售产品的通道。除了收取服务费，平台一般不会干预商户的定价或其他决策。而传统经济中的下游企业大多会买断上游企业的产品，然后自主销售。其次，传统经济中涉及排他性安排的大多是地区性经销商，而电商平台规模很大且跨地区经营。平台内商户数量也很多，在每个细分品类上往往都有不少商户，即使在有"二选一"策略的情况下，平台内商户之间的竞争大多也是比较充分的。电商平台可能比较接近于传统的大型连锁超市，但是后者很少推行"二选一"策略。

关于排他性地区代理和排他性经销，已经有不少理论研究。总的来说，上下游企业之间的这些合约关系对社会福利的影响是不确定的，需要具体问题具体分析。

我们可从以下三个角度认识电商平台的"二选一"策略。

第一，平台"二选一"可能减弱商户之间的竞争。当所有商户都同时在各个平台销售时，消费者在任何一个平台都可以搜索、查看并购买到所有产品，而无需在平台之间进行产品比较，因此产品价格主要取决于商户之间的竞争，或者说取决于产品之间的差异，而与平台间的竞争关系不大。

但是在"二选一"的情况下，每个产品可能只在一个平台销售。消费者在选购商品时，经常需要在不同平台之间反复切换，这样很可能增加消费者的搜寻成本，提高他们所感知到的产品间的差异，最终形成较高的产品价格。在这种情况下，"二选一"减弱了商户之间的竞争。

当消费者在平台之间切换非常容易，或者商户数量很多时，"二选一"不会显著影响消费者购买价格。很多消费者习惯同时在不同平台搜寻商品，因此不太受"二选一"的影响。在很多产品市场，如家用电器、服装鞋帽、食品饮料等，相互竞争的品牌数量很多，在这种情况下，虽然"二选一"减少了每个平台的商户数量，但限制竞争的作用有限。

第二，大平台的"二选一"策略不利于小平台的成长。因为大平台的交易更加活跃，潜在消费者更多，如果商家被迫在大平台和小平台之间进行选择，那么通常会选择大平台，这样不利于小平台的发展壮大，最终导致市场竞争不足。因此，大平台的"二选一"策略涉嫌滥用市场优势地位，不利于加强电商平台之间的竞争。

电商平台经常具有一定的网络外部性，即平台规模越大，买卖双方越容易完成交易，因此平台的价值越高，这个现象似乎意味着平台领域的竞争本身必要性有限。但是，电商平台的网络外部性并没有显著到需要排除竞争。在我国的电商领域，有很多规模较小的平台，通过精心选择高质量货品和目标消费者，完全可以在市场上赢得一席之地。同时，这些小平台的存在迫使大平台改善他们为商户提供的服务，对电商行业的健康发展起到很好的作用。因此，鼓励平台间竞争仍然是有必要的。

第三，"二选一"可以抑制平台服务"搭便车"行为，促进平台与商户之间的合作。传统商家在转向网上销售的过程中，需要重新学习相关业务知识，积累网络销售经验，甚至建立全新网络品牌，而最具有这方面业务知识的正是平台本身。因此平台经常与商家合作，向商家传授网上销售的各种方法和经验，为商家提供创建品牌所需要的访问流量和新产品研发所需要的数据等。这个合作过程要求平台付出可观的成本或资源。

例如，美团在一项帮助小餐馆进行网上销售的咨询培训项目中，免费帮助了数千家餐馆，据称平均每家的成本达到千元以上。阿里巴巴也为小商家提供很多免费的网上销售培训或咨询服务。作为企业，电商平台提供这些免费服务并不是利他主义，而是期待从将来扩大的业务中获得补偿。

如果没有"二选一"安排，接受某个平台业务培训或流量支持的商家在成长起来后，很可能会到其他平台开店，使得其他平台直接从中获益，这就是"搭便车"现象。"搭便车"使得原平台的投资利益得不到保护，因此平台提供这类服务的动机就会下降。

由于商业开发的高度不确定性，以及小商户面临的资金约束，平台为商户提供的"触网"服务很难直接获得补偿。如果没有"二选一"安排，那么平台不愿意投资于小商户培养，最终会减缓电商的发展步伐。从这个角度看，严厉打击平台"二选一"也未必有利于平台经济的发展。因此，"二选一"虽然具有一定排他性，但确实可能有其正当理由。

在实践上，彻底杜绝平台"二选一"非常困难。即使平台不执行显性的"二选一"，也可以通过算法歧视、拒绝交易、区别定价等方式，隐蔽地惩罚那些不遵守默契约定的商户，迫使商户"主动"选择放弃其他平台。

如果反垄断机构严厉查处"二选一"，那么平台很可能以加强商品质量管理等理由，提高商户进驻门槛，驱离不合作商家。过于严厉的查处还可能将一些商户的主动选择视为平台的隐性"二选一"的结果，从而干扰企业的正常合法经营。

总之，电商平台的"二选一"策略可能具有限制竞争的作用，但也可能提升平台与商户之间的合作效率，因此其综合影响是不确定的。"二选一"可能减弱商户之间的竞争，提高产品价格，但是在商户数量很多的行业，这个影响可以忽略。"二选一"不利于小平台的成长，因而可能减弱平台之间的竞争，但是当平台数量众多时，可以排除这种担心。"二选一"可能抑制平台服务被其他平台"搭便车"的现象，有利于改善平台与小商户之间的合作，因而具有一定的正当理由。在反垄断实践中，完全杜绝这类平台行为非常困难，也不宜强求。既要保护市场竞争，也要鼓励平台为商户提供优质服务。

平台反垄断的基本方向是什么？

徐　远　李惠璇

平台是新型企业，通过建立市场、提供服务营利，具有市场构建者的性质。21 世纪以来，平台企业发展迅速，成为最重要的企业形态，代表了商业的未来。平台即市场，反垄断不是反市场，而是促进市场的发育。平台反垄断和传统反垄断的本质区别，是不能约束平台规模，而只能约束其不正当竞争行为。

平台的崛起是 21 世纪以来最重要的商业现象。苹果、谷歌、亚马逊等巨头本质上都是平台企业，它们历史较短，但是迅速成长为现象级企业。中国的阿里巴巴、腾讯也是如此。

2007 年，世界市值前十的上市公司依然以传统的大能源、大银行、大工业为主，只有微软一家是新兴企业。那时候的微软还不是真正的平台公司，股价也在停滞中。后来微软成功转型为平台，股价持续上涨，焕发了第二春。

短短 10 年后的 2017 年，平台公司已经在全球十大市值公司排名的榜单中占领七席，前五全部是平台公司，分别是苹果、谷歌、微软、脸书、亚马逊。中国的阿里巴巴和腾讯也榜上有名，排在第七、第八位，这两家也是平台公司（见图1）。可以说，平台崛起是这个时代最炫目的商业现象，短短十年，天翻地覆。

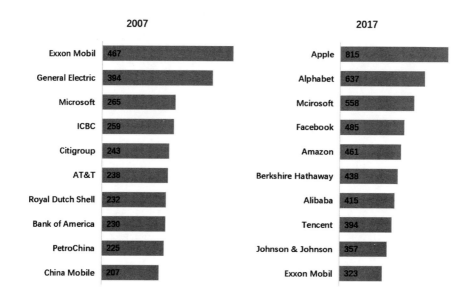

图1 全球市值前十公司（十亿美元）

平台的重要性，不仅体现在市值上，也体现在人们日常生活的感受上。从买菜到打车，从购物到交友，从阅读到商务，现在我们的日常生活和工作，已经离不开平台。新冠疫情和全球大规模"社会隔离"，更是促进了线上平台和工具的发展。看起来，平台的发展似乎是一马平川。

可是，也是在2020年，一场针对平台的反垄断行动在全球兴起，欧洲、美国、中国都在其中。

2020年11月10日，国家市场监督管理总局出台了《关于平台经济领域的反垄断指南（征求意见稿）》（简称《指南》），互联网中概股随之暴跌。当天，在道琼斯指数上涨了0.9%的大盘环境下，阿里巴巴和京东分别大跌 8.3%、5.6%。在香港市场，美团下跌 10.5%，第二天继续下跌 9.7%；腾讯下跌 4.4%，第二天继续下跌 7.4%。这两天的下跌，揭开了互联网中概率下跌的序幕，在其后的一年多时间里，互联网中概股大幅回调（见图 2）。

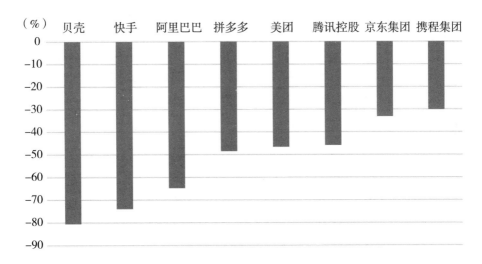

图 2　主要平台公司股票跌幅（2020.11.10—2022.07.15）

在《指南》中，用户抱怨颇多的"二选一""大数据杀熟""捆绑交易""低价倾销""拒绝交易"等现象，都被定义为垄断行为。此后，我国反垄断动作频频，这里仅列举几例。

（1）2020 年 12 月 14 日，国家市场监督管理总局通告，阿里巴巴、阅文、丰巢的收购行为违反《反垄断法》，分别处以 50 万元人民币罚款的行政处罚。

（2）2021 年，阿里巴巴、美团遭遇反垄断调查，被判定构成滥用市场支配地位行为，并分别处以 182.28 亿元、34.42 亿元的巨额罚款。

（3）2022 年 6 月 24 日，第十三届全国人民代表大会常务委员会第三十五次会议审议通过《关于修改中华人民共和国反垄断法的决定》，自 2022 年 8 月 1 日起施行。

新《反垄断法》在总则部分增加第九条，要求"经营者不得利用数据和算法、技术、资本优势以及平台规则等从事本法禁止的垄断行为"。此外，还在"滥用市场支配地位"章节，增加第二十二条第二款，规定"具有市场支配地位的经营者不得利用数据和算法、技术以及平台规则等从事前款规定的滥用市场支配地位的行为"。这些新增的条款，体现了对于平台发展的关切。

这一轮反垄断，不仅在中国，在美国、欧盟也几乎同时展开。

2020年10月21日，美国司法部和11个州对谷歌提起诉讼，瞄准这家科技巨头在搜索和广告业务上存在的垄断行为，指控谷歌利用其市场主导地位打击竞争对手。12月10日，美国联邦贸易委员会（FTC）与来自48个州和地区的总检察长联盟分别对脸书提起反垄断诉讼。这是自1998年制裁微软以来二十多年里，美国政府在高科技公司领域发起的规模最大的反垄断举动。

2021年6月23日，美国众议院司法委员会审议通过了六项旨在加强反垄断执法的相关法案，旨在促进互联网行业竞争，并推动美国成为制定全球数字经济领域规则的领导者。

不过，上述法案迄今无一进入参众两院的正式审议阶段，更别说两院通过，提交总统签署生效了。其中，《美国创新和选择在线法案》走得最远。该法案规定，在美国国内，月活用户超5 000万或月活商户超10万的线上平台，年收入或市值达到一定水平的，不得在平台上优待自己的产品，不能不公平地限制竞争对手的产品在平台上的供应，或在平台服务条款方面歧视其他商户。法案还规定，平台不得实质上限制或阻碍竞争对手访问或使用同一平台、操作系统、硬件或软件功能。法案还限制使用平台上的非公开数据，平台需开放竞争对手生成的数据。在安装或卸载软件、搜索或排名功能、报复对手的举报行为等方面，法案也进行了限制。

2022 年 1 月 21 日，该法案在美国参议院司法委员会审议通过，并且得到了众议院和参议院相关委员会的支持。3 月，美国司法部也对该法案表示支持。其后，该法案还需在国会两院进行投票，并经美国总统签署后方能生效。

在欧洲，平台反垄断算较早。2019 年至今，欧盟对亚马逊、谷歌、脸书、微软等平台巨头开展了反垄断调查。2020 年 12 月 15 日，欧盟委员会提出《数字市场法》和《数字服务法》两项法案草案，打击数字平台巨头滥用自身数字权力的行为，促进数字市场公开透明和公平竞争。例如，《数字市场法》禁止跨国大平台将客户数据用于自身的市场竞争，数字平台的自有服务在其搜索引擎上不应享有优先待遇。比如，谷歌不能再在搜索结果中将涉及谷歌购物的链接往前排。为了防止巨头垄断未来的科技，跨国大平台进行任何并购交易，不论并购金额大小，均需通知欧盟委员会。如果数字平台巨头被裁定违法，欧盟委员会征收的罚金最高可达该企业全球营业额的 10%。

所以，这一轮平台反垄断是全球现象，并不是中国特有。那么，关于平台的未来，我们能说什么？其实不需要太悲观，基本原因有两个。

第一个原因是，平台代表了商业的未来，任何国家要参与全球竞争，都必须支持本国平台的发展。

平台的本质是构建一个市场，这一点和传统的企业有本质的不同。传统的企业是面对一个市场，努力做好产品，开拓这个市场。随着产品质量的提高、成本的下降，市场规模可能扩大，但是企业依然是市场中的一方，是商品的供给方，而不是市场的构建者。

平台型企业不一样。平台企业是市场的构建者，而不是商品的供给方。比如，阿里巴巴并不生产商品，而是构建了一个大卖场。在这个大卖场上，聚集了生产商、销售商、服务商、消费者，大家各取所需，形成了一个商业生态。从这个意义上讲，平台发展即市场发展，意义重大。

在这个市场中，阿里巴巴更像是一个管理者，收取各种服务费，比如广告费、导流费、管理费等。因此，平台企业提供的是公共服务，获得是公共服务的使用费，具有某种管理者的性质，甚至是一种"类政府"的性质。

平台的市场构建者、公共服务提供者的身份，为平台的反垄断增加了难度。传统上，反垄断是为了防止一家企业过于庞大，市场力量过强，对竞争对手造成挤压，不利于竞争，不利于市场的成长壮大。采取的办法常常是控制大企业的相对规模，如果规模过大的话，就进行拆分；并且会约束大企业的不正当的竞争行为，鼓励竞争。

可是，平台企业本身就是市场，平台企业的庞大本身是市场发育成长的结果。如果约束平台的规模，就是约束市场成长，与反垄断的初衷是背道而驰的。因此，平台反垄断和传统反垄断的一个本质区别是不能约束平台规模的扩大，而只能约束其不正当竞争行为。

传统上，反垄断有两个思路，一个是结构主义，另一个是行为主义。约束企业规模的做法叫作结构主义反垄断，常常控制的是一个企业在行业中的市场占有率，用占有率这个市场结构指标控制企业的规模，过大的话就进行拆分。行为主义则是直接针对特定的不正当竞争行为进行监管，而不强求市场占有率指标。对于平台企业而言，结构主义是不适用的，而只能采用行为主义的思路。

第二个原因是，我国的监管层已经明确表示平台反垄断是为了支持平台经济更好发展。

高层文件、官员都多次强调坚持监管规范和促进发展两手并重、两手都要硬。2021 年 8 月，中央财经委员会办公室分管日常工作的副主任在新闻发布会上指出，一方面，要给资本设置"红绿灯"，完善市场准入负面清单管理制度，对一些盲目倾向、有害因素加以严格整治。另一方面，我们也认识到，平台经济是先进生产力的重要组成部分，要发挥好它在优化资源配置、促进科技进步、便利人民的生活、参与国际合作与竞争中的积极作用。

2021 年 12 月，国家发展和改革委员会等九部门联合发布《关于推动平台经济规范健康持续发展的若干意见》，再次提到：坚持发展和规范并重，适应平台经济发展规律，建立健全规则制度，优化平台经济发展环境。

2022 年 3 月，国务院金融稳定发展委员会专题会议强调，关于平台经济治理，有关部门要按照市场化、法治化、国际化的方针完善既定方案，坚持稳中求进，通过规范、透明、可预期的监管，稳妥推进并尽快完成大型平台公司整改工作，促进平台经济平稳健康发展，提高国际竞争力。

事实上，翻遍这几年的政策文件，找不到一个"拆分"的字样。这就说明，政策面的思路是很清楚的，不会用拆分的办法反垄断。在纷繁复杂的形势中，政策面的这一清晰取向让人欣慰。

不要以为拆分不可能。历史上的反垄断经常就是把大企业拆成小企业，这样的例子数不胜数。1911 年的标准石油、1945 年的美国铝业、1984 年的美国电报电话公司（AT&T）都是著名的拆分案例，拆分的都是当时的巨无霸龙头。

所以，目前监管层是完全明白不能拆分平台企业的，那无异于自废武功，会丧失竞争力。而平台企业要做的，是认真研究反垄断的负面清单，搞清楚自身发展的边界，并据此调整战略方向，规划未来发展。我们相信，平台企业的未来依然宽广。在平台占主导的商业时代，这不是一种选择，而是一种宿命。

平台反垄断的理论基础是什么？

徐　远　李惠璇

经济学中的反垄断理论经历了从结构主义到行为主义的转变。早期结构主义理论中，市场份额大就是罪，超大企业往往难逃被拆分的命运。后来的行为主义中，大不是罪，妨碍竞争的行为才是罪。IBM、微软、苹果、谷歌等科技企业，尽管市场份额很大，但是没有被拆分，而是其具体的行为接受监管。我国的反垄断实践，理论基础也是行为主义，不是结构主义。

平台反垄断是目前全球最重要的商业现象之一。欧洲、美国、中国先后发起了针对平台企业的反垄断调查。这次反垄断浪潮因三个特征而令人瞩目。

第一，这是针对当今最大商业巨头的行为。美国的谷歌、脸书（现改名 Meta）、亚马逊、苹果，中国的阿里巴巴、美团、腾讯，是当前市值最大的一批企业。

第二，这是针对科技最前沿、模式最先进的平台企业的反垄断。平台企业大量使用最新的数字技术，不仅处于商业发展的前沿，而且代表了未来商业发展的方向。因此，这一轮反垄断会在很大程度上影响各国企业巨头的竞争力，进而影响各国经济总体的竞争力。

第三，这次反垄断在全球同时发起，在历史上是第一次。之前的反垄断，往往局限于美国、欧洲，日本的反垄断事件很少。自2008年《反垄断法》实施以来，我国陆续处理了白酒、电信、乳业、汽车、医药等领域的反垄断案件，但是比较分散，和欧洲、美国的反垄断也没有直接关系。中国加入全球反垄断大潮，聚焦于一个行业，而且还是科技前沿行业，实属首次。考虑到中国还是发展中国家，人均收入只有美国的1/6，发展还是主要诉求，这一现象就更加引人注目。

这一轮反垄断仍在进行中，还没有尘埃落定。在这个时间点上，研究这次反垄断的特征，寻找未来的方向，就格外重要。美国有悠久的反垄断历史，处于反垄断的前沿，本国有很多大型科技平台公司，其做法尤其值得研究。作为对比，欧洲的巨型平台公司不多，反垄断针对的主要是美国的平台巨头，如谷歌、脸书、亚马逊等。因此，美国既要反垄断，又要保护自己的平台企业，因此美国的行为对我们更有参考价值。

梳理美国100多年来的反垄断史，我们发现，美国反垄断的思路出现了明显的从结构主义到行为主义的转变。这一转变不是突然发生的，而是经历了缓慢的变化，才最终实现的。

在此，我们把美国百年来的反垄断调查分为三轮。

第一轮是从1900年到1982年。在此期间，结构主义大行其道。结构主义的思想集中体现在"结构—行为—绩效"（Structure-Conduct-Performance，SCP）理论中。20世纪50年代，哈佛大学E. S. 梅森（E. S. Mason）教授及其弟子J. S. 贝恩（J. S. Bain）提出了这一理论。他们的研究发现，市场集中度、进入壁垒都与企业绩效呈正相关。在一定程度上，市场结构决定了企业行为，进一步决定了绩效。因此，无论企业行为如何，政府可以直接调整市场结构，从而达到"釜底抽薪"的反垄断效果。

在结构主义的思潮中，大就是罪。很多市场占有率很大的企业因此被拆分，比如标准石油（1911）、美国烟草（1911）、美国铝业（1945）。这里的基本理念是，一个企业规模巨大，占有了很大的市场份额，就会具有垄断力量，在商业谈判中拥有别人没有的强势地位，会挤压上下游的市场参与者。在这一轮反垄断浪潮中，美国钢铁成为幸运者，没有因为规模而获罪。

美国铝业的案子非常典型。1937 年，美国政府以美国铝业在铝锭市场上占有 90% 以上的市场份额为由，对其发起反垄断诉讼。经过数年的审理，法院并未发现美国铝业的违法行为，但仅仅依据该公司的市场地位，就判定其违反了《谢尔曼法》，认为美国铝业公司维持其市场支配地位的决定就是它独占的主观意图的充分体现，并强调法令的目的之一是保护行业中能有效地相互竞争的小型单位并让它们并存，尽管这要付出代价。由此可见，结构主义关注的是市场份额，甚至不需要犯罪行为。

第二轮是从 1983 年到 2001 年。这一阶段是转型期，典型特征是不再拆分企业，比如著名的微软反垄断案（2001），最后以和解告终。

从 20 世纪 60 年代开始，芝加哥学派对结构主义提出了尖锐的批评：企业规模变大的过程，就是企业不断改进产品和服务、打败竞争对手的过程。如果单纯地惩罚大企业，那就是在惩罚竞争优胜者，保护竞争失败者。这只会导致企业懒于创新，对行业发展、经济增长都是有害的。

哈罗德·德姆塞茨（Harold Demsetz）指出，对市场竞争最重要的是进入和退出自由，而不是行业集中度和企业规模。只要进入和退出是自由的，即便占有巨大市场份额的一个垄断企业，其行为也必须像在竞争性市场上一样才能生存。因此，反垄断的重点并不是产业结构，而是企业的行为。这一点是行为主义的本质特征。

芝加哥学派行为主义反垄断的典型案例是微软反垄断案。1997 年，美国司法部起诉微软，剑指捆绑销售。这场举世瞩目的官司旷日持久、耗费巨大，微软一度面临被拆分的风险。

2000 年 6 月，主审法官托马斯·杰克逊（Thomas Jackson）做出判决，微软违反了美国反垄断法《谢尔曼法》，将微软一分为二，一个经营操作系统，一个经营浏览器等应用软件。

宣判一出，支持行为主义的经济学家们纷纷发声，严厉批判杰克逊法官的决定。保罗·克鲁格曼（Paul Krugman）在《纽约时报》上发表《肢解微软的后果》，强调法院判决应当聚焦于微软是否伤害社会福利。实际上，微软并未有损社会福利，没有收取高昂的价格，也没有提供低质的服务。微软的潜在竞争对手始终制约着它的定价能力，微软的"垄断"只不过是稍纵即逝的资产而已，存在于潜在对手的竞争当中。格里高利·曼昆（Gregory Mankiw）也在《商业周刊》上发文《微软分拆——左鞋和右鞋分开卖》，认为分拆微软只会导致两个垄断公司的出现，且它们会比单一的垄断公司要价更高，进而损害社会福利，损害经济效率。

2001 年 6 月，联邦上诉法院以 7 比 0 的投票结果，以证据不足为由驳回了初审判决。最终，该案以微软与美国政府和解告终，微软被强制向第三方软件开发商开放 Windows 操作系统的应用程序接口，允许第三方在 Windows 上开发软件。这一判决反映出了行为主义的观点：反垄断并不是压制企业规模，而是限制不利于竞争的行为。

第二轮是 2019 年开始的这一轮反垄断，主要针对的是大型科技平台企业。这一轮美国反垄断的主要特征有两个，一是"雷声大、雨点小"，二是行为主义的底色非常清晰。结构主义试图死灰复燃，但是收效甚微，很难成功。

结构主义复活的背景是20世纪80年代以来美国贫富差距的不断拉大。2018年，美国最富的1%群体占有全国23.8%的收入和38.6%的财富。在经历了过去40年的宽松监管之后，美国财富越来越集中，五大互联网巨头的市值已经超过了6万亿美元，财富与资源的高度集中造就一批企业巨头和超级富豪。在这个背景下，芝加哥学派"反垄断只有一个目标，即经济效率"的口号，开始变得不合时宜，公平变得更重要，结构主义开始抬头。

2021年3月，美国政府任命反垄断法专家哥伦比亚法学院教授吴修铭（Tim Wu）担任制定科技与竞争政策的特别助理，他写过一本畅销书《巨头的诅咒：新镀金时代的反垄断》。吴修铭认为，芝加哥学派将反垄断的定义缩小到经济效率、社会福利的范畴，是在偷换概念。他认为，强化并购审查、拆分过大企业，都应当回到反垄断的工具箱。另一位关键人物——美国联邦贸易委员会（Federal Trade Commission，FTC）现任主席莉娜·可汗（Lina Khan）也认为，现有的反垄断法框架难以保护和促进竞争，有必要重拾过去的反垄断法，再次重视市场结构在竞争分析中的作用。

虽然来势汹汹，但监管部门还是遵循规则进行博弈。仔细考察拜登政府的反垄断动作会发现其集中在起诉和立法两件事，斗争的矛头也还集中在企业行为上，而不是市场结构上，遵循着行为主义的范式。

首先是起诉。2020年12月，FTC和四十多个州对脸书发起反垄断诉讼，指控该公司通过长达数年的反竞争行为非法维持其在个人社交网络领域的垄断地位。但是，2021年6月，诉讼被法院全部驳回。8月，FTC又对脸书重新提起反垄断诉讼，进一步丰富了诉状，并要求脸书出售Instagram和WhatsApp。这场声势浩大的诉讼，到现在为止还没有结果。自2020年以来，脸书、亚马逊、谷歌均受到了美国联邦政府或地方政府的反垄断起诉，但实质上进展缓慢，至今没有一个案子结案。

其次是立法。2021 年 6 月，美国众议院司法委员会表决通过《终止平台垄断法案》等六项法案。这些法律条文看起来严厉，但是市场反应平淡，整个 2021 年 6 月，FAANG（脸书、苹果、亚马逊、奈飞、谷歌）五大巨头的股价都是上涨的，涨幅在 4%～10%。

为什么会这样？其实就是"雷声大、雨点小"。众议院司法委员会表决通过只是立法第一步，接下来法案还需由众议院、参议院审议，两院修改完善后才会进入白宫，由总统签字确认。这是个漫长的博弈过程，企业也会参与其中。

这些法案最终会被通过吗？FTC 前主席威廉姆·科瓦契奇（William Kovacic）认为，更严格的并购审查可能会变成法律，但是其他法案不太可能。可以预见，美国立法者和科技巨头之间的博弈将加剧，但讨价还价的空间还很大，众议院的表决通过，像是"漫天喊价"，而数字平台们还可以"坐地还钱"。这是个漫长的过程，但是最终的法案还是要保护平台企业的竞争力。否则，企业没有未来，经济也就没有未来。

传统工业时代的垄断企业与今天的数字平台巨头并不是同一种类型的市场主体，传统的结构主义反垄断理论，并不适用于数字平台企业。传统的经济学教科书认为，一个企业拥有垄断力量之后，就会提高价格、减少产量，来最大化企业利润，使得消费者福利受损。但是，数字平台巨头们的表现却并不是这样。

例如，谷歌占领了 90% 以上的全球搜索引擎市场份额，但仍为消费者提供免费服务；腾讯旗下微信、QQ 长期占据即时通信市场霸主地位，但并不向消费者收取费用，消费者也节省了此前打电话、发短信的费用。而且，数字平台们争夺市场份额的时候，还会大打补贴战，给消费者"薅羊毛"的机会。例如，2014 年 1 月，滴滴打车和快的打车争夺在线出行市场，双方都宣布乘客车费返现 10 元、司机奖励 10 元。

因此，表面上看，数字平台似乎不需要反垄断大棒，但是深入分析会发现并不是这样。

有别于普通企业，数字平台有一个显著特点——网络效应：一个新用户加入的边际成本几乎为零，而且会为其他用户带来潜在正收益，这就会推动数字平台滚雪球式地扩张，形成"赢家通吃"的效果，潜在竞争者就难以撼动其市场地位。例如，使用微信支付的消费者越多，微信支付收款码对商户的价值就越大；而使用微信支付收款码的商户越多，微信支付对消费者的价值也越大。这种正向互动会推动越来越多的消费者和商户加入微信支付。当用户总数突破临界点，会出现"赢家通吃"的效果，潜在竞争者就难以撼动其市场地位。

平台取得"赢家通吃"的地位之后，新进入者即使开发出更好的产品，也很难打破这个"通吃"的局面。这时候，平台也会采取"二选一"、互相屏蔽等行为，来加固自己的护城河，拒绝竞争者进入自己的领地，这就对效率造成了损失。

比如，假设你开了一家小吃店，用户规模最大的 A 外卖平台要求与你签订独家合作协议，这时即使 B 平台的抽成比例更低，但你考虑到 A 平台的客源更多，你也会被迫选择 A 平台。这时，你付出了更高的成本，这个成本可能会转嫁给消费者，造成福利损失。而且，服务水平更好、抽成比例更低的 B 平台也难以突围。或者，B 平台必须付出高昂的资金成本来获取用户，这对社会总体福利是一种损失。这时候，就需要对行为进行监管，比如禁止"二选一"。

因此，在数字平台反垄断领域，政府可能需要加强的行为主义。以"二选一"为例，独家交易在其他经济领域比比皆是，比如房产中介希望与房东签订独家代理协议，很多品牌与零售商签订独家经销协议。但在平台经济领域，"二选一"却应该被严厉禁止。只要禁止平台的反竞争行为，降低市场进入的门槛，就可以既利用平台的优势，又促进正当的竞争，保障福利的最大化。

我国近两年的反垄断措施，也是基于行为主义的逻辑。2021 年国务院反垄断委员会印发了《国务院反垄断委员会关于平台经济领域的反垄断指南》，列出了负面清单，明确规定了互联网平台经济领域垄断行为的范畴，包括排除和限制竞争、拒绝交易、强迫商家"二选一"、差别待遇等行为。

2021 年 7 月 24 日，国家市场监督管理总局宣布，腾讯收购中国音乐集团的交易"应报未报"，对腾讯处以 50 万元罚款，同时在 30 日内解除独家版权协议。持续十多年的版权大战戛然而止。

针对多年来平台之间互相屏蔽的问题，2021 年 9 月 9 日，工信部与阿里巴巴、腾讯、字节跳动等企业召开了"屏蔽网址链接问题行政指导会"，要求限期内各平台必须按标准解除屏蔽，否则将依法采取处置措施。截止到 9 月底，阿里巴巴旗下饿了么、优酷、考拉海购、大麦等多款应用已接入微信支付功能。从这两年的情况看，我国的平台反垄断也是基于行为主义而不是结构主义的理论框架。

如何理解平台治理中
欧洲与美国的不同？

查道炯

欧洲和美国的平台治理有明显的不同，但在理念上高度交叉，且都具有全球性的影响力。了解这两个辖区的平台治理规则和经验，既有助于我国国内数字经济市场的建设，也是中国企业国际化的必修课。

近年，欧美社会对大型数据平台的评价出现了多元化的现象。谷歌、亚马逊、脸书、苹果、微软（合称 GAFAM）等在主导着新经济格局的现象得到公认。但一种观点认为，它们是新业态的创造者，常常免费提供热门服务，其知名度是发明和创新的成果，是成功和进步的标志，因此又被称为"大科技"（Big Tech）企业。另一种观点则认为它们"巨坏"（BAADD）：庞大（big）、反竞争（anticompetitive）、诱人上瘾（addictive）、破坏民主（destructive to democracy），既主宰人们的日常生活，又"窃取"并售卖消费者的数据，还利用其市场支配性力量摧毁或压制竞争对手。平台不断翻新的经营行为是否构成垄断和/或侵权，应该如何监管，对此争论不休。

欧洲和美国在平台经济及其治理理念与手段方面都具有全球性影响。了解欧美的平台治理对进一步探索中国平台治理、把握中国企业参与其他国家平台经济所面临的境外规制环境，有较高的参考价值。

一、欧盟的平台治理

在人们普遍关注如何推动电子商务、缩小数字鸿沟（即乐见当时统称的"信息服务"进一步发展）的年代，欧洲议会及欧盟理事会便于 2000 年推出欧盟"电子商务指令"（简称"指令"）。"指令"要求在欧盟成员国设立的信息服务企业既遵循注册国的法规，又同时接受区域协调，试图因应成员国商务规制、税制等方面的不同，培育有竞争力的欧洲新经济服务商。[1]此后，"数字经济"（digital economy）必须促进"共享经济"（sharing economy）和协同经济（collaborative economy）业态的发展，一直是欧洲所追求的基础性政策和监管目标。[2]

随着时间的推移，在全欧洲提供搜索、新闻、广告服务的企业，一直被以美国为总部的 GAFAM 统领，欧洲的平台企业则集中在零售、旅游和餐饮等与实体经济更相关的领域，规模远不及美国头部平台。这种差别既是由于美国平台企业竞争力强，也可能是因欧盟成员间以"原产国"原则管理区域内平台企业而制约了业务空间的结果。在"原产国"（而不是技术运用空间最大化）原则下，企业的税负、经营、劳务等合规程序复杂，成本更高。

---

　[1]　Raphael L' Hoest. "The European Dimension of the Digital Economy," *Intereconomics*, January/February, 2001, pp. 44−50.

　[2]　Marco Inglese. *Regulating the Collaborative Economy in the European Union Digital Single Market*, Springer, 2019.

在监管数字平台的反竞争行为的同时，欧洲议会从 1995 年通过《关于涉及个人数据处理的个人保护以及此类数据自由流动的指令》开始，在数据保护、版权、平台言论责任等方面实施监管。[1]这与美国平台企业及其监管当局所奉行的"安全港"（safe harbor）理念不同。在美国，原则上平台没有为第三方生产的内容负责的法律义务。在美国，通过平台发布的言论和广告信息属其宪法第一修正案所保护的言论自由权利范畴，因此，平台企业传递的内容纠纷以民法规则在当事方之间解决。

虽然在处理平台企业涉嫌不正当竞争和垄断行为时欧洲也面临其他辖区同样的难题，例如如何定性平台企业所提供产品的"相关市场"从而判断其是否处于支配性地位，如何定性平台定价是否存在歧视（"免费"搜索服务有利于企业自辩），但欧洲在针对大型平台的反垄断调查方面远远要比美国积极。例如，1998 年美国太阳微电子公司向欧盟委员会投诉，宣称因微软公司拒绝提供操作系统相关接入信息而无法开发与其操作系统兼容的软件产品，进而无法在服务器操作市场上生存发展。该投诉被纳入监管范畴，正式拉开欧盟反垄断机构对微软公司系列反垄断调查的序幕。之后，欧盟反垄断机构的判罚态度日趋强硬。2004 年欧盟委员会要求微软提供不带自身媒体播放器的操作系统版本，向竞争对手开放相关技术信息，以实现不同平台的互操作性，并处以近 5 亿欧元的罚款。[2]而同一时期，美国司法部基于同一投诉而对微软的反垄断调查仍未完结。

欧盟针对包括在欧洲提供服务的美国平台企业在内的涉嫌不正当竞争、网络安全、虚假信息和隐私的调查和罚款不断。2015 年，美国总统

[1] European Parliament and European Council, Directive 95/46/EC of the European Parliament and of the Council of 24 October 1995 on the protection of individuals with regard to the processing of personal data and on the free movement of such data,November 23,1995,accessed: January 11, 2023, https://eur-lex.europa.eu/legal-content/EN/TXT/? uri=celex%3A31995L0046.

[2] 翟巍：《微软欧盟反垄断案例浅析》，《网络法律评论》，2011 年第 1 期，第 263-277 页。

奥巴马抱怨道："为谷歌和脸书说句公道话，欧洲的反应更多是出于商业而非其他动机。"间接批评了欧洲在以维护市场公平之名行保护主义之实。[1]但这并没有影响到欧洲的行为。例如，2017 年 6 月，欧盟委员会裁定，谷歌滥用其在欧盟经济区 13 个国家的搜索引擎市场的支配地位，非法操纵购物广告搜索，并对其处以 24.2 亿欧元的罚款。而同期美国联邦贸易委员会则不仅认为谷歌并不存在"自我参照"（self-referencing，例如，网页将自己推荐的广告置于用户搜索结果的首位）行为，而且得出了谷歌的行为对消费者有利的结论。2018 年，欧盟认定谷歌在安卓系统的使用、广告方面存在不当行为再次罚款，但美国的监管机构没有对同一行为进行同类认定。[2]

　　欧洲的市场竞争政策形成于二十世纪五十年代。以欧洲煤钢联盟的成立为标志，避免成员间出现导致第二次世界大战期间各国政府主导经济并采取"以邻为壑"的对外经贸政策再现是基础性思维。弗赖堡学派（Freiburg School）认为，企业高度集中的经济力量不可避免地导致高度集中的政治力量以及自由社会的崩溃，所以应允许国家在界定竞争规则及其适用环境方面发挥事前监管作用。在欧洲，竞争政策的压倒性目标不是听任企业追求资本配置效益的最大化，而是推动其成员间市场的经济一体化。也就是说，与主导美国竞争政策的芝加哥学派思维相比，欧洲的市场监管所追求的目标超出了企业效益和消费者福利者这两个指标。

　　为了使数字经济"适合欧洲"（fit for Europe），欧盟通过了众多法规。例如，继《通用数据保护条例》（GDPR）于 2018 年 5 月开始强制执

[1]　Morten C. Skroejer, "Antitrust in the United States and the European Union—A Comparative Analysis," September 2020, accessed January 11, 2023, https://www.wita.org/wp-content/uploads/2020/09/Icarus-article. pdf.

[2]　Anu Bradford, Adam Chilton, Katerina Linos et al. , "The Global Dominance of European Competition Law Over American Antitrust Law," *Journal of Empirical Legal Studies*, 16 (4), 2019, pp. 731-766.

行，2020 年 11 月，欧盟委员会公布《数字市场法》（DMA），2022 年 4 月就《数字服务法》（DSA）与成员国达成协议。GDPR 是有关个人数据的收集、处理、使用和存储的新法规。DMA 主要针对具有"守门人"功能的平台企业，目的在于遏制大型网络平台的恶性竞争行为，构建公平且开放的数字市场。DSA 主要涉及线上中介机构和平台（例如在线市场、社交网络、内容共享平台、应用商店以及在线旅游和住宿平台等），目的在于构建安全、可预测和可信任的网络环境。其中，DSA 要求科技巨头企业采取更多措施来处理非法内容，否则将面临高达其全球营业额 6% 的罚款。

二、美国的平台治理

美国的平台治理以"轻抚"（light touch）而闻名于世。美国联邦贸易委员会于 1989 年便着手对微软公司涉嫌不正当竞争和垄断行为展开调查，美国司法部和微软之间的诉讼和反诉讼马拉松到 2011 年才告一段落。其间，微软在 2000 年被责令将电脑操作系统和软件应用系统分拆为两个公司，但一年后，微软与美国司法部达成庭外和解协议，公司承诺执行一系列限制其习惯行为的规定。过程中，计算机的应用向智能手机、平板、电子阅读器等产品拓展；引起官司的 Windows 操作系统不再具有统治性地位。微软的竞争对手，例如苹果和谷歌，已成长为超大型电子科技企业，且具有全球性影响力。微软等以创新为发展基石的企业在追求自身壮大和应对政府监管之间的成功经验，被推荐为教科书式的案例。[1]

此后，美国"国会从未通过一个监管网上服务的全面性框架，导致联

---

[1] Michael Cusumano, *Staying Power: Six Enduring Principles for Managing Strategy and Innovation in an Uncertain World*. Oxford University Press, 2012.

邦政府因监察机构分散、不全面、投入不足，而无法及时应对已发生或可能出现的权益侵害行为"[1]。拜登政府在 2021 年夏天延揽崇尚新布兰代斯主义经济学思想的莉娜·可汗（Lina Khan）以及吴修铭（Tim Wu）进入反垄断核心团队，这一度引起对美国强化对其大型平台监管力度的联想。新布兰代斯主义质疑长期引导美国经济治理的芝加哥学派所推崇的理念（以资本配置效率和消费者福利作为核心甚至唯一的追求），主张反垄断的目标不应该只是单纯的经济效率，也应该包含竞争和经济民主；反垄断的手段应具有多样性，除了依靠法律，还应该依靠舆论监督，以及人民参与等其他手段。[2]包含约束网络平台"自我参照"行为的《美国在线创新与选择法案》（American Innovation and Choice Online Act），堪称美国反垄断规则最强有力的新举措，虽然到 2022 年 6 月初，大科技企业仍然在努力阻止国会通过，但也显示美欧的监管法规距离在缩小。[3]

三、对中国平台企业的启示

欧洲和美国的平台治理内容远远不是一篇短文所能述尽。但是，欧洲和美国的网络平台监管有一个共同性的特点：不断建设事前监管规则，以法律程序处理纠纷，以市场的可竞争程度（contestability）为反垄断监管的"度"。一家企业或一种服务处于市场支配性地位本身并不构成被监管（包括分拆）的充足性或必要性前提。欧洲不断监管在其辖区经营的美国

---

[1] Erin Simpson, Adam Conner, *How to Regulate Tech: a technology policy framework for online services* . Center for American Progress, November 16, 2021, accessed: January 11, 2023, https://www.americanprogress.org/article/how-to-regulate-tech-a-technology-policy-framework-for-online-services/.

[2] Lina M. Khan, "Amazon's Antitrust Paradox," *The Yale Law Journal* , 126 (3), 2017, pp. 710–805.

[3] Kiran Stacey, "Big Tech Pulls Out All the Stops to Halt 'Self-referencing' Anti-trust Bill," *Financial Times* , June 6, 2022, accessed: January 11, 2023, https://www.ft.com/content/8c64e651-c073-449e-bc6b-ca55ed7165ca.

平台，是为了使欧洲企业从缝隙市场（niche market）做起，为其创新创造政策环境。

就法学意义上的监管理念而言，欧洲和美国之间虽存在分歧，但没有根本性的对立。[1] 2021 年 6 月，美国-欧盟贸易和科技委员会设立，这是美欧在平台监管和更广泛的数字治理方面相互借鉴、缩小分歧的政府间机制。该机制也为美欧通过提高各自辖区法规的一致程度而协调日常性对外交往提供了渠道。与此同时，美欧之间建立类似政策和法规协调机制也显示它们对在世界贸易组织或其他多边国际机制下达成一致的前景并没有信心。

中国企业需要特别注意平台治理规则的"布鲁塞尔效应"（Brussels Effect）。总部位于布鲁塞尔的欧盟一直以在公平交易、质量和技术标准、消费者利益保护等方面设置全球最高标准、超前规制应对其在全球市场交易量方面的相对弱势。其实，欧洲域外的企业要想进入高收入的欧洲市场，就必须先接受欧洲标准，助力自身的品牌建设。此外，由于欧盟高举企业行为必须"义利并举"的大旗，其规则在辖区外具有高度的吸引力。以数据和隐私保护法规为例，根据联合国贸易和发展会议的统计，到 2021 年，全球 194 个辖区中，有 137 个受欧盟的启发，设置了相关法规。

从跨境电商向更广阔的数字服务领域拓展，是中国数字企业成长的必由之路。重视建构更加开放和公平的数字市场，更加重视平台的实体经济贡献，为中小微企业发展提供空间，更重视保障用户的权利与自由，已经是全球性的追求。不断跟踪欧洲和美国的平台治理规则和经验，既符合建设国内数字经济市场的需求，也是中国企业从事国际化经营的必修课。

---

[1] 埃莉诺·M. 福克斯：《平台、力量与反垄断挑战：对缩小美国与欧洲分歧的审慎建议》，周丽霞译，《竞争政策研究》，2020 年第 5 期，第 33—46 页。

平台企业互联互通我们该作何反思？

邓　峰　李舒豪

互联互通形成了中国平台经济监管中的重大争议。如何看待这一命题的具体含义？其所指向的内容究竟是什么？互联互通所针对的义务，其理论基础究竟是什么？对此，本文进行了相应的梳理和讨论，强调了在法律的一般原理之下理解这一问题的思路。平台互联互通义务，无法诉诸反垄断法领域的必需设施原则，其更类似于一种特殊的行业监管手段，但监管者在未来应审慎评估其执行效果。

互联互通在平台强监管及多渠道监管的背景下，伴随着中国互联网的实际现状以及竞争者的诉求，成为了热点词汇。2021 年 6 月 4 日，字节跳动于官方公众号上发布报告，详细列举自 2018 年以来字节跳动系产品遭到腾讯"封禁"的相关事实，将大型平台间相互"封禁"与"屏蔽"问题真正带到舆论舞台的中央。2021 年 9 月 9 日，针对各大平台"无正当理由限制网址链接的识别、解析、正常访问，影响了用户体验，也损害了用户权益"的行为，工信部等有关业务部门召开"屏蔽网址链接问题行政指导会",针对即时通信领域提出合规标准并要求各平台解除屏蔽。之后,这个互联互通要求引发了诸多争论,如具备领先市场地位的平台有没有这种义务、到何种程度等,出现了不同的视角、主张、看法。在某种意义上,这可能是最富有争议的一个概念,在我们看来也是最被滥用的一个概念。本文试图结合中国的产业发展和法律原则,从历史维度和法律原理的角度简单进行梳理,有助于在我们遇到这个概念的时候,明白争议所在和具体语境下的指向所在。

一、互联互通的不同层面

互联互通是一个技术上的追求和梦想,交通、通信是最直接的领域,但从广义上理解,"车同轨,书同文"也是如此。各种各样的网络联通,从行业协会到交易所,再到今天的互联网,甚至电源插头的设计格式,都是人类孜孜以求的。是的,如果是在这么广泛的意义之下,所讨论的对象几乎可以无所不包,谁会反对这样的理想呢?从最广义的角度来说,互联互通的崇高性毫无疑问。追问到终极的话,就属于所谓"普世主义"(universalism)的解决方案,而反面的则是"部落主义"(tribalism),后者强调的是团体的特殊性。

如果不从那么广泛的哲学意义上来理解,在现代商业中,互联互通的义务产生的来源无非是两个:基于自愿互利合作共赢的"社会契约式"的结社并设定规则,基于公共权力机关的法令而产生的义务要求。如今的期货交易模式可以追溯到芝加哥粮食交易所,甚至更早的英国皇家交易所。保险尤其是海上保险业的规则的主要来源,也仍然是英国的劳埃德保险合作社。而作为第一个层面,即国家层面的规则,互联互通义务的理论依据是公共产品。公共部门,比如交通、通信等比较明显的领域,由国家直接制定标准，比如我国的标准化委员会；私人部门，企业、公司之间的竞争要通过产品差异化完成，一种产品和其他产品不同，这种不同如果和兼容性相关，就和互联互通有所冲突。

在第二个层面上，即私人部门的商业竞争从根本上存在着与商业竞争之间的紧张，当然，这种矛盾是不断进化的。不同品牌的手机电池和充电器一开始是不通用的，但是在市场竞争中会有企业去发现并填补这种差异，就会出现充电宝这种新的设计，而手机和手机之间的竞争重点也会发生变化。手机产品的差异性的竞争就会转到更为细化的其他方面。

互联互通的第三个层面是技术上的需求层面，有些知识、信息构成了其他的基础，从而影响和制约着更多的技术、信息甚至知识的产生。比如互联网的底层基础协议、域名解析，乃至于更基础的海底电缆、光纤、星链等，对所有依附于其上的其他技术发展会形成制约。因此，会存在着知识、技术上的依赖性关系。网络越大、越发展，对这种"基础设施"的依赖性就越大。如何解决这种依赖性带来的制约呢？或者是创造者自愿放弃限制，比如谷歌针对安卓系统的做法；或者是形成了技术联盟达成了一致；或者是对最重要的事情立法限制，比如数学、医学、法律规则这些最重要的知识"基础设施"并不受"知识产权"的保护。

这三个层面的互联互通是同一个概念的不同指向，使用的语境不同的时候，理解并不相同。而"滥用"则体现在错误地使用一个概念或不区分地使用，尤其是当涉及中国平台企业之间的具体诉求或者冲突时。

二、 互联互通争议的不同版本

尽管现在进入了互联网和平台经济时代，但互联互通在中国产生争议并不是平台企业之间。我国在计划经济时形成了统一的标准，并且构成了我们日常生活中的自然经验，比如水、电、气、油等领域。但是在通信领域，为了提高效率，采用了市场化模式，电信领域较早分成了三家。经历过的读者会想起，中国电信和联通在有线通信（电话），后来是无线通信（手机）的市场进行竞争的时候，就出现了种种障碍。有些是比较隐蔽的，比如无法拨通，这些"软性"的相互屏蔽最后只能是通过中央层面的强有力的协调解决；有些是直接"动剪子""砍电缆"，直接将竞争对手的电线甚至光缆砍断。[1] 这种冲突最后引发 2003 年 8 月 5 日最高人民法院在成都召开了"关于审理破坏公用电信设施及电信网间互联互通刑事案件司法解释工作座谈会"，强调"动剪子"将被追究刑事责任。[2] 之后，中央政府采用了诸多的措施，去解决这种问题。但前述问题在进入手机时代后又出现了各种各样的更新，最终的解决方式是成立国有的"铁塔公司"，统一提供通信铁塔等基础设施服务。

另外一个版本的互联互通是"三网融合"的争议，1999 年，国务院办公厅发布的 82 号文件中，明确规定电信部门不得从事广播电视业务，广播电视部门不得从事通信业务，对各类网络资源的综合利用，暂只在上海试点。[3] 2001 年 3 月，国家发展和改革委员会（简称发改委）在《国民经济和社会发展第十一个五年规划纲要》中提出促进三网融合。之后的政策也起起伏伏，而三网也变成了电信网、广播电视网、互联网，其中涉及极其复杂的法律、监管、产权等方面的冲突，近二十年来也没有完全实现互联互通，更不用说在基础设施共享的基础上进行竞争了。

---

[1] 刘玉其、周禄：《互联互通十大案例点评》，《通信信息报》，2003 年 9 月 5 日。

[2] 最高人民法院：《关于审理破坏公用电信设施刑事案件具体应用法律若干问题的解释》（法释〔2004〕21 号）。对于这一司法解释起草目的、经过的说明，参见韩永军：《认真贯彻司法解释保障网间通信畅通 审理破坏公用电信设施司法解释详解 访最高人民法院研究室刑事处处长马东》，中国法院网，2005 年 1 月 20 日，https://www.chinacourt.org/article/detail/2005/01/id/148377.shtml，访问日期：2023 年 1 月 11 日。

[3] 国务院办公厅：《转发信息产业部国家广播电影电视总局关于加强广播电视有线网络建设管理意见的通知》（国办发〔1999〕82 号）。

　　交通方面则是另外一种情况,铁路因为主要是一家垄断企业管理和经营,互联互通的问题在国内几乎不存在;而在高速公路、收费公路上,尽管原交通部一开始就制定了产品标准,但在经营管理尤其是收费上,也仍然存在着种种障碍。这几年不断地改进了政策,甚至动用了《反垄断法》中的行政垄断制度。原交通部尝试想过组建国家高速公路公司解决问题,但由于公路经营权可能属于省级、县市级,甚至私人公司,最终未能成功。不过原交通部仍然努力建立了国家级的交通信息中心协调流量,多年来才未曾再次出现从北京到内蒙古的上千公里拥堵的极端现象。

　　随着平台经济的出现,包括本文开篇所提出的引发几乎全民关注的互联互通,仅仅是这种大背景下的一个旧问题的新延伸和新版本。但是这个新版本有两个非常大的不同:第一,平台经济是私人部门还是公共部门?之前的交通、电信领域毫无疑问都是公共产品,尽管存在着部分私人参与的类似 PPP 模式(政府和社会资本合作模式)的成分,但提供产品的属性毫无疑问,而且运营这些产品的企业大部分也是直接或者间接国家所有的,其存在着互联互通的义务。即便是存在着这些义务,出于公共产品供给效率的优化,我国的经济体制改革也采用了竞争化的思路,允许这些企业之间彼此竞争。但平台企业除了个别的领域(比如金融等)可能会由于涉及公共领域或者监管政策而产生这种义务,在其他大多数领域,并不具备这种公共部门的属性。第二,这种互联互通是竞争者之间的要求,那么各自背后的商业诉求是什么?是否具有相应的正当性?之前的互联互通,作为公共部门、公共产品,虽然经济学中有非排他性、网络外部性等特性,但一个部门或者产品被界定为公共,还需要一个条件,即"民生",与每个人的基本需求(needs)相关,而私人部门则满足的是欲求(wants)。[1] 这些

---

　　[1]　Andrew Heywood, *Political Theory: An Introduction*, 3rd edition, Palgrave Macmillan, 2004, p. 245;Evan Simpson, "The Priority of Needs over Wants," *Social Theory and Practice*, 8(1), 1982, pp. 95–112.

性质决定了互联互通的正当性。

三、新版本的互联互通争议

平台企业之间的互联互通争议，首先是和中国商业化应用的互联网特性联系在一起的。平台企业本身是"注意力经济"（Attention Economy），作为新冠疫情之前世界第一的互联网市场[1]，中国的消费者更多依赖于手机而非计算机，手机的视窗容量是有限的，这就加剧了对注意力的争夺。[2] 而手机移动网络和计算机互联网之间，在很多内容、链接上也存在着不兼容的情况。

同时，在中国的互联网经济的法律调整思路上，最早更多依赖于知识产权的思路，而非反垄断的思路。《反垄断法》的强化是伴随着强监管而出现的。在这之前，平台企业之间由于同业、跨平台竞争，提起了大量各类诉讼，而强调的理由是不公平竞争、知识产权保护，从而加剧了网络、平台之间的不兼容。这方面有许多案例是遵循产品甚至商业模式的完整性的，比如360诉QQ案中，360根据QQ将所有的组成部件捆绑在一起的情况提出反垄断诉讼，但被驳回。但QQ诉360不实诋毁的不公平竞争是成立的，结果实际上加剧了捆绑在一起的产品是合理的商业模式这一判断。如果对比微软捆绑浏览器的案件就可以看出明显的法律思维差异。而在爬虫问题上的诉讼之中，字节跳动诉微博一案上，北京市高级人民法院

---

[1] 这个判断是基于网民规模、互联网普及率和光纤接入用户规模三个维度的数据做出的。"《中国互联网发展报告2019》指出，截至2019年6月，中国网民规模为8.54亿人，互联网普及率为61.2%。光纤接入用户规模达3.96亿户，居全球首位。"参见《中国数字经济规模达31.3万亿元》，中国政府网，2019年10月21日，http://www.gov.cn/xinwen/2019-10/21/content_5442686.htm，访问日期：2023年1月11日。

[2] Tim Wu, "Blind Spot: The Attention Economy and the Law", *Antitrust Law Journal*, vol. 82, 2019, p. 771.

否定了《互联网搜索引擎服务自律公约》中的各大企业签约形成的开放义务，允许微博限制字节跳动的爬虫抓取内容。从这个意义上，法律原理上并没有将平台企业之间的开放放宽到无所不包的程度，甚至如有些部门所要求的直接打开其他人的网页的程度。

另外一种要求互联互通的理由是将知识产权和反垄断法融合在一起，即诉诸所谓的必需设施原则（Essential Facility Doctrine）。必需设施的拥有人有义务让他人分享这一设施，拒绝分享则违反《谢尔曼法》（Sherman Antitrust Act）第二条。[1] 一般认为，1912 年的 Terminal Railroad 案首次提出了必需设施原则[2]，经过七十余年的发展后，1983 年的 MCI 案确立了必需设施原则适用的明确标准。[3] 但在随后的 Aspen 案与 Trinko 案中[4]，法院则基本放弃了对这一原则的适用，必需设施原则趋向于式微。[5] 而且，适用的条件应当是证明前文中所提到的技术上形成了基础设施和后续开发的依赖关系。欧盟在 1992 年的 Sealink/B&I 案中第一次使用了"必需设施"的表述[6]，在 1998 年 Bronner 案中进一步确立了必需设施理论适用的三个要件[7]，但在最近十年也适用较少。

在美国和欧盟，反垄断法领域必需设施原则逐渐衰落，这是必需设施理论的内在缺陷使然。这主要包括三个层面：首先是产业监管对必需设施原则的替代。在传统上，二者都主要针对受到规制的燃气、交通设施和电

---

　　［1］　Herbert J. Hovenkamp, *Federal Antitrust Policy: The Law of Competition and Its Practice*, WEST, 2011, p.339.

　　［2］　*United States v. Terminal R.R. Association*, 224 U.S. 383 (1912).

　　［3］　*MCI Communications Corp. v. AT&T Co.*, 708 F.2d 1081, 1132–33 (7th Cir. 1983), cert. denied, 464 U.S. 891(1983).

　　［4］　*Aspen Skiing Co. v. Aspen Highlands Skiing Corp.*, 472 U.S. 585 (1985). *Verizon Communications, Inc. v. Law Offices of Curtis V. Trinko, LLP*, 540 U.S. 398, 124 S. Ct. 872, 881 (2004).

　　［5］　Phillip Areeda, "Essential Facilities: An Epithet in Need of Limiting Principles", *Antitrust Law Journal*, No. 58, 1990, p.841.

　　［6］　Ⅳ/34. 174, Sealink/B&I–Holyhead: Interim Measures 11 June 1992.

　　［7］　C–7/97, Oscar Bronner v. Mediaprint［1998］ECRI–7791.

力等行业，而前者属于事前（ex ante）的控制，且更加灵活，因此更受青睐。其次是必需设施原则在滥用市场支配地位分析框架中的处境尴尬。尽管美国法院有过将其作为独立分析方法的尝试，但更多还是将其置于滥用市场支配地位的框架中适用，而必需设施原则的内容通常仅能作为框架内"经营者具有市场支配地位""行为产生竞争损害"等要件的辅助判断，对于正常的分析流程似乎可有可无。最后，反垄断法基于必需设施原则提供救济较为困难。反垄断法提供的救济主要包括行为禁令与罚款[1]，难以针对经营者拒绝交易的"不作为"向其强加交易的义务，法院不可能承担"日常控制"（day to day control）的监督。[2] 至于强制交易的价格，设定更加困难。[3]

　　在这样的互联网特性和法律困境之中，迫使我们需要反思的是：如果平台提供的并非公共产品，那么要求其互联互通的正当性是什么呢？如果公共产品的互联互通都这么困难，为什么要求私人部门的企业主体承担这种义务并且迅速执行到位？互联互通当然在理念上是好的，但是实现它，不都一直在路上吗？

---

　　[1]　《反垄断法》第五十七、五十八、五十九条。

　　[2]　Phillip Areeda, "Essential Facilities: An Epithet in Need of Limiting Principles", *Antitrust Law Journal*, 58, 1990, p. 841.

　　[3]　邓峰：《强制取消外链限制，是个好主意吗?》，《财经》，2021 年 20 期，第 22–24 页。

监管还是反垄断？
平台法律调整的冲突和困扰

邓　峰　王慧群

经济监管/规制（regulation）和反垄断是经济法中两个不同的制度，尽管都属于进步主义传统的产物，但两者历史、逻辑和理性均不相同。平台经济的产业融合造成竞争者之间横向、纵向关系的混同，冲击着监管和反垄断基于产业、市场划分的逻辑。虽然近一个世纪中有许多的冲击，平台作为集主体和市场于一体的新兴事物，对传统监管和反垄断体系造成了根本性的冲击。在采用经济监管还是反垄断的问题上，不同国家也在探索不同的调整模式，而该问题的中国版本则是不同时代的特征同时存在于当下的局面，挑战巨大。

一、经济监管和反垄断的划分

在 19 世纪初期，以美国为代表，私人可以通过设立公司取得有限责任的保护，整个社会、政治和法律制度开始转向保护投资者。随着商业活动在市场上的扩张，在地理、产品和交易方式上，均出现了商业活动的公共化现象，即私人的商业活动越来越多地影响到公众。这导致了原来的国家等同于公、个人等同于私的二元划分局面被突破。

现在各国沿用的监管/反垄断划分的立法模式，一般认为起源于美国1887 年的《州际商务法》和 1890 年的《谢尔曼法》，前者属于经济监管，后者属于反垄断。这种划分的法律理论上的正当化要早于立法。在美国，以 1876 年的穆恩诉伊利诺伊案[1]为代表，首席大法官魏特（Waite）复活（也有学者认为是误读）了英国 17 世纪大法官 Hale 的拉丁语论文中提出的理论，即将经济活动区分为我们今天熟知的公共部门和私人部门。由此，私人从事的商业活动涉及公共利益（clothed with public interest），则应当受到相应的约束。这种公共领域和私人领域的划分成为之后美国法律中不断得到发展和确认的逻辑，最终在 1923 年得到了系统明确。[2] 而《州际商务法》是针对铁路公司的价格管制，经济监管由此开始，并陆续由美国国会针对不同的产业设立了不同的监管部门。这些部门统称为独立规制机关（independent regulatory agency，IRA），目前有一百多个，学者们称之为第四部门或者第四分权。

这种 19 世纪下半叶出现的问题也引发了大陆法国家的反应。随着大规模工业生产的出现，以及大企业、集团和垄断的出现，采用基于产业划分而进行监管的方式也是比较自然的选择，其理论依据是私人财产应当承担社会义务，并明确表述在《魏玛宪法》之中。但是比较典型的是德国和日本。在 20 世纪初期的时候，政治民主化的水平不足，财阀、康采恩等模式对政治生活的影响和制约较大。面对垄断的问题，和美国更注重平

---

[1] Munn v. Illinois, 94 U. S. 113, 1876.
[2] Charles Wolff Packing Co. v. Court of Industrial relations, 262 U. S. 522, 1923.

等的文化不同，德日采用了"卡特尔合理化"的模式，即只是采用监管而不是反垄断的方式。随着罗斯福新政模式成为大多数国家的共识，这种德日模式在第二次世界大战之后被抛弃，各国开始陆续接受了反垄断独立于经济监管的思路，而欧盟和日本分别在20世纪60年代制定了反垄断法。

因此，在20世纪大多数时间内，监管和反垄断分立的模式是世界各国采用的主要模式，即首先根据产业划分监管权限；其次按照公共和私人领域的划分，公共部门采用以价格监管为中心的经济规制，私人部门不进行价格直接监管，而是通过反垄断法进行调整。另外，监管自身也有一个从产业监管不断扩展的过程，这种扩展主要是从价格监管到非价格监管，从经济领域逐步扩展到劳动、社会等领域。尤其是在20世纪70年代之后，社会监管的立法文件数量超过了经济监管的文件数量。

经济监管起源于价格监管，并且围绕着这个制度扩展到了更多的领域，比如对服务质量、内容、效果等方面的控制，构成对价格监管的扩展、补充甚至替代。在过往的百年间，两者之间的界限逐渐明晰，由立法规则确立的制度和监管机关在其他国家已经构成了相对稳定的结构。虽然两者之间会存在边界冲突[1]，但是对于可以随时调整机构权力配置和能力的政府或者以往并没有明确形成分工惯例的新经济领域而言，这种关系提供了一种主观性比较大的选择。

对经济领域的监管和反垄断问题，我国的模式是比较有意思的。自改革开放以来，1997年制定的《价格法》创立了发改委同时进行监管和反垄断的模式。法律制度明确按照公共领域的规则，采用以价格为中心的监管，市场领域按照反垄断模式，只"监管"价格行为和竞争秩序。当然，

---

[1]　赫伯特·霍温坎普：《联邦反垄断政策：竞争法律及其实践》，许光耀、江山、王晨译，法律出版社，2009，第783页。

在实际生活中，一个监管部门同时采用两种制度是否能发展出来两种不同的能力值得讨论。出于加入世界贸易组织的需要，2007年我国颁布了《反垄断法》，并逐步得到了实施，走向监管与反垄断分离的模式。虽然我国转向新的模式，《价格法》创立的模式也形成了中国式的路径依赖。

监管权力与反垄断权力的冲突在我国广泛存在。在制度规则中，法律对监管与反垄断的权力划分尚不清晰，实践中行业与反垄断双重监管广泛存在。首先，监管与反垄断权力划分不明晰。《反垄断法》第六十八条和第六十九条规定了知识产权行为、农业生产者及农村经济组织在农产品生产、加工、销售、运输、储存等经营活动中实施的联合或者协同行为不适用反垄断法的情形。《反垄断法》第八条关注的是"国有经济占控制地位的关系国民经济命脉和国家安全的行业以及依法实行专营专卖的行业"。但一方面反垄断执行机关的地位和产业监管部门的级别有差，在权限划分上存在诸多不明的地方，也没有在法律中明确区分管制行业，对管制的界定也存在着抽象、笼统地使用包括"行政许可"等概念而不实质区分不同情形的情况。

其次，《反垄断法》是否当然适用于管制行业、《反垄断法》在管制行业实施时如何协调反垄断规制与产业管制的关系等问题尚无定论。曾引起广泛讨论的管制行业尤其是专营专卖行业是否需要适用《反垄断法》的关键在于：是否有法律明确规定排除《反垄断法》在某管制行业的适用，或者排除对某管制行业某些行为的适用。[1] 有学者认为，由于我国《反垄断法》没有明确对于受管制行业的豁免，因此在管制领域也需要适用。在这一领域中，典型的例子是欧盟试图采用反垄断法对银行业的经营进行调整，但银行业是传统产业监管部门关注的重点领域，存在着从主体

---

[1] 孟雁北：《论我国反垄断法在管制行业实施的特征》，《天津法学》，2019年第3期，第45页。

资格到具体行为的全面规则和相对独立的权限，欧盟的尝试也停留在征求意见的阶段，仅仅在探索之中。

最后，实践中的产业监管和反垄断之间的关系也是各有不同的情况。一方面，反垄断法执法之中已经出现管制行业反垄断的情形。在我国，水、电、煤、气、军工、航空、机场、金融等行业存在大量价格管制和准入管制，《反垄断法》在这些行业仍有适用的空间。2021 年 11 月 20 日，国家市场监督管理总局通报，因为新设百信银行未申报经营者集中的行为，对百信银行的两股东——中信银行和百度各罚款 50 万元。[1] 在反垄断机关"三合一"之前，也曾经存在着对银行收费、公路收费的各种不同的反垄断处罚。

当下我国的《反不正当竞争法》也有专门针对公用事业单位的不公平竞争行为的明确界定，《反垄断法》中也明确规定了"行政垄断"和"公平竞争审查"，从而导致这一划分问题较为突出，与《价格法》中的基本框架存在着分歧，而并不存在着统一和清晰的理论和界定。

二、平台对监管与反垄断的挑战

传统观点认为监管适用于自然垄断等具有公共性的行业，例如水利、电力、石油、通信等行业，这些行业基础设施一次性投入成本高，边际成本较小，行业的服务对象是社会公众，具有公共性。反垄断适用于具有私人属性的竞争市场，公私之间有较为明显的界分。而平台企业的出现挑战了这种区分，其网络外部性的特性导致其在经济学特性上产生了类似自然

---

[1]　市场监督管理总局反垄断局：《市场监管总局发布福建百度博瑞网络科技有限公司与中信银行股份有限公司新设合营企业未依法申报违法实施经营者集中案行政处罚决定书》，2021 年 11 月 20 日，http://www.samr.gov.cn/fldj/tzgg/xzcf/202111/t20211119_337068.html，访问日期：2023 年 1 月 11 日。

垄断的属性，从而超越了现有的理论划分。除了经济学上双边或多边市场、网络外部性的描述，平台在提供产品和服务之上，存在横向、纵向的产业链条上的混同。这和平台目前提供的产品或服务，或者说盈利模式是相关的。

从大型科技平台的业务特性来看，其主要聚焦于提供信息服务、广告服务和撮合交易的服务，信息服务具有较强的公共物品的属性，但广告和撮合交易服务属于传统私人的领域。

信息服务是通过互联网基础设施、协议和操作系统的软件，包括域名、网址等，向用户提供信息服务，如百度、谷歌等公司向消费者提供搜索引擎的搜索服务。此类信息服务的基础是平台的基础设施（infrastructure），包括技术性规范和交易的规范。这种信息服务在平台经济中可能就和传统的交易所提供的服务类似；而有些信息发布平台提供的服务可能就会和展会服务商或酒店等服务类似。比如，2022 年热门争论题目"互联互通"的说法，实际上是针对公共领域的义务，人们很容易将这种义务直接延伸到对平台的要求上，但显然这种义务需要一个前提：平台的信息服务属于公共产品或服务。

平台的广告服务引发监管与反垄断的双重问题。在线广告是一种营销和广告形式，它使用互联网向消费者传递促销营销的信息。在线广告包括电子邮件营销（e-mail marketing）、搜索引擎营销（SEM）、社交媒体营销（social media marketing）、多种类型的展示广告（包括网页横幅广告，web banner advertising）和移动广告（mobile advertising）。阿里巴巴、今日头条、腾讯占据我国在线广告的较大份额。广告业的经济分析、法律监管，触及了我国监管体系的弱点。现有的经济分析工具无法对"流量"等新兴广告行业的元素进行有效刻画，这导致涉及平台广告行业的相关市场界定、定价、垄断行为的认定都存在较大困难。

平台提供的撮合交易服务类似于市场组织者、交易促成者的功能，从而使得平台在这种服务上扮演了类似交易所的组织者角色。在一些经济学理论中也将这个刻画成为双边市场，甚至是市场的组织者；如果该市场之前并不存在，则可能是市场的创造者。这实际上是平台作为中介（intermediary）为交易双方提供信息、交易程式和规则，并在交易成功后收取一定比例佣金的服务。淘宝、天猫、美团、京东、携程、去哪儿、贝壳等互联网平台企业均在从事撮合交易的服务。但有不少平台在撮合交易的同时也作为交易的一方，例如京东不仅是交易平台，还出售自营商品，多重身份与规则构建下的平台在反垄断上面临"自我优待"的问题，在监管上涉及网络中立与平台中立等问题。

平台所具备的多重属性，以及所提供的产品和服务的特性，加之中国式的公司治理和企业形式，通过交叉补贴实现的各产业之间的深度融合，模糊了传统产业的界限，对监管和反垄断提出严峻挑战。

三、监管与反垄断权力的全球配置

就产业监管和反垄断的关系而言，在权力配置上，各国基于不同的法律模式以及历史背景，存在着不同的模式。按照学者的总结，简化为三种模式[1]：第一种，监管机构作为主要的反垄断执法机构，此种模式可以有效避免产业监管机构与反垄断机构意见不一致，避免部门之间的重复执法。例如根据美国《克莱顿法》第七条，某些受到监管机构规制的交易可以免除反垄断机构的审查（例如美国证券交易委员会批准的交易）。但实际上最为典型的属于联邦通信委员会（FCC）的模式，FCC对各地方

---

[1]　这三种反垄断与监管机构的模式，参见周汉华：《基础设施产业政府监管权的配置》，《国家行政学院学报》，2002年2月，第52-56页；参见周汉华：《行业监管机构的行程序研究：以电力行业为例》，《经济社会体制比较》，2004年第2期，第39-47页。

市场的监管采用监管或者反垄断的模式（regulation or antitrust）。[1] 一个地方市场自行决定采用价格和产业监管还是反垄断，当然也根据该地的市场状况而决定。FCC确立了基本框架规则，以保证该规则的实施；同样的领域还有美联储作为央行系统而进行的监管模式。这对监管者的市场竞争状态的目标及其监管能力提出了较高的要求，其中一个必要的条件是监管部门不能仅使用行政许可或者市场准入的方法去解决市场竞争的调整问题，而应当将行为、产品质量、生产过程等纳入全面的法律调整。

第二种是随着公共管理出现的新探索，废除产业监管机构，反垄断机构行使监管。例如新西兰废除了产业监管机构，由反垄断机构集反垄断权与监管权于一身。当然，这符合回应型法的情形，但是其效果还有待于进一步观察，毕竟这样的实践比较少。

第三种是大多数国家存在的方式，但各自存在着两种机构能力和权限的不同组合。在反垄断机构与监管机构的合作机制上，分权型的合作机制是指反垄断机构与监管机构各自行使自己的职权，反垄断机构执行反垄断法律，监管机构执行监管。在基础设施产业，这种模式应该是最为基本的形式。经营者既要受到反垄断法的规范，同时也要受到监管机构监管，经营者不能因为受到监管机构监管就豁免反垄断法律的适用。但是这种模式的问题在于可能会造成重叠执法，为了区分两者就又会造成目标冲突和理论上的重大争议。

我国的情况非常特殊，一方面传统经济体制转轨而来的产业政策占据了经济政策的主导地位，产业监管部门在其中扮演的角色是复杂的，不仅是市场的监管者，更多时候是市场的培育者和发展者，比如交通运输部长

[1] Louis C. Kaplan,"Public Utility Regulation and the Federal Antitrust Law," *Notre Dame Lawyer*,Vol. 26, 1950, pp. 5–28；Babetie E. I. Bolier,"FCC Regulation versus Antitrust: How Net Neutrality is Defining the Boundaries," *Boston College Law Review*, 52, 2011, pp.1627–1686.

期以来属于产品的规划者；另一方面，法律规则上赋予了反垄断法最大的权限，除了法律条文中并没有对实施领域的实际限制，还配置了反行政垄断和公平竞争审查的权力。但是现实的机构配置和权限，以及在政府机关中的序列和地位又和这种名义上的权力之间并不对等。

随着平台经济的发展，大型科技平台开始淡化行业、产业链条之间的关系，挑战传统的产业监管部门之间的界限，更挑战产业监管和反垄断之间的关系。各国在数字经济领域的立法是对平台经济治理模式的有益探索。2016 年欧盟推出《通用数据保护条例》，2017 年英国批准新的《数字经济法》，2020 年欧盟推出旨在规范数字市场秩序，规范大型科技的竞争行为的《数字服务法》及《数字市场法》草案。

2021 年 12 月国务院发布的《"十四五"数字经济发展规划》将数字经济治理体系更加完善作为发展目标，2022 年 11 月北京市颁布《北京市数字经济促进条例》，对数字基础设施、数字产业化等专题进行规定。各国监管与反垄断权力配置的设计为我国在数字经济法中探索平台治理的新模式提供制度参照，上述规划和条例为我国未来数字经济法的立法提供有益的制度探索和经验积累。对于平台治理模式的选择，需立足我国经济体制转轨和权力配置不明晰的国情，放眼数字经济发展的未来，发挥监管与反垄断的优势，探索二者融合的新模式。

平台经济治理如何在创新与秩序之间求得平衡？

黄益平

平台经济发展使得中国第一次有机会紧随工业革命的步伐，走在国际经济技术创新的前列，治理政策应该加强而不是削弱平台经济的创新能力。

过去在业内曾经有一个流行的说法，全球平台经济三分天下——美国、中国和世界其他地区。在 2020 年 6 月的估值超过 10 亿美元的独角兽公司排行榜上，前三名分别是美国（228 家）、中国（122 家）和英国（25 家）。但如果看新增独角兽公司的数量，2018 年以来中美差距已经显著拉大（见图 1）。2018 年以来的中美贸易摩擦以及 2021 年年初以来的平台经济"强监管"政策可能加速了这个分化。

所谓平台经济，是指一种依托云、网、端等网络基础设施并利用人工智能、大数据分析等数字技术工具的新经济模式，其主要业务包括撮合交易、传输内容和管理流程。因此，平台经济是以人工智能和大数据分析为

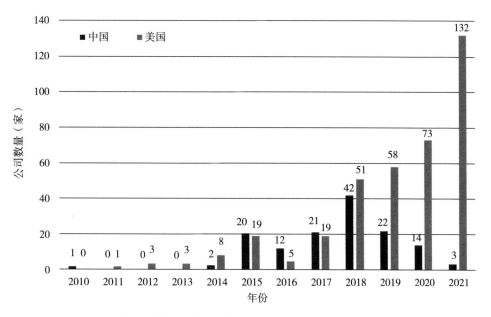

图 1 中美新增独角兽公司数量（2011—2021）

数据来源：勾股大数据。

核心的第四次工业革命的产物。我国平台企业的发展是从 1994 年接入互联网开始的，一批国产的互联网公司很快应运而生，包括瀛海威（1995）、搜狐（1996）、网易（1997）、腾讯和新浪（1998）、阿里巴巴（1999）和百度（2000）。二十几年来，这个行业一直在不断地洗牌，早年成立的公司，有的至今依然站在创新的前列，有的早已销声匿迹。不少新的头部平台逐渐诞生，比如美团、滴滴、字节跳动和拼多多。即便与美国的一些头部平台如谷歌、脸书、推特等相比，国内的这些先行者起步也不晚。在 2019 年之前，看独角兽公司的数量，中美几乎是平分秋色的，但之后中国开始明显落伍，许多头部平台的估值在最近一年多时间里几乎腰斩甚至缩水更多。

平台经济发展给我国经济带来了方方面面的变化，包括生活方式甚至生产方式的转变，但最重要的意义可能是让我国第一次有机会紧随工业革命的步伐，走在国际经济技术创新的前列。之前人类社会已经经历过三次工业革命，分别以蒸汽机技术、电力技术和计算机技术为核心突破口，催生了一批又一批的新产业，但过去我国离新兴产业的距离一直非常远。在这第四次工业革命期间，虽然我国的平台企业并不拥有很多国际领先的核心技术，但在电商、外卖、网约车、社交和短视频等领域的业务创新，并不落后于国际同行。当前，我国经济正处于从粗放式增长走向高质量发展转型的关键时期。如果平台经济的活力持续减弱，不仅会加大短期的增长下行压力，甚至有可能影响长期的经济创新能力。

我国的平台经济能够弯道超车，实现快速发展，是一系列因素共同作用的结果。最为重要的两大贡献因素是数字技术进步与市场化改革。如果没有互联网技术、智能手机和移动信号，数字平台也就无从谈起。与其他发展中国家相比，我国互联网和智能手机的渗透率都是显著领先的，移动通信技术的发展，同样也发挥了重要的作用。今天不管身居何处，只要有智能手机、有移动信号，几乎就能享受同样水平的平台经济服务。这既反映了我国平台经济发达的程度，也体现了平台经济服务很强的普惠性。同样，市场化改革也功不可没。大多数平台企业都是民营企业，它们都是白手起家，从无到有，其中一部分在短短的几年间做成了全球领先的平台，它们正是中国梦的成功案例。

另外还有一些因素也在平台经济的发展中发挥了重要的作用。首先是我国巨大的人口规模。因为平台经济的一个重要特征是规模经济，而一个十四亿多人口的大国为平台经济创新提供了一个非常有利的试验场所。其次是我国过去对个人权益保护的水平相对较低。最突出的领域就是数据的搜集与分析，数据是新经济的"石油"，可以说没有数据就不会有平台经济。不过，我国一些平台企业违规甚至违法搜集、分析数据的现象十分普遍，从积极的角度看，创新活动非常活跃，涌现了许多新的产品与模式。

从消极的视角看，侵犯隐私、损害消费者利益的现象比比皆是。最后是国内、国际市场的相对分隔。这样就使得国内平台可以暂时免于遭受国际平台的竞争冲击，为它们在初创期实现快速发展赢得了一些时间与空间。但无论是消费者权益保护不充分，还是与国际市场相对分离，都不是长期可持续的。

平台经济带来的创新活力是有目共睹的。平台极大地降低了创新创业的门槛，在线上开业提供销售、教学等商业服务的固定成本比线下低许多，很多低技能的劳动者也通过平台经济找到了灵活的就业机会。数字金融发展提供了一个特别好的案例。如何发展普惠金融，为中小微企业和低收入家庭提供金融服务，是一个全球性的挑战。而平台经济中的两大工具，即平台与数据，却可以帮助金融机构克服"获客难"和"风控难"的问题，为大量的普惠金融客户提供风险可控、商业可持续的金融服务。正是基于平台的优势，我国的一些数字金融业务，特别是移动支付、线上投资、大科技信贷和央行数字货币，已经走在了全球数字普惠金融创新的前列。从宏观层面看，平台企业是我国最为活跃的经济部门，它们对我国的经济增长和生产率提升发挥了不可替代的作用。

不过，平台经济的发展过程中，确实也出现了不少问题。个人权益保护不足只是一个方面，事实上平台经济的许多特性，比如规模经济、范围经济、网络效应、双边市场等，既可以带来好的回报，也可能造成新的问题，比如垄断现象、反竞争行为、歧视性定价、财富高度集中和影响社会秩序等。这些问题若不能及时得到纠正，不但平台经济发展很容易走偏，甚至还会干扰宏观经济的稳定局面。政府高度重视这些问题，2020年年底的中央政治局会议和中央经济工作会议都明确提出了要反垄断和防止资本无序扩张，并由此于2021年年初开启了被普遍称为"强监管"的平台经济治理政策，相关部门纷纷出台了一些监管政策并采取了不少监管举措。不过，决策部门一再强调，平台经济治理的目的，是要实现"在规范中发展，在发展中规范"。

在之后这段时期内，我国平台经济发展的态势发生逆转，大部分头部平台的市场估值大幅缩水，流入平台经济的投资逐季减少，很多平台出现裁员。根据中国信息通信研究院的数据，2022 年一季度互联网投融资金融同比减少 76.7%。我国平台经济与美国的差距已经显著扩大，世界其他地区特别是欧洲和亚洲的平台企业发展却十分迅猛，印度的新兴独角兽公司的数量已经超过我国。这个变化多少有点令人扼腕，毕竟作为一个发展中国家，我国第一次有机会站在国际经济技术创新的前沿，与国际头部企业一起并肩前行。虽然在加强监管的过程中，出现态势转弱的临时性现象也属正常，但必须提振从业者、投资者的情绪，否则，对行业发展尤其是创新活动就可能造成长期性的影响。

完善平台经济治理，既必要，也急迫。但在制定与实施治理政策的时候，一定要珍惜这个已经可以跟一些国际领先平台竞逐的行业，从而实现推动它们做强做优做大的初衷。过去在平台经济中出现了不少问题，需要想办法去规范、去纠正，但需要明确的是，大部分头部平台都是我国经济中重要的创新者、改革者、引领者。未来平台企业不但要持续地推动国内的经济创新，还要争取参与全球的经济竞争。长期看，平台经济全球融合是一个不可逆转的方向。因此，我国的治理政策要主动与国际规则接轨，同时积极参与国际规则的制定与改革。

国内治理政策的制定与实施应该更加关注在创新与秩序之间求得平衡。首先可以考虑规范"强监管"的提法，虽然当前迫切需要完善治理政策，但监管应该是一项日常性的工作，不能成为运动式的任务，更要避免监管竞争。其次可以考虑将经济监管与反垄断执法做适当的分离，前者的目的是维持有效市场的运行，而后者的任务是恢复市场的有效运行。两者最终目的是一致的，但解决的问题与采取的措施有很大的差异。再次应该考虑加强治理政策的统筹与协调，避免平台经济活动的大起大落。各部门一度竞相出手，在事实上给平台经济发展造成较大的打击，形成了中央经济工作会议所称的"长期政策短期化，系统性战略碎片化"的问题。最后要加强经济学分析在治理政策中的作用。通常参与监管政策的多为法律专家，但平台经济对许多政策问题的判定提出了新的挑战，比如市场份额高是否就意味着垄断等。对这些现象，需要做具体、深入的经济学分析与判定，避免简单化的"一刀切"的做法。

平台经济治理政策如何协调？

黄益平

数字经济发展部际联席会议制度的建立是改善平台经济治理政策协调的重要步骤，未来可以从立法和执行两个层面确立稳定的协调机制。前者可以通过制定《数字经济法》，作为数字经济治理的基本法；后者则可以考虑成立高规格的国务院数字经济发展与治理委员会。

根据《"十四五"数字经济发展规划》部署，为加强统筹协调，不断做强做优做大我国数字经济，国务院在 2022 年 7 月底同意建立由国家发展和改革委员会牵头的数字经济发展部际联席会议（以下简称"联席会议"）制度。联席会议由中央网信办、科技部、公安部、财政部、交通运输部、商务部、人民银行、市场监管总局等 20 个部门组成。已经明确的联席会议职责有三个方面：一是统筹、实施数字经济发展战略，研究和协调重大问题；二是协调制定数字化转型、促进大数据发展等方面的规划和政策，推进数字经济领域制度、机制、标准规范的建设；三是统筹推动数字经济重点领域的重大工程和试点示范，加强与地方、行业的沟通联系。

联席会议的建立，是推动平台经济专项治理走向常态化监管的一个重要机制，也是数字经济包括平台经济实现"在规范中发展，在发展中规范"的一个关键保障。我国的平台经济发展从二十多年前起步，不仅已经形成一个数量众多、规模巨大的平台经济部门，而且对我国经济的创新、就业、消费和增长都做出了很大的贡献。与此同时，在平台经济领域也出现了不少问题，这些问题伤害市场公平，侵犯消费者权益，甚至还危及国家安全，显然不利于平台经济健康持续的发展。因此，中央在2020年年底提出"防止资本无序扩张"和"反垄断"，确实是既必要、又及时，由此开启了为期一年多的平台经济专项治理时期。

被民间俗称为"强监管"的治理政策对于改善平台经济发展质量发挥了十分积极的作用，所谓的"二选一"条款已经基本消除，不合规、不合法的数据收集行为也明显减少，零工就业者的工作条件和社会保障也开始得到改善。不过许多平台企业感受到了治理政策带来的强大压力，在一定程度上放慢了发展的步伐，比如在这段时间新出现的独角兽和准独角兽公司的数量大幅下降，被一些原来后进的国家如印度和英国等显著超越。对于这个现象，可能需要从两个方面来看：一方面，既然是专项治理，目的是实现高质量的发展，短期发展速度有所放缓，应该是在意料之中的。另一方面，也不排除一些治理政策存在发力过猛、"多龙治水"的问题，确实对行业发展造成了一定的冲击。

上述两个方面的因素可能会随着治理政策从"强监管"转向常态化监管而有所缓解。不过后一方面因素的改善可能还需要政府从两个层面做持续的努力，一是制定并实施适合平台经济特点的治理政策。毕竟数字技术的运用使得平台经济拥有了许多新的特点，很难简单地套用传统经济的治理思路与政策工具。比如公众最担心的一个问题是平台企业利用网络效应和规模经济的特点，实施垄断行为。"赢者通吃"的现象确实值得高度警惕，但传统产业常用的市场份额可能并不是判断平台经济垄断的合适指标。同样，中央提出数据是新的生产要素，但如果简单地套用传统生产要素的治理思路，比如强调全部要素的确权，数据可能就无法真正发挥其巨大的市场价值。因此，这意味着治理思路和政策工具也需要创新，监管部门和平台企业应该共同在实践中摸索，形成一个适合平台经济的政策框架。

二是治理政策的协调。平台企业所涉及的方面非常多，它们也往往同时受到很多部门的监管。比如，一个打车平台的监管部门可能就包括发改委、网信办、交通运输部、税务总局、市场监管总局等。监管政策协调的重要性就凸显出来了。当然，多头监管的矛盾在传统经济部门也存在，但因为平台企业的涉及面更广，同时目前治理政策框架也还不成熟，协调缺乏的后果就会变得更加严重。在"强监管"时期，确实存在一些问题。之前没有形成完整的监管框架，平台企业存在一定程度的"野蛮生长"，2021年年初开始的专项治理其实相当于补课。只是在有些平台企业看来，过去各部门都不怎么管，后来一下子又全都开始管，这样就容易对平台经济造成过大冲击。

因此，部际联席会议的建立确实是改善政策协调的重要步骤。但这个机制能否有效作用，还取决于一系列的条件。目前的计划是联席会议原则上每年召开一次全体会议，同时，根据工作需要或成员单位建议，不定期召开全体或部分成员单位参加的专题会议。这段说明给人一种过渡性安排的感觉。事实上过去国务院也下设立过部际联席会议，但从外部观察，这些联席会议的实际效果似乎并不理想。因此，这个联席会议能否真正发挥作用，就看是否可以做实政策协调机制。联席会议是一种相对松散的安排，主要是各部门的负责人一起协调一些大事，日常的工作协调需要在各部门官员之间进行，但事实上工作层面的协调机制的建立往往非常困难，而这恰恰是联席会议能否真正有效发挥协调功能的关键所在。

联席会议只是建立数字经济和平台经济治理政策协调机制的第一步，从长期看，需要考虑建立一个完整的、可持续的协调机制。这个相对稳定的协调机制应该包括至少两个层面的内容，第一个层面是立法，主要由全国人民代表大会常务委员会主导。第二个层面是执行，由各相关的监管部门负责。

立法协调的关键是从问题导向转向体系导向，"抓牛鼻子"的一种方法是制定一部统领全局的《数字经济法》。目前已经有很多诸如个人信息保护、反垄断、电子商务等方面的法律，现有这些法律的制定有一个共同的背景，就是出现了问题，需要制定新的法律来解决问题。但这些法律之间往往缺乏有效的衔接，因此没有形成一个完整的体系，各个法律甚至还相互矛盾。建议全国人民代表大会尽快制定一部《数字经济法》，作为数字经济领域的基本法，为平台经济治理提供系统性的法律依据。明确平台经济治理的目标是保障充分竞争、支持创新、保护消费者权益和维护国家安全。对于"资本无序扩张"等关键性概念，最好也能做出权威、清晰的界定，避免在治理政策的执行过程中出现扩大化解读的现象。同样，对于平台经济治理中设置"红绿灯"的提法，也应该明确红灯领域与绿灯领域，不要留下太多的模糊地带。另外，考虑和国际接轨，未来也许可以考虑采用"负面清单"的概念。

执行协调的关键是建立权威、高效的政策机制，比如设立国务院数字经济发展与治理委员会，设立高规格委员会的主要目的是确保其权威性，有能力协调国务院的相关部门。同时建议将数字经济与平台经济的经济监管和反垄断执法权限尽可能集中到一个综合性的部门，一种思路是集中到现有的市场监管总局，或者创设新的数字经济监管总局；另一种思路是将国务院数字经济发展与治理委员会做实，成为综合性的监管机构。这两个思路的主要考虑是平台经济治理的聚焦点是平台的行为，数字技术基础上的充分竞争、创新、消费者权益和国家安全，这些都是共性的问题，由专业的机构来执行既有利于增强施政的专业性，也可以保证一致性。当然，平台企业的业务五花八门，但诸如教育部、农业农村部、交通运输部等业务部门，在平台经济治理中应该发挥辅助性的作用。

在立法与执行两个层面的中间，还有反垄断执法与经济监管之间的协调问题，当务之急是对这两类手段做适当的区分。在"强监管"期间，这两类手段有时候会混在一起，因为头部平台企业规模都非常大，这样就容易将平台企业的一些问题作为反垄断执法的对象，但实际上不公平竞争或者欺诈不一定是垄断问题。过去我国缺乏一套有效的平台经济治理框架，所以不规范甚至不合法的行为比较普遍，这应该是当前平台经济治理的重点，目的是规范平台企业的行为，实现做强做优做大的目标。从目前的情况看，大部分平台经济行业的垄断现象并不突出，竞争程度比较高，尤其是潜在的跨界竞争大大降低了形成垄断地位的可能性。因此，治理政策框架应该同时包括反垄断执法和经济监管，两者缺一不可，但眼下后者的迫切性更高一些。

如何推动社交媒体互联互通规制？

汪 浩

通信类社交平台具有显著网络外部性，实行互联互通可以产生巨大社会效益。循序渐进的互联互通规制能促进平台经济健康发展，同时防止资本无序扩张。虽面临企业激励和信息技术上的困难，仍值得积极探索。

数字平台治理的一个根本困难，是网络外部性与市场竞争之间的矛盾，前者要求"赢家通吃"，后者要求多家竞争。这个矛盾在网络外部性最为显著的社交平台表现得最为突出。

在传统通信行业，上述矛盾也很突出。为了解决这个问题，各国政府普遍采用了互联互通规制。当任何一个通信运营商的用户都可以方便地与所有其他运营商的用户通信时，单个运营商的网络外部性几乎消失，通信效率得到极大提高。在互联互通情况下，消费者愿意尝试各具特色的小运营商的服务，运营商通过提高"性价比"吸引用户，而不追求"赢家通吃"，企业个体利益与社会整体利益实现基本一致。

互联互通规制是传统通信业的基石，是好的政府规制的代表。在互联互通规制下，不仅消费者获得了最大限度的便利，而且促进了运营商之间的良性竞争。与"赢家通吃"问题相反，政府需要通过发放牌照限制企业过度进入。事实上，数字平台经济得到快速发展，一个重要原因就是高度竞争的传统通信企业为数字平台提供了优质低价的网络服务。

与传统通信最接近的平台经济形态是基于互联网的社交媒体，特别是通信类社交媒体。常见的平台包括面向日常交流的微信、QQ、易信等，面向办公的企业微信、钉钉、飞书等，以及很多面向小众群体的平台。这些社交软件不仅具有非常完善的通信功能，而且借助智能手机或电脑整合了很多信息服务，如群聊、公众号、小程序、文件传输、休闲娱乐、线上会议，甚至金融业务等。这些服务远超传统通信业务范围，而且都具有明显的网络外部性。

目前关于社交媒体规制的学术研究还比较少，除了由于社交媒体发展时间较短，还有以下原因：在传统通信服务已经很成熟的情况下，社交媒体的可替代性较强，不具备绝对垄断的可能性；基于移动互联网的社交软件开发成本较低，不需要巨额的固定资产投资，似乎容易形成充分竞争的市场格局；社交媒体的基础服务普遍实行免费模式，使得垄断高价无从定义，现有的规制理论难以适用。

但是，随着平台经济的快速发展，社交媒体的社会和经济地位正在发生巨大变化，具体而言：

一来，虽然人们总是可以选择传统通信工具进行交流，但是社交媒体的功能更加多样，使用更加方便，成本更加低廉。社交媒体服务在人们日常通信中所占的比重越来越高，形成了新的使用习惯。社交媒体固然不可能实现绝对垄断，但是其市场力量可能超出社会最优水平。

二来，虽然社交媒体行业看起来进入门槛很低，但是由于强烈的网络外部性，只有形成相当大的规模后才可能持续经营。新平台要进入这个市场必须进行成本巨大的"烧钱"推广，很少有企业能够承担这个成本。因此，进入社交媒体领域并成为主流平台，实际上极其困难。

三来，社交媒体采用了与传统运营商不同的商业模式。虽然对基础服务不收取费用，但是通过控制海量的用户数据和流量，企业可以获取可观的利润。基础社交服务是企业的"成本端"，数据和广告服务是"利润端"，后者主要面向平台商户和其他业务部门（如娱乐、金融、社区服务等）。事实上，社交媒体企业的盈利能力远超传统通信运营商，"免费"只是表面现象。如果社交媒体出现垄断趋势，就会抬高合作商户的运营成本，或促成对其他业务的垄断，负担最终要落到每个消费者身上。

最近二十多年来，经济学家对传统通信业的互联互通规制进行了很多研究。这些文献一般假设政府强制运营商完成物理上的互联互通，在此基础上研究网络间的接入服务费如何影响资源配置。接入费一般是在运营商之间结算，消费者不直接支付。在绝大多数文献中，假设消费者仅使用一家运营商的服务。

关于互联互通的研究结果非常多样化。例如人们发现，当运营商之间可以自行谈判决定接入费时，形成的费率可能高于、也可能低于接入的边际成本，结果取决于运营商的定价方式（如线性定价、非线性定价、网内网外区别定价、被叫付费等）以及服务质量等因素。

即使是基本相同的定价方式，不同的研究者也经常给出不同的结论。例如在可以实行网内网外区别定价的情况下，有学者认为，较高的接入费率促使运营商提高价格，产生的结果类似于"合谋"，形成较高的平均价格和企业利润，损害消费者利益。但也有学者认为，较高的接入费率会加剧运营商之间争夺客户的竞争，最终导致较低的平均价格和利润。产生上述相互矛盾的结论，仅是因为消费者预期的形成方式不同。这个现象为理论指导实践带来一定困难。

在实践上，我们观察到的现象也是多样的。许多通信运营商之间相互免费提供接入服务，部分原因是通信网络之间相互接入的通话数量大致是相等的，因此进行差额结算的必要性不大。另外，当"呼叫外部性"比较显著，即接听电话的消费者也获得较大的效用时，运营商更加愿意提供免费接入。

但是在很多情况下，各国监管机构也发现，如果允许运营商自行谈判决定互联互通接入费，形成的接入费率经常会偏高，最终可能形成过高的消费者价格。因此监管机构经常主动介入，要求运营商降低相互接入的费率。

传统通信行业的互联互通规制对于我们探索通信类社交媒体的规制有一定启发。首先，我们要注意到两者之间的三点不同：

一是传统通信服务种类较少且基本同质，因此运营商之间实现互联互通的难度较低。而社交媒体使用的信息技术比较多样化，为消费者提供的应用功能也各有不同，且涉及信息安全问题，因此互联互通有一定技术困难。

二是关于传统通信业互联互通的研究是建立在定价销售的基础之上，相关结论高度依赖于定价方式。而社交媒体不直接向使用者收费，因此相关理论不能直接套用。社交媒体最终也追求利润，但是采用了"羊毛出在猪身上"的间接模式，即通过免费服务吸引消费者的注意力，然后对注意力和数据进行商业开发。

三是由于基础服务免费，很多人都同时注册两个或多个社交平台。在我国，大多数人都有微信账号，其中一部分人还同时有易信、钉钉、飞书等其他社交账号，这个特点与传统通信业很不一样。不同的平台有不同的典型使用场景，有些平台对网络规模要求不高（如办公平台），有些则相反（如日常交流平台）。

平台经济中的互联互通是我国平台治理的一个热门话题。在很多时候，人们谈论的互联互通大多指平台之间相互开放外链直接打开，例如抖音链接在微信中能否直接打开的问题。事实上，抖音与微信的基础业务完全不同，它们之间的关系主要是合作性的，应在遵守国家法律的前提下，通过谈判的方式决定如何合作。我们这里讨论的互联互通规制，主要是指相互竞争的通信类社交媒体相互开放用户直接访问，具有一定的强制性。

由于互联互通规制的缺失，一方面个别社交平台一家独大，另一方面新平台发展非常困难，只能依靠特色服务占据小众市场。这种状况无助于加强市场竞争，也难以防止资本无序扩张。如果实现互联互通规制，很多小平台的服务范围可能发生显著改变。

以互联互通的方式规制社交媒体，首先要建立物理连接，实现跨平台通信。物理连接可以采用循序渐进的策略，先打通主要社交平台之间的基本服务，如添加好友、短信息发送、群聊、语音视频通话等。然后根据运行情况，在条件成熟时逐渐扩大接入范围，打通应用程序、支付、公共服务、广告等高级服务。这种渐进策略有助于减少规制阻力，避免市场震动。

实现物理连接之后，监管机构和社交平台可以共同协商各种接入服务的费用核算方案。相对于传统通信服务，社交媒体服务的种类很多，接入服务结算的复杂度较高，监管机构进行评估的难度较大。从传统通信业互联互通的经验来看，接入费不一定需要监管机构深度介入，因为对双方都有利的接入费率未必过高。如果社交平台之间可以通过谈判，形成一个双方都可接受的接入费结算方案，且费率看起来基本合理，那么监管机构可尽量不干预。只有在运行过程中发现明显问题时，才考虑行政介入。

建立互联互通规制体系的过程需要环环相扣，仔细论证，谨慎推进，及时评估。政府规制无疑有一定的强制性，但也要充分意识到数字技术和平台经济的复杂性，尽可能在取得共识的情况下推进。

互联互通不会对社交媒体行业形成重大冲击，反而有利于行业的长期发展。在短期，人们很难改变使用社交媒体的习惯，因此各平台的市场份额（或"注意力份额"）不会发生剧变。在长期，各平台的规模差异可能会有所缩小，而平台创新和创新平台都会增加。

互联互通最大的难点还在于利益分配。占市场主导地位的平台担心互联互通可能为自己培养竞争对手，因而缺乏主观积极性，这种情况不利于推动互联互通规制。监管机构可以通过合理的利益补偿机制，鼓励大平台参与互联互通。大平台曾经为行业发展做出了很大贡献，也应该适当照顾其既得利益。

如何把握平台经济
常态化监管的重点？

刘　航　巫和懋

常态化监管已经成为我国平台经济监管的未来方向，在错综复杂的平台经济中，如何实现常态化监管便成为一个重要的议题。本文首先从常态化监管的重点出发，归纳出三个层面的核心理念：保护信息安全、提升市场效率、促进公平竞争，并以此为基础厘清了平台监管所需解决的三类不同性质的问题，进而区分了与之对应的常态化监管三种实施路径（刚性规制、协同治理与反垄断），并对每一种实施路径的主要特点和适用范围加以探讨。

2022 年 4 月 29 日，中共中央政治局召开会议分析研究当前经济形势和经济工作，指出要促进平台经济健康发展，完成平台经济专项整改，实施常态化监管，出台支持平台经济规范健康发展的具体措施。这一表述一方面表明我国平台经济自 2021 年年初起实施约一年的"强监管"措施告一段落，另一方面也指明了我国针对平台经济监管的未来方向，将进入常态化监管阶段。

那么，在错综复杂的平台经济中，相关政府部门如何进行常态化监管以实现我国平台经济的健康发展，便成为摆在我们面前的首要问题。

一、什么是平台经济常态化监管的重点？

平台经济的兴起对消费者与相关企业造成了各种错综复杂的影响。对消费者而言，平台企业可以利用数据资源与数字技术的优势，将消费者剩余转变为平台利润；对相关企业而言，平台企业的垄断地位可能导致各类垄断行为，从而对相关企业的利益造成不利影响。从经济理论来看，为了维护市场的正常运行，有必要引入政府的监管。同时，我们也观察到平台企业具有"企业—市场"的二元特征，这使得平台企业不仅像传统企业一样追求超额利润，同时也经常在创造和维护一个在线市场，并制定相关规则来规范"生态圈"内相关企业的商业行为，所采用的方式是经由行业自律用以促进市场的有序发展，对于此类情形，平台企业的自律行为与政府监管的目标并不相悖。通过对这些因平台经济兴起而产生的新型张力关系的考察，我们认为政府常态化监管应该着重以下三个方面：（1）针对消费者信息与隐私保护的刚性规制；（2）相关监管机构与平台企业协同治理，共同推进市场有效发展；（3）通过反垄断促进企业间的公平竞争。

我们认为，平台经济常态化监管应该以清晰且明确的法律法规为依归，从而形成透明、可预期的监管制度。通过梳理现有和拟议中的各项法律法规，可以发现政府对平台经济监管的重点大致也可归纳到这三个方面。我们认为从这三方面不断完善相关政策，并在此基础上持续推进平台经济发展，就能够发挥好平台经济在提振就业、促进消费以及实现经济转型升级等方面的重要作用。

2021 年 12 月，国家发改委联合市场监管总局、网信办、工信部、人力资源和社会保障部（人社部）、农业农村部、商务部、人民银行和税务总局等九部委发布的《关于推动平台经济规范健康持续发展的若干意见》从健全完善规则制度、提升监管能力和水平、优化发展环境、增强创新发展能力、赋能经济转型发展、保障措施等六方面说明了我国平台经济现阶段需进一步强化的重点环节，这同时也是平台经济常态化监管的初衷，即通过推动平台经济规范健康发展，助力实现共同富裕、推进增长、劳动就业等层面的政策目标。

另外，2018 年宣布修订并于 2022 年 8 月 1 日正式施行的《反垄断法（2022 修正）》在总则的第一条中明确指出反垄断法的目标是"为了预防和制止垄断行为，保护市场公平竞争，鼓励创新，提高经济运行效率，维护消费者利益和社会公共利益，促进社会主义市场经济健康发展"。《反垄断法》被称为"经济宪法"，是"维护社会主义市场经济秩序的基本法律制度"。因此，平台经济常态化监管需遵循的基本原则以及最终落脚点也应与之相一致。

二、平台经济常态化监管的核心理念

基于上文的分析并结合经济学与法学两门学科的视角，平台经济常态化监管的核心理念可以归纳为以下三个层次：保障平台用户的信息安全，提升平台市场的运行效率，促进平台经济的公平竞争；或者，可以更为精练地表述为保障信息安全、提升市场效率、促进公平竞争。

具体而言，保障信息安全是平台监管的底线要求，即在有效保障用户信息与隐私安全的前提下，充分发挥数据资源的价值；提升市场效率需要发挥平台企业自身优势，既能够促进平台市场交易的静态效率，也可以激励平台企业通过研发创新实现动态效率；促进公平竞争则是在正确把握平台经济的结构与效率之间逻辑关系的基础上，实现平台企业、平台内经营者以及其他市场参与的充分竞争与公平交易。

需要注意的是，平台经济常态化监管的三个核心理念所对应问题的性质有着显著的区别，因而对于相应监管政策的设计思路与实施方式也应体现出相应的差异性。

首先，信息与隐私安全是底线问题，因此相关监管政策对于平台企业行为边界的划定需要清晰明确，用户隐私保护与国家信息安全必须坚守，不可越界，因此，这方面的监管制度应当具有一定的刚性。其次，平台市场的运行效率主要涉及平台企业自身在治理层面的问题，对于此类问题，较合适的监管思路是制定具有一定弹性与容错空间的监管要求，并充分发挥平台自身治理的激励与优势，提升平台企业的科技研发水平，提高自身的国际竞争力，进而实现静态效率与动态效率的协调统一。最后，对于平台经济的公平竞争问题，监管部门需要充分考虑平台市场独有的结构特征，建立适合的效率标准，这要求此类问题的监管政策更多是响应性的：只有当出现明显妨碍竞争的行为时，监管部门才应介入并实施救济。

三、平台经济常态化监管的实施路径：刚性规制、协同治理与反垄断

基于上文分析的平台经济常态化监管的不同核心理念，以及所需解决的问题在性质上的差异性，我们提出平台经济常态化监管的三种不同实施路径：刚性规制（Rigid Regulation）、协同治理（Collaborative Governance）与反垄断（Antitrust）。

第一种实施路径——刚性规制。该路径针对的是平台经济中的底线问题。这类问题包括隐私保护、数据安全、网络安全等。我国实践这一监管路径的现有法律包括《网络安全法》（2016）、《个人信息保护法》（2021）、《数据安全法》（2021）等。对于这类问题，我们认为相关监管政策必须能够清晰划定平台企业的行为边界，并且在其出现越界的情况时，对其实施严格的惩罚措施。这意味着同平台经济底线问题相对应的规制措施的制定与实施都需要具有相当的刚性，因而必须在事前明确规则、划定边界，同时也必须通过事后的惩罚形成足够的威慑力，这也有助于平台企业对规制措施形成清晰的预期。国家网信办对滴滴进行网络安全审查并处以 80.26 亿罚款便是这一实施路径的典型事例。

第二种实施路径——协同治理。该路径主要针对平台市场在交易规则、算法推荐、搜索排序等方面的监管，此类问题与平台企业的自身治理紧密相关。我国在这一路径的立法与司法实践尚处在探索阶段，目前具有代表性的法律法规也处于征求意见阶段。比如，2021 年 8 月由国家市场监督管理总局发布了《互联网平台分类分级指南（征求意见稿）》和《互联网平台落实主体责任指南（征求意见稿）》。对于这类问题，监管部门可以充分利用平台企业在经营层面与能力层面的双重二元性实现更佳的治理效果：首先，由于平台企业在经营层面上存在着"企业—市场"的二元属性，相关监管部门可以通过利用平台企业自身所拥有的自律动机，实现更为有效的监管。其次，平台企业对于经营环境方面具有信息优势，能够掌握如何通过自律来发挥市场效率。最后，平台企业在能力层面拥有"数据—技术"的二元优势，监管部门可以通过设计相关政策激励平台企业发挥这些信息与技术能力的优势，从而实现监管部门与平台企业更好的协同治理效果。对于协同治理的实施路径，监管部门代表的是公共监管（public regulator）主体，平台企业代表的是私人监管（private regulator）主体，由此需要协调两类主体的治理目标，激励平台企业承担与之相适应的社会责任，进而实现提升平台市场运行效率的治理目标。

第三种实施路径——反垄断。该路径主要针对平台经济领域存在的各类妨碍公平竞争的垄断行为。我国实践这一监管路径的代表性法律是2022年8月正式施行的《反垄断法（2022修正）》，以及2021年2月由国务院反垄断委员会印发的《国务院反垄断委员会关于平台经济领域的反垄断指南》。2021年开始，相关监管部门针对我国主要平台企业开展的数项重大反垄断审查案，所依据的就是这些法律法规。典型案例如对阿里巴巴处以182.28亿元的罚款，以及对美团处以34.42亿元的罚款，处罚的理由均为滥用市场支配地位而强迫商家签订排他性协议（"二选一"）。对于反垄断的实施路径，我们认为相关政策的设计与实施需要十分谨慎，要注意到平台企业的垄断结构并不必然产生出垄断行为（可参见本书文章《互联网公司垄断特性如何影响经济活动？》），特别要厘清市场结构与垄断行为之间的逻辑关系，并考虑采用响应式的监管方式，即只有在监管部门掌握了充分的理由认定平台企业存在损害市场公平竞争的行为，从而导致社会利益明显受损的情况下，相关监管机构才应选择介入，并对涉事企业加以处罚。

表1总结并比较了平台经济常态化监管的三种实施路径，包括不同实施路径对应的核心理念、相应的政策特点、所需解决问题的性质与举例，以及针对不同实施路径现有的具有代表性的法律法规。

表1　平台经济常态化监管的三种实施路径：总结与比较

实施路径	核心理念	政策特点	问题性质	现有法律法规
刚性规制	保护信息安全	·监管部门主导 ·政策制定需清晰、明确 ·政策实施具有一定刚性	*底线问题：* ·隐私保护 ·信息安全 ·网络安全 ……	《网络安全法》 《个人信息保护法》 《数据安全法》

（续表）

实施路径	核心理念	政策特点	问题性质	现有法律法规
协同治理	提升市场效率	·监管部门与平台企业协同 ·政策的制定与实施保持一定弹性与调整空间	平台规则： ·交易规则 ·算法推荐 ·搜索排序 ……	《互联网平台分类分级指南（征求意见稿）》 《互联网平台落实主体责任指南（征求意见稿）》 《互联网平台企业竞争合规管理规范》 《互联网企业社会责任信息披露要求》
反垄断	促进公平竞争	·监管部门主导 ·政策制定需清晰、明确，且有判定垄断行为的量化指标 ·政策的实施具有响应式的特征	垄断行为： ·垄断协议 ·滥用市场支配地位 ·经营者集中 ……	《反垄断法》 《反不正当竞争法》 《国务院反垄断委员会关于平台经济领域的反垄断指南》

最后，我们希望指出平台经济常态化监管三种实施路径的关联性以及具体实施过程中的内在复杂性。以数据层面的监管为例：首先，信息安全与隐私保护属于刚性规制的范畴；其次，数据的有效使用以及数据价值的实现则需要监管部门和平台企业的协同治理；最后，平台企业基于数据的垄断行为则需要反垄断执法部门进行有效的限制和约束。数据本身需要汇集起来才可能最大程度地挖掘其潜在价值；但是，如果数据聚合在一起，带来了信息安全问题，以及因数据为少数平台企业所占有而导致了滥用市场支配地位问题，后果反而可能更加严重。由此可以看出不同实施路径之间内在的张力，所以更加需要不同的监管机构在常态化监管中的彼此协同。

同时，由于大型平台企业经常跨越多个行业运营，因而会受到不同政府部门的监管。例如，腾讯公司的微信平台除网络社交外，还在网络支付

（微信支付）、网络零售（微商）等多个行业运营，因而受到网信办、工信部、市场监管总局、中国人民银行等多个政府机构的规管。而且，即使单一行业的平台企业往往也面临着政府多部门的共同监管。例如，网络支付平台除需接受上文诸多监管外，在业务上又受到中国人民银行的监管；网约车平台则还受到交通运输部的监管，等等。由此可见，无论是刚性规制还是协同治理抑或是反垄断，这些常态化监管措施的具体实施都需要各个行业的监管机构相互协作。2022 年 7 月，国务院办公厅发函同意建立数字经济发展部际联席会议制度（国办函〔2022〕63 号），目的之一就是强化各个监管机构之间的统筹协调，也将成为平台经济常态化监管的另一个重点。

如何从信息经济学角度思考
对平台经济实施监管？

巫和懋　刘　航

平台经济的迅速崛起使得政策界愈发关注由此产生的诸多问题，其中一个争论的焦点是：平台经济实施反垄断监管应该从严还是从宽？本文尝试从信息经济学的视角审视这一问题。本文指出，平台经济的发展必然伴随着信息不对称与规模经济，这使得平台市场通常具有垄断性的市场结构，平台企业也经常拥有显著的信息优势。此时，我们便需要从信息经济学的视角对不同市场情况进行具体务实的分析，再对反垄断政策的设计与实施加以评估，不必然从严也不必然从宽。在实施监管中，尤其需要注重由平台企业信息优势所带来利弊之间的权衡取舍，要设法取其利而避其弊。

在思想界，针对平台企业的崛起以及如何制定反垄断政策的看法仍然存在相当大的分歧。在政策与学术讨论中，有一派强调大企业正在扼杀创新，侵占中小企业的利益，侵犯消费者隐私，因而需要对大企业实施严厉的反垄断监管。其代表人物是美国哥伦比亚大学的法学教授吴修铭（Tim Wu），他也是现任美国国家经济委员会（NEC）的六名委员之一，出版了名为《巨头的诅咒：新镀金时代的反垄断》的著作。另一派则认为大企业是效率提升、产业创新以及增进国际竞争力的主要引擎，因此在政策上需要对大企业采用更为宽容的态度，让自由市场主导企业的发展。其代表人物是美国前总统奥巴马"国家创新与竞争力战略咨询委员会"顾问罗伯特·阿特金森（Robert D. Atkinson）以及迈克尔·林德（Michael Lind），他们合著了一本书，名称是《规模：企业创新、生产率和国际竞争》。从两本书的书名就可以看出这两派思想在观点上是完全针锋相对的。

对于我国未来监管政策的走向，大家关注的焦点是：我国对平台经济监管的方向究竟应该从严还是从宽。这样激荡的思潮在任何面对平台企业兴起的国家都会应运而生。我国从 2021 年开始针对平台经济的"强监管"到 2022 年提出的常态化监管，对平台经济反垄断的政策与学术讨论也经历了这两种思潮的冲击。我们认为，应该从信息经济学的角度对不同市场环境进行具体且务实的分析，再对反垄断政策的设计与实施加以评估，不做"一刀切"式的概括性判定，也应避免流行思潮对意识形态的束缚，尤其需要注重平台企业信息优势所产生的利弊之间的权衡取舍，要设法取其利而避其弊。

一、为什么需要从信息经济学视角思考平台经济的反垄断监管措施？

我们首先需要讨论的问题是，为什么要从信息经济学的角度来思考针对平台经济的反垄断措施。我们希望借由信息经济学提供一个严谨的分析框架，从理论出发再佐以案例，对在不同的市场环境下各种监管工具可能产生的效果进行具体且务实的深入分析，才能不做"一刀切"式的概括性判定，也才能避免由流行思潮带来的意识形态的束缚。

简单而言，信息经济学探讨的是当不同的经济主体存在信息不对称（某些经济主体比其他主体拥有更多的信息，这一现象在平台经济中普遍存在，即平台企业拥有显著的信息优势）的情况下，这些经济主体之间的策略互动会产生怎样的结果，是否会造成社会福利的损失，以及如果出现福利损失，政府部门应如何通过制定相关政策降低信息不对称所造成的不良影响。我们分析的重点在于理解政府部门利用反垄断工具监管平台企业各种垄断行为背后的经济学逻辑，所以需要利用信息经济学作为我们分析判断的理论基础。

二、 如何理解平台经济所具有的信息特征？

第一，利用信息经济学我们可以认识到平台经济是克服了信息不对称后发展起来的一种市场经济，但是信息不对称在相当程度上仍然存在，而且平台企业经常掌握了信息优势。信息经济学中的重要理论成果说明了信息的不对称经常阻碍了市场的发展，从交易前的逆向选择（柠檬市场、劣币驱逐良币）到交易后可能发生的道德风险（收到钱不发货、收到货不付钱）都可能造成市场失灵，伤害厂商与消费者的福祉。想要克服这些信息不对称，必须付出相当高昂的交易成本（例如规范厂商提供产品的质量，建立第三方支付机制解决道德风险，等等）。在交易量较小的环境下，收益不足以覆盖成本，市场经常不能发展起来，导致厂商与消费者潜在福利的重大损失。互联网的兴起为走出这一困境提供了一条新的出路。平台企业联结各家厂商与消费大众，利用互联网带来的网络效应与双边市场，在越过某一交易规模的阈值后，规模经济所带来的收益提升足以支付用以克服信息不对称的交易成本。此时，平台企业便愿意花费资源处理逆向选择与道德风险，让交易走上正轨，在线市场才得以发展起来。

第二，由以上讨论可以看到，平台经济是互联网时代发展起来的一种新型市场经济形态，跨越了地域与城乡的差距，打破了市场交易的时空限制，在充分利用规模经济的基础上提高了社会福利，也激发了创新活力。我们在讨论平台经济时，必须掌握它的两个重要特征——信息不对称与规模经济。平台经济必然伴随着信息不对称与规模经济而出现，而打压其规模未必是一个最佳政策。平台经济的规模经济带来了垄断结构，但这是平台经济发展的基础，需要善加利用而不是设法消灭。平台经济虽然处理了部分的信息不对称，但是相当程度的信息不对称仍然存在，而且平台企业经常掌握信息优势。

在已经获得信息优势的情况下，平台企业在丰富数据的基础上，能够利用先进的数字技术更好地挖掘这些数据资源背后的信息价值，从而更加强化了平台企业相对于消费者、平台内经营者、政府监管机构的信息优势。需要强调的是，平台企业所拥有的信息优势实际上是一把"双刃剑"：一方面，平台企业有可能利用这一优势侵害消费者与平台内经营者的经济利益；但另一方面，如果平台企业拥有足够的自律动机或受到合理务实的监管，那么这种信息优势反而可以通过赋能平台企业进而实现更佳的平台治理与监管效果。因此，我们要提出的第三个特征是平台企业的信息优势：平台经济反垄断在监管规则的设计与实施上需要考虑的重要问题是，如何权衡平台企业信息优势这把"双刃剑"所产生的利与弊，要设法取其利而避其弊。总而言之，我们认为必须充分理解平台经济所具有的信息特征，这样才能帮助我们把握实施平台经济反垄断监管措施所面对的市场环境，进而设计出合理、务实的监管政策。

三、如何构建一个针对平台经济具有理论基础的监管体系？

本小节讨论如何利用信息经济学的框架来思考与建构一个针对平台经济且具有理论基础的监管体系。我国在过去一年多的时间里发布了多项针对平台经济的监管法规，在监管实务上也从 2021 年的"强监管"过渡到 2022 年的常态化监管，在法规和实务上已逐渐形成针对平台经济较为完善的监管体系。监管措施的演变必然影响到平台企业、相关厂商和消费者等经济主体。

利用信息经济学，我们可以梳理出平台监管所需解决的三类问题。

理论层面上，第一类问题牵涉到在信息不对称的情况下如何发展在线市场。因为平台企业拥有信息优势，会在克服信息不对称的过程中与相关厂商达成某种协议，经由行业自律来促进市场发展。在这方面政府没有信息优势，不宜过度干预，在监管方面应与平台企业实现协同治理，以达到提升市场效率的目标，这是一种善用平台信息优势（取其利）而采取的较为宽松的治理途径。

第二类问题是平台企业可能利用交易中取得的消费者信息去谋取商业利益，因为相对于平台企业，消费者处于弱势地位，所以需要政府介入来保护消费者的信息与隐私，这方面应以刚性规制来进行监管，这是为限制平台信息优势的负面影响（避其弊）而采取的较为严格的治理途径。

从理论上讲，第三类问题源于平台企业的强势发展，因为平台企业具有市场支配力量与信息优势，有可能与相关厂商联合起来损害消费者福利，或者压榨相关厂商、攫取不当利润，进而阻碍厂商创新。针对这类问题政府应该适当执行反垄断措施，以促进公平竞争，因为必须面对平台企业的信息优势，应当根据市场环境而采用宽严适宜和务实的治理途径。

这三类问题可以经由协同治理来提升市场效率，经由刚性规制来保护消费者信息安全，经由反垄断来促进公平竞争，监管的方向不必一定从严或一定从宽，只要处理好这三类问题，就能够建立起一个有效的监管体系。我们在《如何把握平台经济常态化监管的重点?》一文中把常态化监管的三种实施途径以及我国已公布的相关监管政策与法律法规一一列举出来，可以看到我国对平台经济的常态化监管逐渐形成了一套日益完备的监管体系，我们同时可以利用这个框架来察觉并推动未来可以加强的监管方向。

需要强调的是，在信息经济学的视角下，对于平台经济中互联网企业的反垄断审查应采用响应式的监管方式，即只有在监管部门掌握了充分的信息（可见应用信息经济学的重要性）认定平台企业存在损害市场公平竞争的行为，并通过经济分析证明这种行为明显损害社会利益的情况下，相关监管机构才应选择介入，并对涉事企业加以处罚或限制。很显然，信息经济学的分析框架引导我们走向这样的思考方式，这种响应式的反垄断监管是基于企业行为，而非基于企业规模；并且，对于企业是否存在垄断行为的判定，应主要考虑"合理原则"（Rule of Reason），而非"本身违法原则"（Per Se Rule）。

四、结语

相对于欧美目前在平台经济领域的监管思潮与实务，我国已经走出了自己独特的道路，而且立法和司法的效率比欧美更高。

美国众议院在 2021 年 6 月审议并发布了同平台经济反垄断相关的六项立法草案。美国联邦贸易委员会（FTC）任主席的莉娜·可汗以及前文提到的美国国家经济委员会委员吴修铭都是结构救济的拥趸。需要强调的是，美国的立法过程较为冗长，在立法过程中凸显了对立思潮的相互碰撞，而且往往在经历较长时间的审议后，经济问题已经失去了时效性。因为美国尚未完成各项法案的立法，在执法方面处于相对宽松的状态。另外，相关法案即使成功立法并做出相应的判罚，在美涉事企业仍可以通过不断上诉进行抗辩，美国的平台企业具有相当大的空间能够快速成长。

相较于美国，欧盟也出台了《通用数据保护条例》《数字服务法》和《数字市场法》等法案，并且已经通过立法程序。欧盟的监管理念更加倾向于认为需要在国家层面制定必要的政策措施，以保证经济尽量在趋近于充分竞争的状态下运行。并且由于欧盟本身并不拥有大规模的平台企业，即使制定了相对严厉的监管措施，也不必承担由此带来的规制成本，甚至可能帮助欧盟本土平台企业的发展。

相较于欧美，我国在过去两年内已经完成了多项平台经济领域监管法律法规的立法工作，常态化监管的体系也日益完备。我们认为，从信息经济学的角度思考针对平台经济的监管政策与措施，不但具备坚实的理论基础，也不会受到流行思潮的束缚。依据具体且务实的经济分析，针对不同市场环境设计相应的监管措施，不必然一定从严也不必然一定从宽，就能有助于推出符合我国国情并且合理的各类平台经济监管措施。

如何预期我国对平台经济
的反垄断监管措施？

巫和懋　刘　航

平台企业天然具有的信息优势使得监管部门在决定如何监管平台企业时容易出现错误，因此需要从信息经济学的视角重新审视针对平台企业三类垄断行为——滥用市场支配地位、经营者集中、垄断协议——的反垄断政策的设计与实施。本文在信息经济学分析的基础上来合理预期我国对平台经济正在形成的反垄断监管体系与各种措施的实施路径。

大型平台企业可能利用其市场支配地位来阻碍竞争对手。在以"阅后即焚"为核心功能的图片分享软件——色拉布（Snapchat）兴起以后，脸书立即推出类似的软件，不免有模仿抄袭竞争对手的嫌疑；而谷歌则被指责其自营的购物比价服务（Google Shopping）常在搜索结果中占据有利位置，呈现出一种自我优待（Self-Preferencing）的行为。我国的平台企业也可能存在类似的反竞争行为。针对此类滥用市场支配地位的行为，我们应该如何进行监管？是从根源上完全禁止平台企业既可经营允许第三方卖家加入的平台市场又可提供自家产品，还是虽然允许平台企业既经营平台市场又提供自家产品，但严格限制这种模仿抄袭与自我优待的行为？

上述的两个案例以及由此引发的监管政策之争，只是针对平台经济推动反垄断监管措施这个艰难任务的冰山一角。我国在 2022 年 8 月正式实施的《反垄断法（2022 修正）》以及在 2021 年 2 月印发的《国务院反垄断委员会关于平台经济领域的反垄断指南》，规范了平台经济中的三类垄断行为：（1）滥用市场支配地位；（2）对市场竞争造成不利影响的经营者集中；（3）垄断协议。我国对平台企业这三类垄断行为可能形成怎样的监管对策？本文将对这三类垄断行为进行具体的经济学分析。

在《如何从信息经济学角度思考对平台经济实施监管？》一文中，我们强调了平台经济的发展必然伴随着信息不对称与规模经济，这导致平台市场的垄断结构以及平台企业的信息优势：规模经济以及由此产生的垄断性市场结构使得监管部门对可能出现的垄断行为尤为关注；信息不对称以及平台企业的信息优势促使我们尝试从信息经济学的视角思考平台经济的反垄断监管措施之实施。本文利用信息经济学的分析架构探讨如何监管平台企业三类典型的垄断行为，进而讨论如何设计合理的反垄断监管措施，以促进我国平台经济的公平竞争。

一、什么是滥用市场支配地位的垄断行为？

对于滥用市场支配地位的垄断行为，法律上通常分为两类：剥削性滥用与排他性滥用。前者指的是利用市场支配地位将交易相对方的利益占为己有；后者则指损害竞争者的竞争地位甚至直接将其排除出市场交易。

对于剥削性滥用行为，平台经济中具有代表性的例子是平台企业的模仿抄袭和自我优待行为。像平台企业利用自身信息优势，复制其他厂商已有的创新产品或经营模式就构成了模仿抄袭行为；而很多网络零售平台（如京东、亚马逊）在销售自营产品的同时也允许第三方卖家在自己的平台上销售产品，此时平台企业便可能利用商品搜索结果引导消费者购买自营产品而非第三方卖家的产品，这就构成了自我优待行为。至于排他性滥用行为，则是指平台企业要求相关厂商只能选择在一家平台上销售商品。无论是剥削性滥用行为还是排他性滥用行为，都妨碍了市场的公平竞争，是推动反垄断监管的焦点议题。

二、如何利用信息经济学分析针对平台企业滥用市场支配地位的监管措施？

针对平台企业的模仿抄袭与自我优待行为，我们应该如何监管这类剥削性垄断行为？目前存在两种监管方式：一是针对平台企业运营模式的监管，考虑禁止平台企业采用既运营平台市场（marketplace）帮助第三方卖家撮合交易，同时又提供自家商品的双重模式（dual mode）。一旦禁止双重模式，平台企业只能在运营平台与提供自家商品之间二者选一，自然就不会存在模仿抄袭与自我优待行为。二是针对平台企业模仿抄袭与自我优待行为直接加以规制：在允许双重模式运营下，直接限制平台企业模仿抄袭第三方卖家创新产品或者操纵搜索结果的行为。第一种监管方式属于结构救济，第二种方式则属于行为救济。

我们可以利用信息经济学对两种监管方式加以分析：如果监管部门直接禁止双重模式，平台企业将面临两种选择。

首先，平台企业有可能选择不再运营平台市场，而只专注销售自家产品，但是这样会损害平台市场的信息功能，社会福利也会受损。平台市场能够起到以下四方面功能：（1）克服信息障碍，能够让消费者得知第三方卖家的创新产品;(2)提供自律环境,维持市场秩序,让第三方卖家可以找到需求方;(3)吸引众多卖家,卖家间的竞争促使价格下降,也让消费者实现"一站式消费"(one-stop shopping),降低搜寻成本;(4)促进厂商创新,因为交易流量增加后,创新厂商愿意提高进行产品研发的投资,从而增进了消费者福利。一旦平台企业决定不运营平台而只销售自家产品,上述平台市场的四类功能便不再存在。

其次,平台企业另一个选择是只运营平台而不卖自家产品,但是缺少了平台企业的产品供给,会削弱市场竞争,导致价格的上升以及交易量的下降,这一情况可能进一步削减产品创新方面的投资,消费者的福利也会因此而受损。

上面两种情况都可以看出直接禁止双重模式可能造成的不良后果。相较之下,如果监管部门只对自我优待和模仿抄袭行为予以限制,而不禁止双重模式,这对于在线市场的运行可能更为有益。

首先,第一种情形是平台企业有可能选择不再运营平台市场而只专注售卖自家产品,这一情形就和上文讨论的禁止双重模式下的第一种情况类似,会造成消费者福利下降。但这也意味着这个平台企业在监管前从自我优待与模仿抄袭的不当行为中获利过多,才会在监管实施后宁愿放弃平台而只专注售卖自家产品。由此可以推断,在监管实施前平台企业的不当行为应该已经造成了第三方卖家利益的巨大损失,也致使创新停滞。从社会角度看,实施监管前平台造成的市场扭曲相当严重,这类平台企业也不适合运营平台市场,平台关闭所留下的空间则可以催生出新的平台企业,反而可能提升社会福利。

其次,最可能发生的情形是平台企业选择运行平台市场同时销售自家产品,在这种双重模式下,平台企业不再进行自我优待与抄袭模仿行为,这相当于第一种监管方式。此时,平台企业提供自家产品,可以降低价格并提高交易量，创新厂商会有激励进行产品研发，消费者、普通厂商、创新厂商和平台企业各方面的福利均得到了保障。

回顾前文提到的脸书模仿抄袭行为，较佳的监管方式不是禁止双重模式，而是要直接禁止或处罚平台企业的模仿抄袭行为；对于谷歌的自我优待行为，较佳的监管方式也不是禁止谷歌提供自营的购物比价服务，而是要禁止或处罚其自我优待行为。美国对脸书的模仿抄袭行为到目前为止尚未采取有效的监管行为。相较而言，欧盟委员会在 2017 年 6 月便认定谷歌的自我优待行为违反了欧盟竞争法律，并处以 24 亿欧元的罚款。我国对于平台企业的模仿抄袭与自我优待行为目前尚未有相关判例，但这一问题已经成为我国执法和司法领域讨论的热点。

我们认为，对于剥削性滥用行为，最适当的监管政策不是对平台企业的运营结构（双重模式）予以禁止，而是应该对平台企业可能采用的垄断行为加以限制和监督。我们预期这种基于理性分析得到的结论能够成为我国反垄断监管的方向。

对于平台经济排他性滥用的典型行为是平台企业强制平台内经营者签订排他性合同，即"二选一"问题。很显然，这种排他性合同会造成平台企业之间竞争程度的减弱，但从信息经济学的角度看，由于平台企业与平台内经营者所签订长期合同的"不完全性"（incompleteness），这种排他性协议可以通过提高平台企业对平台内经营者的事前投入激励而提升市场效率，从而有可能增进社会总福利水平，在监管上应该把这些因素纳入考量。

三、从信息经济学视角思考平台经济中经营者集中与垄断协议的监管措施

首先，对于经营者集中的问题，在平台经济中最典型的现象是同一行

业的横向兼并行为。比如，滴滴和快的合并、美团并购大众点评，等等。这类横向兼并确实可能造成行业的市场集中度大幅提升，从而导致市场竞争程度的下降。但同时，横向兼并也会使得更多的用户聚集到同一个在线市场上，通过提高网络效应进而增进总体的福利水平。因此，对于平台经济中并购导致的经营者集中的反垄断审查也应尽量慎重。

我们在上文以及《互联网公司垄断特性如何影响经济活动?》一文中讨论过，平台企业的兴起必然伴随着规模经济，平台经济也因此经常表现出垄断性的市场结构，但是垄断结构并不必然产生垄断行为。同时，平台经济中存在着制约平台企业行为的各类因素，诸如同行业的竞争、跨行业的竞争、平台市场结构形成的内在诱因等，都使得平台企业未必一定损害社会福利，而网络效应与规模经济充分发挥其功用，不但提升厂商销量，也方便了消费者购物。因此，监管部门应重视反竞争行为，而不应太过关注市场集中度。对于是否存在垄断行为，我们应该进行具体且深入的经济学分析后再做判断。

需要强调的是，现有反垄断监管的法律法规已经在一定程度上考虑到了平台企业的信息优势，并且在政策制定中表现出一定的弹性。例如，《反垄断法（2022修正）》在"垄断协议"的判定方面，平台企业如果能够证明其行为是"为改进技术、研究开发新产品的；为提高产品质量、降低成本、增进效率，统一产品规格、标准或者实行专业化分工的；为提高中小经营者经营效率，增强中小经营者竞争力的"，便可以不被认定为存在垄断行为。再如，对于审查经营者集中的考量因素，《反垄断法（2022修正）》与《国务院反垄断委员会关于平台经济领域的反垄断指南》都强调了经营者集中对于"市场进入""技术进步"以及"消费者和其他有关经营者"等因素的影响。

其次，对于垄断协议在平台经济中的表现，目前讨论较多的是轴辐协议和算法合谋。对于轴辐协议，在平台经济视域下具体指的是"以平台经营者为轴心，平台内经营者为辐条，借助算法等技术工具达成和实施垄断协议的行为更加容易实施"。监管机构判定平台企业通过轴辐协议组织合谋时所面临的一个明显难题是，如何区分这类协议究竟是平台企业治理在线市场的一种合理手段还是违法的合谋行为。平台企业在经营层面上表现出的"企业—市场"二元性，使其天然拥有对自己所搭建的在线市场进行运营和管理的动机。从信息经济学的角度看，平台企业利用自身掌握的海量数据，根据消费者的偏好对平台内经营者的营销加以适度的干预理应被视作十分正常的商业行为，在判定是否为一种垄断行为时，应该把这种信息因素纳入考量。

对于算法合谋，具体指的是互联网企业之间利用算法实现协调一致的行为。对于监管部门而言，虽然线上价格的变动很容易观察到，但这种合谋的形式是基于算法的隐形合谋，因此获取直接证据难度很大，这种信息层面上的不对称给相应违法行为的认定造成了相当的挑战，在监管上也应该相对审慎。

四、结语

推动针对平台经济的反垄断监管，不但需要面对错综复杂的市场环境，还应翔实评估出台的监管工具将如何影响平台企业、相关厂商和消费者的福利。因此，在推出相关政策之前，监管部门不宜做概括式的判定，而应进行务实且深入的经济学分析，才能找到合适的监管方式。在本文中，通过分析脸书的模仿抄袭行为以及谷歌的自我优待行为，我们可以找到最能平衡对待社会各类经济主体福祉的反垄断监管政策。

2022 年起，我国已经明确了对平台经济常态化监管的方向，并且正在形成一个较为完备的监管体系。我国监管部门在平台经济监管上,特别是在反垄断执法上显现出务实与因势利导的倾向,基本都采用了行为救济,而没有采取更为激进的结构救济。并且,我国政府在我国平台经济快速发展的过程中也不断更新监管方向。因此,我们可以预期我国平台经济的反垄断监管在未来会出台倾向合理的、务实的监管措施,从而实现我国平台经济的长期健康发展。

39

如何发挥平台企业自治作用？

席天扬

推动平台治理和监管，在一定程度上意味着对于平台自治权的认可和更广泛的授权，这也是由平台经济类似"生态系统"的特性所决定的。

当下关于平台治理问题的讨论中有一种倾向，是把平台企业作为监管和治理的对象，默认平台治理的内容就是政府去纠正市场中的外部性，约束企业不合法、不合规的行为，保护消费者和公众的权益。政府的监管和立法当然是重要的，然而，来自企业自身的行业性的自治和自律对于平台治理体系同样不可缺少。

平台企业的自治和自律有多种形式。

一种形式是由行业的市场领导者发布自身经营和管理规范，以身作则去建立行业的通行标准。比如，某外卖平台头部企业在 2020 年 5 月发布了《外卖平台信息发布管理规范》，对于外卖平台上发布的商品种类、图片规范、发布流程、申诉规则等做了详细的规定。虽然这个管理规范只是对于企业自身的约束（确切来说是对于平台上经营的商户的约束），但对于全行业的其他企业也具有一定的外溢性，受到头部平台的标杆作用的影响，其他外卖平台在经营过程中，也需要约束商户的行为，避免发布违规商品信息而损害消费者的权益。

更常见的方式是由行业协会出面，共同推动某些经营规范，同时对于监管政策和法律做出积极的回应。比如，中国互联网协会在 2022 年推动的《互联网企业社会责任信息披露 要求》行业标准草案，对于互联网企业在社会责任相关问题上的信息披露做出了广泛的规定。此外，2021 年 9 月，为了落实《文化和旅游部关于文娱领域综合治理和"饭圈乱象"专项整治工作安排》的要求，中国演出行业协会中的互联网平台企业召开了专门会议，制定了《构建清朗网络文化生态自律公约》，就反对流量至上、杜绝恶意炒作等内容做出了六项承诺。参与发布这项自律公约的十几家企业基本涵盖了互联网媒体平台的头部企业。尽管行业公约和宣言没有法律的强制力，但对于企业的经营行为仍然有一定的约束力。一旦企业突破行业公约的行为遭到曝光，会造成巨大的同业压力，对于企业的口碑和经营环境产生显著的影响。

平台企业也可能和政府部门合作，参与监管政策或规范的制定。2022 年 7 月，浙江省发布了《互联网平台企业竞争合规管理规范》，这是关于互联网平台企业竞争规范的第一个省级标准。这个标准界定了具有平台企业特性的高风险敏感行为，其中包括基于大数据和算法，根据交易相对人的支付能力、消费偏好、使用习惯等，实行差异性交易价格或者其他交易条件，以及强制收集非必要用户信息或者附加与交易标的无关的交易条件、服务项。可以看出，这里所界定的经营风险涵盖了大数据杀熟、用户隐私等平台治理中的热点问题，经营标准的落实也有助于缓解平台经营中的上述问题。有趣的是，这个管理规范虽然是由浙江省市场监督管理局发布，但其起草单位包括了大学、研究机构和互联网企业，其标准制定可以看作企业主体和政府积极互动的产物。

平台企业自治对于改善平台经济的治理体系具有积极的意义。

首先，平台企业有充分意愿实施自我治理并通过行业自律去构筑公正、高效、有序的市场环境。支撑良序市场环境的制度要素包括正式和非正式的制度。其中，正式制度是由政府制定、监督和实施的各种法律、规章和政策，非正式制度则对应广义的经济秩序，比如市场中的信任、信用、规则、规范、习俗等，这些习俗和规范的形成是市场经济中的微观主体在重复博弈中逐渐形成的常态和均衡。尽管平台有可能利用市场力量，采取超额补贴、捆绑销售、强制"二选一"等有违公平竞争原则的策略来抢占市场份额，但从长期来看，这些策略也降低了利润，让企业成为受损方。在现实中，平台通过超额补贴等手段快速扩张的商业模式，经常会难以为继。就此，一些头部平台率先垂范，对于经营行为加以自我规范和约束，有助于平台经济进一步实现良序竞争。

其次，作为市场主体，平台企业有时拥有比政府部门更完善的信息，而这些信息对于监管政策的制定往往是重要的。比如，如果要对电商或者外卖平台上的商家征收增值税、营业税，一个核心的问题是税率如何确定。标准的经济学模型告诉我们，决定最优税率的重要条件是供需双方的弹性（供给量和需求量对于价格变化的反应幅度），而供需弹性又随着商品的种类和商户、消费群体的特征而变化，平台对于这些具体信息的掌握要更加全面。考虑到这些因素，平台企业的参与合作也有助于监管框架和政策的完善。

再次，平台企业的自治和自律有助于协调不同市场主体和社会群体之间的利益分歧，提升社会福利。平台企业的一个特征是它连接了多元的利益主体：消费者、商户、制造商、外卖员、司机……比如在外卖平台上，消费者希望低价、优质、送货快，商家希望维持正常的利润，外卖员希望合理的收入和工作强度，这些不同主体的利益诉求之间是存在分歧的。对于利益和责任进行合理的分配，有赖于一个不断沟通、协调和博弈的过程。在这个过程中，平台可以扮演利益协调者的角色，通过制定经营规范和争议解决机制，探索出多元利益博弈的可能解范围。

最后，平台企业的自治有助于增强中国平台企业的全球话语权，鼓励有实力的平台企业走向海外，参与国际规则体系的构建。中国的平台企业在走向全球市场的过程中，既面临着海外平台的竞争，同时也面临着不同的制度环境和监管政策的挑战。平台企业要想在海外市场维护自身的权益，首先需要具备对于自身正当、合理的利益诉求的表达能力，平台企业的自我治理是培养这些能力的条件。从全球情况来看，大型的平台企业的治理经验和诉求，也是监管部门在政策制定中的重要考虑因素。美国学者佩珀·卡尔佩珀（Pepper Culpepper）和凯瑟琳·西伦（Kathleen Thelen）在 2020 年发表在《比较政治研究》上的论文对于平台和消费者之间的利益联盟进行了分析。他们认为，监管部门在使用反垄断条例对大型平台进行监管方面是比较审慎的，这种审慎并非因为平台通过政治游说等方式施加了影响，而是消费者在使用平台服务的过程中形成了路径依赖。平台在与商户的博弈中拥有来自消费者的支持，也就拥有了建设性地参与和讨论监管政策、争取自己权益的正当性。

也应当认识到，随着平台经济深入社会生活的诸多层面，其在某些领域也呈现出类必要基础设施或准必要基础设施的特征。平台既是一个企业，又承载着千千万万的企业和个体，形成了生态系统。这就造成在平台的自我规范和管理中难以完全区分自治和监管、自律和律他的边界。比如在上文提到的《外卖平台信息发布管理规范》中，很多规定实际上是约束平台上经营的商户的行为。零售平台、网约车平台、社交媒体平台的公约和管理规范都有类似特征。尽管平台不是政府，但这些管理规范的实施起着类似交易规则或者准市场监管框架的功能。如果我们认为平台对于商品服务的质量、社交媒体上的言论负有责任，逻辑上说就应当同意平台对于商户和用户的行为具有一定的监管权。换言之，推动平台治理和监管，在一定程度上意味着对于平台自治权的认可和更广泛的授权，这也是由平台经济类似"生态系统"的特性所决定的。

公共管理

数字经济时代的公共服务
需要哪些新思路？

李力行

数字经济时代工作性质的变化，对以用工单位为基础的政府公共服务体系提出了挑战。应以将公共服务与劳动关系解绑的思路，解决新就业形态下劳动者权益保障和平等享有公共服务的问题。建立灵活缴纳、可携带的个人养老金账户，是未来政策探索的方向。

包括教育、医疗、养老等在内的公共服务，由政府向全民提供，通过税收等方式筹集资金，取之于民，用之于民。对劳动者而言，劳动保障和养老是最重要的公共服务，政府通过向劳动者和用工单位收取"五险一金"（包括养老保险、医疗保险、失业保险、工伤保险、生育保险及住房公积金）来筹集资金。据统计，"五险一金"构成了普通劳动者用工成本的百分之三十以上。2022 年以来，受疫情影响，大量企业出现困难。在就业优先的目标下，多地推出了系列帮扶政策，其中就包括允许企业缓缴养老保险、失业保险、工伤保险等措施。

　　我国针对劳动者的公共服务体系及其背后以"五险一金"为代表的筹资模式，是以用工单位为基础的。换句话说，这套制度是在以固定单位就业为主要就业模式、就业者与用工单位之间具有较强从属性的前提下建立起来的——在此基础上，用工单位为劳动者缴纳"五险一金"，劳动者通过用工单位获得劳动保障等公共服务。这套制度一方面有助于稳定用工单位和劳动者之间的雇佣关系，另一方面有助于保护在劳动关系中处于相对弱势的劳动者一方的权益。但是，这套制度也伴随着高额的用工成本；同时，由于劳动者需要依附于用工单位才能获得公共服务，被迫增加对用工单位的从属性，这就限制了劳动要素的自由流动以及劳动者灵活就业的积极性。

　　在数字经济时代，信息技术的进步以及平台经济的发展，导致工作性质出现了从线下到线上、从固定到灵活、从单一到多元等方面的转变。其背后深层次的原因在于，技术的进步促进了生产工序的分解、分包以及相关经济主体承担的工作任务的重新组合，引发了生产活动去公司化、去组织化的趋势，使得传统的雇员工作被零工等新就业形态所取代。与传统的固定单位就业模式相比，零工就业者与平台之间的从属性大大降低。在广义的灵活就业范畴下，劳动者可能一个人从事多种职业，可能为多个用工单位工作，也可能一段时间工作、一段时间不工作。

　　灵活就业、多元就业等新就业形态的愈发普遍，导致以用工单位为基础的公共服务体系遇到了重大的挑战。一方面，往往并不存在一个主要的、劳动者与之具有较强从属性的用工单位，因此"五险一金"的缴纳责任难以认定。以用工单位为基础来提供公共服务，势必造成覆盖不足，许多劳动者无法公平地享受到政府公共服务。例如，由于不能单独缴纳工伤保险，许多快递和外卖从业者只能借助更加昂贵的商业保险来对冲配送工作伴随的各种意外风险。另一方面，"五险一金"带来的高昂用工成本，与各种新就业形态为劳动者提供低成本就业机会的特点不匹配。以外卖骑手为例，如果"一刀切"地要求所有骑手与平台签订劳动合同，并以城镇职工养老保险的标准缴纳养老金，会大幅提高劳动力成本，给劳动者、平台和餐饮消费者造成额外负担，不利于扩大就业和创业，阻碍生产组织方式的创新。

谈到外卖骑手的劳动保障问题，就不得不讲明我国的劳动法框架。这一框架采用劳动关系与民事关系的"二分法"，二者在主体、关系、劳动待遇、权利义务、适用法律等许多方面存在不同。劳动关系中的用工单位需要按照劳动法律给予劳动者在报酬、休息休假和保险福利等方面的保障，还要承担相应的"五险一金"缴纳责任；而民事关系中的劳动者，通过协商或根据劳务合同确定待遇，通常情况下只获得劳动报酬。两种形态下的用工成本和风险分担具有显著的差别。在该框架下，当出现劳动伤害和劳动纠纷时，一般是先判定劳动者与用工单位是劳动关系还是民事关系，然后再套用现有法律进行规制，而区分两种关系的一个重要标准是从属性的强弱。在实际的司法判例中，由于以骑手为代表的零工工作具有灵活性和多元化等特点，其从属性通常不容易判断，因此往往导致两极分化的裁决结果，甚至有时还会出现同事不同判的现象。有研究发现，针对单纯诉求确认劳动关系的案件，其裁判结果往往认定为不构成劳动关系；而在涉及工伤认定及赔偿的案件中，裁判结果则更倾向于认定构成劳动关系。两极分化的裁决结果导致要么是劳动者的保障不足，要么是用工成本陡增，使得平台和劳动者无法形成稳定的预期，不利于平台扩大用工，也不利于提高劳动者的就业积极性。

通过从属性来判定是否构成劳动关系并进而套用现行劳动法律裁决纠纷，只是解决新就业形态劳动保障问题的权宜之计。问题的本质是"以单位为基础"的公共服务体系遇到了"不以单位为基础"的新就业形态带来的根本挑战。调整现有的劳动法律制度,对包括劳动保障和社会保险在内的公共服务体系进行相应改革,探索新的服务模式,适应技术进步带来的就业转变和劳资关系的变化,才是解决问题的根本方法。实际上,改革以单位为基础的公共服务体系,使之能够覆盖包括平台零工在内的新就业形态劳动者,已经成为全球学术界和政策界关注的焦点。

在学术界,大量研究指出,基于劳动从属性、以用工单位为基础的劳动保障模式很难适用于当前平台经济下的零工劳动者。学者认为,美国政府对所谓"雇主依赖型保险保障项目"的补贴,实质上形成了灵活就业者、零工劳动者公平获取社会保障和政府福利的障碍。以美国麻省理工学院的乔纳森·格鲁伯(Jonathan Gruber)教授为代表,学者们提倡建立更为灵活的社保体系,让零工劳动者所服务的不同平台都能为社保账户进行注资,并消除不同类型社保账户之间的福利差异。在国内,有学者提出,应当调整和扩充劳动关系与民事关系的"二分法"框架,用"独立工作者"或"非独立合同工"等新范畴来定义零工与平台之间的非标准劳动关系,重新划分各方权利义务的范围。例如,独立工作者可以拥有雇员的部分福利和保护,如工资福利、医疗保障、集体谈判的自由、基于工作任务的工伤保护等,但是无法享受部分基于工作时间的福利,如加班工资、最低工资保障等。

在政策实践上,西方国家纷纷对劳动法律体系进行改革。例如,欧盟法院不断扩大"工人"这一概念的内涵范围,加拿大一些省份在集体劳动法中扩大解释了雇员的概念。2020年1月,美国《加州零工经济法》开始生效;2021年,英国最高法院将优步司机界定为"员工",而西班牙出台的"骑手法"否定了完全"自雇"的模式。这些改革的目标,都是试图在扩大公共服务覆盖范围、保障劳动者权益与不过分增加用工成本之间求得一个平衡,在政府、平台与劳动者之间形成一个合理的费用分摊机制。在我国，有关部门已经陆续出台了一些扩大公共服务覆盖范围的政策。例如，2021 年 7 月人力资源和社会保障部（简称人社部）等八部门联合发布《关于维护新就业形态劳动者劳动保障权益的指导意见》，正式引入了劳动"三分法"的概念。人社部指出，现阶段补齐劳动者权益保障短板的主要工作包括将不完全符合确立劳动关系情形的新就业形态劳动者纳入最低工资制度保障范围，要求企业制定和修订直接涉及劳动者权益的制度规则和平台算法时要充分听取工会和劳动者代表意见和建议，强化职业伤害保障等。在地方实践方面，广东等地已经试点允许网约车、外卖、快递劳务等新业态从业人员由所在平台自愿选择为其单项缴纳工伤保险费，以进一步完善社会保障体系和扩大工伤保险覆盖面。

改革公共服务体系、扩大公共服务覆盖范围，适应数字经济时代生产组织结构的变革和就业转变，可以跟过去十几年以来城乡统筹、城乡融合系列政策中促进公共服务均等化的改革进行类比。在城乡统筹、城乡融合背景下，政策的发力点是让进城务工人员能够在常住地享受教育医疗等公共服务，破除因户籍身份带来的城乡差异，构建城乡一体、多档保障的公共服务体系。在平台经济发展所带来的就业转变的背景下，改革的目标是要破除因为是否有固定就业单位而带来的公共服务的差别，着力构建就业优先、福利直达个人的公共服务体系。

在公共服务的筹资端，应当降低以"五险一金"为代表的就业成本。例如，让灵活就业者能以较低成本、单独灵活地参加工伤保险、失业保险、医疗保险等。针对灵活就业者流动性强、收入不稳定不连续的特点，还应取消一些行政管制中设立的、将若干年连续缴纳社保或个税作为获得当地公共服务资格的要求，避免形成歧视。

在公共服务的提供端，应探索利用大数据等新技术，建立直接面向个人的社会福利和救助体系，维护各类型的劳动者在其常住地平等享受教育医疗等公共服务的权利。长远来看，应结合我国个人养老金制度的改革，建立灵活缴纳、可携带的个人账户，探索合理的缴费分摊制度，利用税收等激励手段提升参保积极性，覆盖那些具有非固定单位、非全职工作等特征的新就业形态劳动者。

平台经济给政府统计带来
怎样的挑战和机遇?

许宪春

平台经济在促进经济社会发展、提高居民生活水平的同时,也给政府统计带来了挑战和发展机遇。

平台经济的迅速发展正在深刻地影响着企业的生产经营方式和居民的生活方式,在促进经济社会发展、提高居民生活水平等方面发挥越来越重要的作用。而平台经济的发展给政府统计也带来一系列挑战,以下是一些比较突出的方面。

一是平台经济持有和运营的海量数据,给政府统计带来挑战。数据在平台企业运营中发挥了至关重要的作用。事实上,与其他类型企业相比,数据对于平台企业具有更加重要的价值,已经成为平台企业非常重要的资产。例如,用户需求数据和生产运行管理数据构成工业互联网平台企业的重要资产;消费者的网络购物行为数据构成电商平台企业的重要资产;房源数据和顾客搜索偏好与行为数据构成房地产经纪平台企业的重要资产;

海量乘客订单数据、司机和车辆运行数据构成交通出行平台企业的重要资产；海量货源数据、货车运力和运行数据构成公路货运信息平台企业的重要资产。近几年我们对若干平台企业的调研发现，平台企业的负责人都高度重视数据资产，都深刻认识到数据资产对平台企业发展的重要作用。例如，滴滴出行的负责人指出，数据这种轻资产是其最重要、最核心的资产，比传统的办公用房和机器设备等重资产重要得多。

但是，现行的国民经济核算国际标准没有把包括平台企业在内的各种类型企业拥有的数据作为资产来处理，因此，目前各国政府统计的资产中都没有包括数据资产的价值。现行的国民经济核算国际标准亦没有把包括平台企业在内的各种类型企业关于数据的收集、存储、开发应用支出作为固定资本形成处理，因此，GDP 中没有包括数据支出。所以，数据这种重要的生产要素在平台经济运营中发挥的巨大作用在现行政府统计的有关重要指标中得不到反映。这类似于 20 世纪 80 年代罗伯特·索洛（Robert Solow）针对计算机提出的悖论：除生产率统计外，你在任何地方都能看到我们已经进入计算机时代。对政府统计来说，这无疑是一种严峻的挑战。

二是平台经济提供了大量的免费或者价格低廉的服务，给政府统计带来挑战。许多平台企业向居民提供大量的免费或者价格低廉的服务，例如腾讯微信平台提供的微信消息、视频通话等通信服务；百度、搜狗等互联网搜索引擎平台提供的内容搜索服务；新浪、网易等门户网站提供的新闻、体育、娱乐、财经、科技等综合资讯阅览服务；大众点评、美团等平台提供的美食、住宿等搜索、预订服务；抖音、火山小视频等提供的小视频观看服务；等等。这些平台企业往往通过免费或者价格低廉的服务聚集流量，为广告、游戏等业务带来大量客户，运用广告、游戏等业务获得的收入间接弥补免费或者价格低廉服务的运营成本。由于平台企业通过免费或者价格低廉的方式提供这些服务，现行的生产统计和消费统计没有反映或者没有充分地反映这些服务的价值，给政府统计带来挑战。

三是平台经济推动了零工经济的发展，给政府统计带来挑战。平台经济推动了零工经济的迅速发展，例如，滴滴出行、美团打车等平台推动了以网约车司机为代表的交通出行类零工的发展；美团外卖、饿了么等外卖平台，美团买菜、盒马鲜生、叮咚买菜等生鲜超市平台，叮当快药等送药服务平台推动了"骑手"类零工的发展；淘宝、猪八戒等平台推动了线上数据分析、软件设计、翻译等技术服务类零工的发展；抖音、快手、哔哩哔哩、微博、知乎等平台推动了网文写手、社交平台博主、原创 up 主（视频博主）等内容创作类零工的发展。由于零工经济大都以居民个人为活动主体，而现行的生产统计是以法人单位（包括企业、事业和行政法人单位）和个体经营户为调查对象，所以现行的生产统计很难采集到零工经济的生产数据，从而给政府统计带来挑战。

平台经济的发展给政府统计带来挑战的同时，也给中国政府统计带来发展机遇。传统的政府统计理论和方法主要产生于欧美发达国家，这是因为这些国家传统的经济社会发展走在了世界的前列，从而给这些国家的政府统计工作者和有关学者提供了总结和提炼传统政府统计理论和方法的机会，因此，国际统计标准的制定也主要由欧美发达国家主导，中国和其他发展中国家在其中发挥的作用有限。但就平台经济来说，中国在世界上处于比较领先的地位，这给我国政府统计工作者和有关学者提供了一次难得的机会。我国的政府统计工作者和有关学者应当抓住这次机会，主动应对平台经济给政府统计带来的挑战，积极总结和提炼平台经济相关领域的统计理论和方法，并在相应国际统计标准的制定中发挥应有的作用。

针对前述平台经济的发展给政府统计带来的挑战，我国政府统计工作者和有关学者，一是要深入探讨平台经济持有和运营的数据资产的概念、特征、范围、分类和核算方法，探讨平台经济数据支出资本化核算方法，为平台经济数据资产和数据固定资本形成总额等统计指标核算以及反映数据生产要素对平台经济发展的贡献奠定理论和方法基础，也为所有数据资产和数据资本形成总额等统计指标核算以及反映数据生产要素对整体经济发展的贡献提供可供借鉴的经验。

二是要探讨平台经济提供的免费或者价格低廉服务的统计理论和方法，弥补现行生产统计和消费统计的不足，客观地反映这些免费或者价格低廉服务的规模和结构及其对经济增长和居民消费增长的贡献，引导、规范和促进平台经济提供的免费或者价格低廉服务的健康发展。

三是要探讨平台经济推动的零工经济的统计理论和方法，弥补现行生产统计的不足，客观地反映零工经济发展的规模和结构及其对经济增长的贡献，为制定相应的零工经济政策提供统计依据，促进零工经济持续健康发展。

如何看待社会治理的平台化？

杨　明

当今社会的运行越来越呈现出数据驱动和算法治理的特性，社会治理的平台化提升了人们行为的便宜性，但也增强了对行为的约束与控制。因此，通过平台的社会治理如何实现"规制"与"创新"的有效交换，是法律制度因应技术进步的基本价值导向。

2008 年，国际金融危机爆发，全球经济运行遭受巨大的破坏性影响。在困境的重压之下，世界主要国家开始积极寻找引领经济发展的新动能。经过十多年的探索和实践，数字经济成为了推动全球经济发展的最为重要的动力。如今回头来看，人类社会如此迅速地完成了数字化转型，恐怕是绝大多数人都没有预料到的。

不仅如此，伴随着生产和交易的转型，社会治理结构和人民生活方式也在悄然地、不断深入地数字化，社会整体以超乎寻常的速度迈向网络一体化，多元共治的观念勃兴。数字化转型之所以推进迅速，根本原因固然是数字技术（物理层）的发展，但我们更应当从社会结构变迁（应用层）

的维度来看待问题。具体而言，数字化转型是对社会关系形态去中心化发展的概括，更为重要的是，这种转型使得扁平化结构的社会治理成为可能，相应地产生了制度配置的内在需求，从而与新型治理结构相匹配。

公共物品的供给是政府的基本职能，包括居住、交通、教育、医疗、通信、物流、金融、商业、能源与水供给、垃圾与污水处理、治安、消防技术等，纷繁复杂、所涉甚广。传统上，为了履行如此之多的公共职能，政府不得不构筑一个庞大的系统，并设计有效的信息机制、决策机制和执行机制来保障该系统的运行，从而实现资源的合理调度与适配。政府与市场、政府与市民社会这两对关系长久以来都呈现为中心化的纵向结构，为了保障复杂系统的有效运转，治理者（政府）就必须对其组织结构进行精细的设计，使得系统内各个环节或组织体的内部及彼此间能够协调运行。

所以，社会治理系统的复杂程度是显而易见的，相应地，体系运行成本也是巨大的。随着人口规模的扩张与社会结构的变化，政府为了应对系统内的增长问题，必须不断地为系统"打补丁"或"升级"，因而成本支出也在不断地增加。所谓社会治理的展开，本质上是解决或控制有限系统中的增长问题，是以我们可将人类社会的发展历程概括为前述之因应关系循环往复的过程。当增长控制变得越来越困难时，中心化的纵向结构如何维持有效运行，便成为政府必须予以回应的巨大挑战。

传统架构的社会治理体系，是以"国家权力是保护个人权利的最有效的工具"[1]为构筑基础的，具体呈现出如下特征：功能主导、高度专业化、决策权力分散、科层式传递、有限的横向联系。信息技术的飞速发展对这一构筑基础产生了极大影响，由于信息成本显著下降，社会各单元

---

[1] 张曙光：《个人权利和国家权力》，载《市场逻辑与国家观念》，生活·读书·新知三联书店，1995，第4页。

（无论人、领域抑或公共事务）之间的联通性不断加强，这导致公共职能与市场机制之间的关系发生根本性的变化，简言之即是私人领域与公共领域之间界限的模糊化，这使得科层式、功能导向的治理结构越来越丧失效率优势。

数字技术创新所引发的社会资源重新分配，是以往任何一次工业革命产生的社会变革所无法比拟的，因而从社会结构变迁与制度体系配置之间的内在关联性来看，数字时代的社会治理与建立在传统工业文明基础之上的治理机制必然大相径庭。信息收集、传输、存储和处理技术的快速进步，以及信息网络基础设施的快速普及，促使社会事务决策的量化程度、敏捷度及精确度均大幅提升，同时，也打破了参与决策的主体限制或者说"门槛"。大规模的数据收集、处理以及基于大数据的决策要求，必然需要具备消除信息壁垒的有效手段，而这在传统社会的垂直化治理架构之下是难以实现的。凭借日新月异的数字化工具，人们得以实现行为选择的数据驱动，并逐渐演进为社会秩序的数据驱动。

数字化转型意味着将物理意义上的社会基础设施与信息基础设施连接起来，这有利于社会治理架构的去中心化和扁平化的发展。数据的集中使得上文提及的诸多公共事务能够集成到一个平台上来，从而使得不同利益相关者能够参与决策、共同制定问题的解决方案，此即所谓社会治理的平台化。受此影响，政府与市场之间的分界发生变化，国家与公民之间的社会契约被重塑为互联平台上的智能合作关系。[1]

平台化的社会治理有助于信息不对称问题的解决，因而能够促进创造性协作，同时，这种协作又可以进一步提升系统的智能程度，从而不断提升社会治理效率。可以看到，传统的治理架构是以结构为控制手段，平台

---

[1] Ari-Veikko Anttiroiko, Pekka Valkama, Stephen Bailey, "Smart Cities in the New Service Economy: Building Platforms for Smart Services," *AI & Society*, 29, 2014, pp. 323-334.

化则是用技术来取代结构，随着技术的不断进步以及广泛应用，数据优势平台将成长为控制力极强的公共组织。由此，"平台即市场"的网络经济机制趋向演进为"平台即社会"的组织机制。平台的社会化表明不同利益主体对公共职能的诉求均能通过该组织形态实现，而高度联通的、具有极强协同能力的社会亦展现出平台化的运行方式。概言之，即平台的社会化、社会的平台化。

除了经济机会、社会形态等方面，数字化转型背景下的社会治理还涉及几个新的维度，例如信息基础设施对社会整体福利的影响、社会单元间的相互作用（互联互通）。因此，通过平台的社会治理不仅包括传统意义上的公共职能履行（以平台为媒介、利用大数据来决策和执行），还包括了对平台自身的治理。就前者而言，平台化所产生的经济影响、进而带来的效率提升是显而易见的，数字技术的运用使得社会治理的透明度、可预期性和量化程度等方面都得到了极大的优化，并不断催生出新的公共服务（例如移动支付、共享出行、流量掌控等），最终社会成员（无论是市场中的竞争主体，还是日常生活中的市民主体）的行为模式和选择发生变化，甚至可以说是被形塑。

至于对平台自身的治理，缘于平台具有的高效匹配能力使其能够产生控制力极强的聚合效应。毫无疑问，平台治理的效果由三方面决定，即体量（volume）、速度（velocity）和多样性（variety）。体量和速度决定着多样性的呈现，与此同时，数据来源和数据被利用的方式所具有的多样性，正是平台自身需要被关注、被约束的原因。道理并不复杂，人们对于被约束、被控制的恐惧抑或是厌恶，其实即源于多样性所带来的不确定性，而平台基于数据所形成的封闭的数字生态系统，加剧了人们对不确定性的担忧。

平台作为数据聚集的空间，无论是通过数据集成视图，还是历史大数据回归模型，均能增强决策者的能力，已有大量研究对数字化赋能所带来的效率提升进行了描述。但是，在大数据为社会治理提供增益的同时，我们也不应忽视数据驱动和算法治理可能有意掩盖的偏差或异化，这主要是指与伦理有关的主题，诸如知情同意、隐私、所有权、知识论、大数据鸿沟等。[1] 由于大数据挖掘、分析和利用的两造主体之间往往是一种不对称关系，因而在处理公共事务的过程中，与前述伦理主题相关的价值取向常常被数据强势主体以创新的名义给"吞噬"掉了。大数据偏差或异化已经以多种形式体现了出来，其中"创新失灵""对数字规训的不满"尤其值得我们警惕。

通过平台的社会治理之所以复杂，是因为"平台的社会化和社会的平台化"使得人们难以对大数据决策过程产生清晰和稳定的认知，虽然对数字技术带来的创新空间可以有无限想象，但技术的正向激励与逆向激励是相伴而生的，社会的有序发展需要在激励创新和约束风险之间实现均衡。一如我们曾经就"专利制度对创新的激励与危害"所展开的激烈争论，平台化同样面临着"规制"与"创新"的利益交换，而且二者之间失衡的风险只会更加突出。社会学家罗纳德·伯特（Ronald Burt）对社会关系如何影响信息传播、进而影响创新的方向和速度提出了深刻见解。[2] 在其研究的基础上，笔者认为，创新失灵与社会结构中存在的认知差异有关，促进信息自由流动、尽力消除社会子系统间的结构重叠点的法律制度安排，是实现创新与规制之间有效交换、推动突破性创新的必由之路。

而在社会秩序再造方面，支撑平台治理的算法规则容易让人误解，以为由此形成的秩序是技术规则的自然结果。实际上，就像谷歌的流感流行趋势预测系统（GFT）所遭受的批评那样，所谓预测即干预，人为引导

---

[1]　Brent Mittelstadt, Luciano Floridi, "The Ethics of Big Data: Current and Foreseeable Issues in Biomedical Contexts," *Science and Engineering Ethics*. 22, 2016, pp. 303–341.

[2]　劳拉·佩德拉萨-法里纳：《创新失败的社会根源》，颜进宇译，《比较》，2022 年第 1 辑，总第 118 辑，第 37 页。

完全有可能包装到算法规则之中。[1] 因此，所谓社会治理的技术秩序，很多时候其实仍然是法律秩序或监管秩序。而且，由于大数据分析能力的巨大差距，与传统社会治理相比，平台治理更有能力规训、塑造治理对象。为了预防和矫正令人不满的数字规训，应当针对其形成原因，例如公共政策偏差、平台的逆向激励或道德风险等，尽快构建并不断完善数字生态系统的监管规则。具体到操作层面，应对数据施以分类规制，利用算法备案与算法审计机制来扩大司法审查的可能性，在鼓励正向引导的同时约束负面规训的内在动力。

早在 2015 年，博伊德·科恩（Boyd Cohen）就用"科技公司驱动"到"市政驱动"再到"市民驱动"来描述智慧城市发展的三个阶段[2]，社会治理似乎也可以用相同的逻辑脉络来描绘。数字化转型使得社会结构十分复杂，技术创新者一方面贡献了更有效率的治理手段，同时也带来了作为治理对象的更多、更新的棘手问题。由此，单纯的技术秩序或是监管秩序都是不够的，以促进"规制"与"创新"之间的有效交换为目标，法律层面应尽快完成相应之规则体系的建设，从而合理划分政府与市场的边界。

---

[1] David Lazer et al., "The Parable of Google Flu: Traps in Big Data Analysis," *Science*, 343, 2014, pp. 1203-1205.

[2] Boyd Cohen, "The 3 Generations of Smart Cities: Inside the Development of the Technology Driven City," August 10, 2015, https://www.fastcompany.com/3047795/the-3-generations-of-smart-cities, accessed: May 7, 2022.

新职业及其技能标准对平台企业提出哪些要求？

周广肃

平台经济的发展催生了一系列新就业形态，并对相关劳动者合法权益的保障提出了新的挑战。当下，平台新就业形态逐步被官方认可并出台了相关的职业技能标准，这些标准的内容、价值、机会和影响值得各方深入探讨。

随着互联网、大数据、人工智能等数字技术的发展，互联网平台经济获得了长足的进步，互联网平台还与传统产业不断融合，推动了相关产业的改造升级。更为重要的是，平台经济对相关产业的影响进一步向上传导到了劳动要素市场，从而对劳动力的就业机会、收入水平和权益保障等方面产生了不可忽视的影响。

平台经济对就业的影响效果主要包括替代作用、互补作用和创造性作用。替代作用主要是指技术进步会明显产生对劳动力要素投入的替代效果，从而减少了就业的总需求；互补作用则是指平台经济发展可能会对其他生产要素产生促进作用，从而导致总产出的增长和就业的增加；创造性作用则是指平台经济可能会催生一系列新产业或者新工作任务，从而创造出新的就业岗位。其中，替代性作用主要会对就业产生负面效果，而互补作用和创造性作用则会带动就业的增长。因此，平台经济对就业究竟会产生何种影响，主要取决于上述三种效应的相对大小。目前大部分研究支持平台经济对就业的正向促进作用超过负向替代作用。主要原因在于，虽然平台经济和数字技术的发展替代了人工在程序化工作方面的比较优势，但是却大大扩展了人在问题解决、可变性与创造性方面的比较优势，甚至会通过创造新任务而增加就业。国家统计局数据显示，截至 2021 年年底，中国灵活就业人数已经超过 2 亿，其中大部分为平台就业人员，如外卖骑手、网约车司机、网络主播、文案写手等。

具体到我国的平台经济，一些大型平台企业根据自身的业务特点和行业特征分析了其对劳动力就业的带动作用。例如，《阿里巴巴全生态就业体系与就业机会测算报告 2021》对阿里巴巴的数字经济体系带动的就业机会进行了测算，结果显示其主营的电商平台在 2020 年共带动了 5 373 万个就业机会，其中主要是围绕电商交易所产生的就业机会。《滴滴平台新就业报告 2020》指出，滴滴平台在 2019 年共带动国内就业机会 1 360 万个，其中以网约车司机、代驾、单车运维人员等为代表的直接就业机会 761.6 万个，而包括汽车生产、销售、加油、维保等上下游产业蕴含的间接就业机会 597.9 万个。《生活服务平台就业生态体系与美团点评就业机会测算报告》显示，2018 年美团平台共带动了 1 960 万个就业机会。根据《2020 年上半年骑手就业报告》的数据，2020 年上半年美团平台有单骑手达到 295.2 万人。《短视频平台促进就业与创造社会价值研究报告》则显示 2021 年通过快手平台获得收入的内容创作者和主播的数量超过 2 000 万个。

从上述分析不难看出，平台经济带动就业增长的一个重要力量就来源于通过新工作任务的创造催生的新就业形态；而这些新就业形态也逐步得到了官方的认可，并且丰富了职业目录的类别。具体而言，2019 年至 2021 年，人社部共发布了 4 批 56 个新职业目录，其中一个重要的组成部分就来源于平台经济创造的新职业。笔者选择了与互联网平台经济最为相关的 10 个新职业进行了介绍，这些新职业既包括新技术催生的新业态里面的职业类别，如物联网和大数据工程技术人员，也包括平台经济改造传统产业催生的新职业，如网约配送员、互联网营销师、在线学习服务师等（见表 1）。

表 1　互联网平台经济相关的新职业目录

新职业目录 发布时间	职业名称	职业描述	国家职业技能 标准颁布时间
2019.4	物联网工程 技术人员	从事物联网架构、平台、芯片、传感器、智能标签等技术的研究和开发，以及物联网工程的设计、测试、维护、管理和服务的工程技术人员	2021.9
2019.4	大数据工程 技术人员	从事大数据采集、清洗、分析、治理、挖掘等技术研究，并加以利用、管理、维护和服务的工程技术人员	2021.2
2019.4	数字化 管理师	使用数字化智能移动办公平台，进行企业或组织的人员架构搭建、运营流程维护、工作流协同、大数据决策分析、上下游在线化连接，实现企业经营管理在线化、数字化的人员	2021.9
2019.4	电子 竞技运营师	在电竞产业从事组织活动及内容运营的人员	2020.10
2019.4	电子 竞技员	从事不同类型电子竞技项目比赛、陪练、体验及活动表演的人员	2020.12
2020.3	网约 配送员	通过移动互联网平台等从事接收、验视客户订单，根据订单需求，按照平台智能规划路线，在一定时间内将订单物品递送至指定地点的服务人员	2021.12

（续表）

新职业目录发布时间	职业名称	职业描述	国家职业技能标准颁布时间
2020.3	全媒体运营师	综合利用各种媒介技术和渠道，采用数据分析、创意策划等方式，从事对信息进行加工、匹配、分发、传播、反馈等工作的人员	暂无
2020.7	互联网营销师	在数字化信息平台上，运用网络的交互性与传播公信力，对企业产品进行营销推广的人员	2021.10
2020.7	信息安全测试员	通过对评测目标的网络和系统进行渗透测试，发现安全问题并提出改进建议，使网络和系统免受恶意攻击的人员	2021.10
2020.7	在线学习服务师	运用数字化学习平台（工具），为学习者提供个性、精准、及时、有效的学习规划、学习指导、支持服务和评价反馈的人员	暂无

资料来源：作者根据人社部网站相关信息整理。

互联网平台除创造大量新职业类别外，还为这些职业的从业者提供了相对体面的收入水平。根据相关平台数据显示，2019 年滴滴网约车司机（含专职和兼职）的平均月收入为 2 522 元，在一线城市则超过 5 000 元；2020 年美团骑手（含"专送"和"众包"）的月均收入为 4 950.8 元，其中专送骑手月均收入达到 5 887 元，有 7.7% 的骑手月收入超过 1 万元。作为对比，《2020 年农民工监测调查报告》显示，2020 年农民工月均收入 4 072 元。这说明平台经济的一大特点是创造了大量相对灵活的工作机会，增加了劳动者的就业选择，提供了在完成相对灵活的工作任务的同时获得比较体面的收入的可能。

然而，新就业形态的不断涌现，也给相关劳动者合法权益的保障带来了新的挑战。为了进一步规范新职业的发展，国家有关部门也针对相应的新职业形态制定了一系列职业技能标准，表 1 最后一列展示了相关职业技能标准的出台时间。职业技能标准的出台使得平台新职业的标准化和规范化程度进一步提升，同时也对互联网平台企业和相关行业在用工方面所承担的社会责任提出了新的更高要求。

第一，新职业技能标准的颁布有利于平台就业的标准化和规范化发展。以《网约配送员国家职业技能标准》为例，其将网约配送员细分为五个技能等级，并且对每一个等级的具体申报条件进行了明确规定。更为重要的是，这一职业技能标准还根据五个不同的技能等级水平，从订单接收与验视、订单配送、安全与质量管理、异常管理、客户服务与开发、管理培训等几个职业功能维度提出了具体的技能要求与相关知识要求，从而推动了网约配送员这一职业工作内容的标准化与规范化，减少了服务过程中的不确定性。

第二，职业技能标准的颁布有利于开展职业教育，进一步提高平台劳动者的职业技能水平。国家层面的职业技能标准推出以后，可以据此开发建立起相应的职业培训体系。职业技能标准的颁布可以为技工学校、技师学院以及各类职业教育院校确定培养目标、设置教学课程、制定教学内容和开展校企合作培养技能人才发挥重要的导向作用。而大部分职业技能标准本身也制定了明确的培训参考学时要求，并随技能等级的不同而不同。

第三，职业技能标准的颁布有利于维护平台劳动者的合法权益，进而推动平台与劳动者关系的和谐发展。大部分的平台劳动者与平台的关系被认定为一种介于传统的劳动关系与劳务关系之间的非标准用工关系。职业技能标准的颁布，有利于推动相关职业的工作流程和工作内容的标准化，从而有助于进一步清晰划分平台与劳动者在整个流程中的权利与义务，最终能够减少二者之间不必要的矛盾与纠纷。

然而，目前平台经济催生的新职业技能标准认定也存在一些不足和问题。一方面，我国从事职业技能认定工作的专业人员数量较为不足，职业技能鉴定工作流程也不够完善，尤其是对于新职业技能标准的认定经验缺乏。甚至可能存在一些等级认定机构为了吸引更多人来进行技能认定，自行放宽相关考核标准的情形，反而与被认定者形成了"长期合作"的利益共享关系。另一方面，新职业技能标准认定与实训基础设施建设不足。若想顺利开展新职业的职业技能认定工作，则需要提供相应的认定场地与认定设备，甚至是为相关从业人员提供实训场地。平台新职业发展较快，相关的实训场地或者硬件设备相对缺乏，从而限制了职业技能的培训训练和认定工作的有效开展。

总之，新职业的不断涌现体现了互联网平台对于就业带动的积极作用，而国家层面职业技能标准的颁布则体现了国家对于平台就业生态高质量发展的新要求，这也需要平台企业积极承担相应的社会责任，切实维护好平台劳动者的合法权益，共同推动新职业的标准化和规范化发展。具体而言，一方面，平台企业和相关行业需要提供与技能相匹配的更加畅通的职业发展通道，并根据不同的技能水平为员工提供与之对应的工作岗位和福利水平，最终切实保障相关劳动者的合法权益。另一方面，平台企业和相关行业需要在技能鉴定和技能培训过程中承担更多的社会责任，例如在职业技能鉴定过程中协助提供必要的程序、设备、场地等方面的支持，等等。